横渠书院书系·关学历史文化丛书
王政军 刘泉 主编

常新 著

关学及其伦理精神

西安交通大学出版社

图书在版编目(CIP)数据

关学及其伦理精神／常新著． — 西安：西安交通大学出版社，2023.12(2024.6重印)
ISBN 978-7-5693-3496-8

Ⅰ.①关… Ⅱ.①常… Ⅲ.①关学－研究 Ⅳ.①B244.4

中国国家版本馆 CIP 数据核字(2023)第 201601 号

书　　名	关学及其伦理精神 GUANXUE JIQI LUNLI JINGSHEN
著　者	常　新
责任编辑	张　娟
责任校对	王斌会
装帧设计	伍　胜
出版发行	西安交通大学出版社 (西安市兴庆南路1号　邮政编码 710048)
网　　址	http://www.xjtupress.com
电　　话	(029)82668357　82667874(市场营销中心) (029)82668315(总编办)
传　　真	(029)82668280
印　　刷	西安五星印刷有限公司
开　　本	720mm×1000mm　1/16　印张 15.125　字数 262千字
版次印次	2023年12月第1版　2024年6月第2次印刷
书　　号	ISBN 978-7-5693-3496-8
定　　价	98.00元

如发现印装质量问题，请与本社市场营销中心联系。
订购热线：(029)82665248　(029)82667874
投稿热线：(029)82668525

版权所有　侵权必究

自 序

自业师陈俊民先生开启当代关学研究以来,关学研究在文献整理、义理阐释、个案研究等方面成果斐然,且推动了关中地域文化的研究。但是关学中的伦理问题至今尚未引起学界的关注,有鉴于此,笔者萌发了撰写一部关于关学伦理精神的书籍,以便丰富关学研究,发掘关学的现代价值。未曾想这一想法与横渠书院院长王政军先生不谋而合,于是在他的大力支持下,以项目立项的形式开始着手这一问题的研究。

研究所面临的第一个问题就是如何界定关学的伦理及关学伦理精神。伦理作为一种维系人际关系(包括个体之间的关系、个体与群体之间的关系等)的文化现象与人类文明相始终。伦理学作为一门学科在西方肇始于公元前4世纪亚里士多德的《尼各马可伦理学》,在中国,伦理学作为一门学科是民国以来的事情,蔡元培先生在其《中国伦理学史》中称"我国伦理学者之著述,多杂糅他科学说。其尤甚者为哲学及政治学。欲得一纯粹伦理学之著作,殆不可得"①。蔡元培先生的《中国伦理学史》及其后刘师培的《伦理学教科书》可以视为中国伦理学的开山之作,两位学者在其著作中皆称中国传统社会伦理学发达,他们对中国伦理学体系的构建皆围绕先秦儒学与宋明理学的概念展开。

黄宗羲在《明儒学案》之《师说》中对关学的特征进行高度概括,称"关学世有渊源,皆以躬行礼教为本",这一概括甚为贴切,为后世学者所认同。业师陈俊民先生在其《张载哲学及关学学派》中提出关学具有"'学贵有用','精思力践',不尚空谈的'实学'学风,以及'语学而及政,论政而及礼乐兵刑之学'"(《二程粹言》卷一《论学》)的鲜明政治倾向"②,这可以视为他对黄宗羲关于关学"躬行礼教"思想的发展。在21世纪,赵馥洁先生在其《关学精神论》中将关

---

① 蔡元培:《中国伦理学史》,东方出版社,1996,第2页。
② 陈俊民:《张载哲学思想及关学学派》,人民出版社,1986,第29页。

— 1 —

学精神归纳为"立心立命的使命意识""勇于造道的创新精神""崇礼贵德的学术宗旨""经世致用的求实作风""崇尚节操的人格追求""博取兼容的治学态度"六个方面①,这六个方面全面展示关学之精神。笔者在撰写本书的过程中,遵循"知人论世"及"同情之理解"的原则,按照蔡元培先生与刘师培所构建的中国伦理学体系,及黄宗羲、俊民先生、馥洁先生对关学学理及精神的概括,归纳出关学伦理的一些范畴:关学伦理德目中有礼、仁、孝、义、勇;关学伦理精神包括人文精神、理性精神、实践精神、造道精神、超越精神等几个方面,它们是关学伦理德目及关学伦理精神的精华。

研究所面临的第二个问题就是研究可能面临有些专家学者的质疑。关学作为一个理学派别的概念尽管在宋代已出现,但作为体系性的学派构建肇始于晚明冯从吾的《关学编》,这一体系性的构建直至晚清的贺瑞麟及柏景伟才完成,当然我们也可以将民国四川双流籍学者张骥所撰的《关学宗传》视为关学作为一个学派体系构建的完成。进入当代,学界对关学作为一个理学学派的存续问题存在争议:侯外庐先生主编的《中国思想通史》及《宋明理学史》有张载之后关学作为一个理学学派"衰息"的结论;业师陈俊民先生提出关学作为"关中理学"具有一个相对独立的发展史②。李二曲终结了作为宋明理学的关学③,通过"反身四书"开启了有清一代的"关中儒学"④。刘古愚是"关中儒学"走向近代化的先驱,在其之后,"'关学'这一概念便失去了现实存在的意义"⑤。

"关学"学派存续问题经过近三十年的学术讨论,侯外庐先生学派修正自己的观点,肯定了关学延续至晚清的学术史事实。基于以上学术史事实,本人撰写的《关学及其伦理精神》既体现出关学的理学底色,又展示出其地域性的一面。

尽管侯外庐先生学派与陈俊民先生关于关学存续问题达成学术共识,但这并不意味着学界对这一问题完全达成学术共识(当然也没有必要一定要达成某种学术共识)。本人所主持的2016年国家社科基金项目"阳明心学与关学融合汇通问题研究"结项时两位鉴定专家质疑"关学"学派存续的"合法性"。针对

---

① 赵馥洁:《关学精神论》,西北大学出版社,2015,第6-16页。
② 陈俊民:《张载关学的历史重构》,中华书局,2020,第5页。
③ 陈俊民:《张载哲学思想及关学学派》,第48页。
④ 陈俊民:《张载关学的历史重构》,第117页。
⑤ 陈俊民:《张载关学的历史重构》,第145页。

专家的质疑,我撰写了《关学原型、流变及研究空间》一文,再次为"关学"的"合法性"问题进行了辩护。学术的发展离不开学人的学术创新,在坚守学术底线的前提下,遵循司马迁"究天人之际,通古今之变,成一家之言"的学术勇气未尝不是一件好事。

学术争鸣是学术研究保持健康发展的重要因素,同一学术问题之所以产生争鸣,主要原因是学者基于不同的立场、观点、方法。研究者所持立场、观点、方法不同,对同一问题得出不同,甚至是矛盾的结论是非常正常的现象,苏东坡《题西林壁》所言"横看成岭侧成峰,远近高低各不同。不识庐山真面目,只缘身在此山中"很好地阐释了这一现象。学术的争鸣就是在这些不同甚至矛盾的观点中"求大同,存小异"的辨学活动。我想《关学及其伦理精神》的面世可能仍会面临有些专家学者的质疑,我诚恳地接受有见地、理性的质疑。

常 新
2022 年初秋于西安

CONTENTS 目 录

绪 论 / 1
  一、儒家伦理意蕴及其精神 / 1
  二、关学及关学的伦理精神 / 8
  三、关学伦理精神的当代发展 / 14

第一章　关学伦理的本体依据 / 17
  一、伦理本体 / 18
  二、天人合一 / 24
  三、万物一体 / 29
  四、道(理)气相即 / 33
  五、体用一原 / 43

第二章　关学伦理的德目 / 52
  一、儒家的伦理德目与关中的礼教传统 / 52
  二、礼:尚礼尊德 / 56
  三、仁:仁爱和谐 / 62
  四、孝:事亲敬老 / 71
  五、义:浩然正气 / 75
  六、勇:肩挑大义 / 81

第三章　关学伦理精神 / 88
  一、人文精神 / 88
  二、理性精神 / 94

三、实践精神 / 101

　　四、造道精神 / 110

　　五、超越精神 / 119

第四章　关学伦理的践行 / 126

　　一、以礼立教 / 126

　　二、尽心知性 / 137

　　三、明道救世 / 146

　　四、甘贫改过 / 156

　　五、悔过自新 / 165

　　六、自得自慊 / 173

第五章　关学伦理精神的历史意义与当代价值 / 183

　　一、关学伦理精神的历史意义 / 183

　　二、关学伦理精神的当代价值 / 195

阅读文献 / 206

附录　关学的原型、流变及其研究空间 / 217

　　一、张载开创的儒学新形态 / 218

　　二、明清关学的构建 / 220

　　三、对关学学理"合法性"质疑的辩护 / 223

　　四、关学研究的新天地 / 227

后　记 / 233

绪　论

中华文明在五千年的历史长河中形成了崇尚道德、重视礼仪的传统,中国被世人称为礼义之邦。作为一种道德文明与礼乐文明的儒家伦理,其内容丰富,影响广泛,几乎渗透于中国古代社会的各个方面。蔡元培先生就此种文化现象曾言"伦理学宜若谓我国唯一发达之学术""我国儒家为伦理学之大宗。而儒家,则一切精神界科学,悉以伦理为范围"[①]。德性问题是伦理学的重要问题,它就是传统伦理的道德境界问题,为思想家们一贯重视,被认为是伦理学的基本内容[②]。

一、儒家伦理意蕴及其精神

在中西方伦理学发展史上,伦理问题往往是从讨论道德问题开始,而道德的问题是围绕处理人际关系与社群关系的许多规则展开,亚里士多德说:"人的每种实践与选择,都以某种善为目的"[③],"尽管这种善于个人和于城邦是同样的,城邦的善却是所要获得和保持的更重要、更完满的善。因为,为一个人获得这种善诚然可喜,为一个城邦获得这种善则更高尚(高贵),更神圣"[④]。马克思更进一步认为"道德的基础是人类精神的自律"[⑤],二者强调了伦理精神的理性特征与道德主体在践行道德规则时的自主与自决的能力,体现出道德主体的精神世界与精神力量。在中国古代思想史上,儒家的道德往往也被称作德性,德性与伦理的区别在于,德性是指属于个体的一种内在品格,如刚强或宽厚,正直

[①]　蔡元培:《中国伦理学史》,第2页。
[②]　王育殊:《道德的哲学真义》,中国社会科学出版社,2008,第4—5页。
[③]　亚里士多德:《尼各马可伦理学》,廖申白译注,商务印书馆,2003,第3页。
[④]　同上书,第6页。
[⑤]　马克思:《评普鲁士最近的书报检查令》,载中共中央马克思恩格斯列宁斯大林著作编译局编译《马克思恩格斯全集》第一卷,人民出版社,1956,第15页。

或坚强,伦理则是发生在人与他人之间关系的规范①。

(一)中西伦理学概念

就伦理而言,历史上伦与理本来也是两个独立的范畴。《说文解字》中说:"伦,辈也。"②辈就是等级类别的意思,故人伦就是人与人之间的关系。《礼记·乐记》中写道:"乐者,通伦理者也。"郑玄注曰:"伦,犹类也。理,分也。"③不过,依据伦、理范畴的内涵,这两个范畴所指称的对象并不限于人们的社会生活。除了人们的社会生活,其他自然事务的类别、关系、理则等问题同样可以用伦、理范畴来加以论释。伦理学就是阐释人与人之间关系的规则、道理的科学。在中国古代伦理与道德是相通的,伦理学也就是道德学④。

伦理学的出发点不是抽象的人,而是使人成为现实的人的社会历史条件,即物质生产及其相应的社会关系。从基于社会实践和社会关系出发探讨伦理的起源是认识伦理问题的不二门径。从文化人类学的视角进行考察,道德的起源无疑与原始人类最初的思想意识与行为规则有关,德国伦理学家弗里德里希·包尔生在其《伦理学体系》中言:"(在远古)风俗需要神灵的核准,宗教和道德的命令构成一个统一的法典,虔敬和道德被看做同一个东西。"⑤包尔生所说的"神灵的核准""宗教和道德的命令"其实即是远古时代人们通过想象对现实生活所规定的伦理原则。我国对道德问题的关注可追溯到传说中的三皇五帝时代:《尚书·尧典》中言,尧"克明俊德,以亲九族。九族既睦,平章百姓。百姓昭明,协和万邦。黎民于变时雍";舜由于"浚哲文明,温恭允塞"(《尚书·舜典》)而成为尧的继承人。孟子叙述帝舜的事迹说:"使契为司徒,教以人伦:父子有亲,君臣有义,夫妇有别,长幼有序,朋友有信。"(《孟子·滕文公上》),这尽管是《尚书》及孟子对人类早期道德生活的追忆或猜测,但也能大致说明我们在伦理文化方面对人伦道德问题的重视及远古时期的伦理形态。

中国社会经过夏、商两个朝代完成了巫术文化(原始宗教)向礼乐文明的转

---

① 陈来:《儒学美德论》,生活·读书·新知三联书店,2019,第82页。
② 许慎:《说文解字》,徐铉校定,王宏源新勘,社会科学文献出版社,2005,第430页。
③ 郑玄:《礼记正义》中册,孔颖达正义,吕有仁整理,上海古籍出版社,2008,第1458页。
④ 王育殊:《道德的哲学真义》,第1页。
⑤ 弗里德里希·包尔生:《伦理学体系》,何怀宏、廖申白译,中国社会科学出版社,1988,第354页。

变,夏以前是巫觋时代,商殷是典型的祭祀时代,周代已是礼乐时代。西周的信仰已不是多神论的自然宗教,最高存在与社会价值之间建立了根本关联①。"最高的存在"即是周人的"天道","社会价值"即是周人的"德",这些理论在《尚书》中有诸多表示:"知今我初服,宅新邑,肆惟王其疾敬德。……王其德之用,祈天永命"(《尚书·召诰》);"惟天不畀,不明厥德。凡四方小大邦丧,罔非有辞于罚。"(《尚书·多士》)由此看出,尽管周初政治文化依然有夏商以来的"天""帝"信仰,但人的主观"敬德"行为已经动摇了夏、商"天""帝"的绝对权威,显示出周人理性精神的觉醒,先秦时期的庄子即已清楚地意识到这一点,周人"以天为宗,以德为本"(《庄子·天下》)。

西周伦理宗教的核心概念是德,德是一个阐释天人之际的概念,是天帝的命令,并通过受命于天的文王之一系列政治德行来体现,这正是中国早期人文精神的起源②。周人的"德"在《周书》中指人的内心情感信念,朱熹将其释为:"德者,得也,得其道于心而不失之谓也。"③其弟子陈淳更明确说:"德是行是道而实有得于吾心者。"④由以上解释可见,"德"具有双重含义。其一是社会的行为规范,其二是个人品德,这两方面的含义奠定后世中国人的道德观与伦理观的人文取向。

在原始宗教阶段与巫术文化阶段,人神交感不以道德意识为主,在轴心时代,随着人类精神的觉醒,"靠着自由,靠着自立的决定,人才能够与神灵交往。靠着这样一种决定,人成了有神性的人"⑤,呈现出人的道德性的一面。西方基督教时代,上帝无疑是人类道德性的来源。中国古代社会并没有经过西方式的基督教文化阶段,但经过原始宗教阶段与巫术文化的影响,存在着一种先验意识,对一些无法用经验证明的问题采取一种无须证明的手段来说明其正当性与合理性,如西周"天"与"德"的关系问题,以及后来孔孟的"父为子隐""见孺子入井",都是基于一种先天与先验的情感价值逻辑,其间的纽带就是基于家族血缘,这也是中国伦理价值的源头。蔡元培就此现象曾言:"我国人文之根据于心

---

① 陈来:《古代宗教与伦理:儒家思想的根源》,生活·读书·新知三联书店,1996,第11页。
② 赵法生:《儒家超越思想的起源》,中国社会科学出版社,2019,"代序"第3页。
③ 朱熹:《四书章句集注·论语·述而》,中华书局,1983,第94页。
④ 陈淳:《北溪字义》,熊国祯、高流水点校,中华书局,1983,第42页。
⑤ 恩斯特·卡西尔:《人伦》,甘阳译,上海译文出版社,2003,第140页。

理者,为祭天之故习。而伦理思想,则由家长制度而发展,一以贯之。而敬天畏命之观念,由是立焉。"①刘师培同样言儒家伦理"偏崇家族"②。

基于血缘与宗法基础之上的中国伦理引发公私问题,即道德的私德与公德问题。近代西方思想对个人和社会之道德的区分,始见于边沁对"私人伦理"与"立法艺术"的区分。边沁将私人伦理界定为"每个成员的幸福及其行为"③,"立法艺术"既是与"私人伦理"相对的"公共伦理",系指"组成一个共同体的人群如何可以依凭立法者提供的动机,被驱使来按照总体上说最有利于整个共同体幸福的方式行事"④,幸福是"实惠、好处、快乐、利益"的同义词⑤。从边沁对二者的区分可以看出,"私人伦理"被适用于日常生活场合的普通民众,而"公共伦理"则被适用于制定政策的立法者。此后密尔在其《论自由》中对"个人道德"在社会中的表现进行了界定⑥。边沁与密尔关于两种类型的伦理或道德的界定都基于西方的权利、利益、法律基础之上。关于伦理的这一区分在民国的学术界也有体现,梁启超曾言:"吾中国道德之发达,不可谓不早。虽然,偏于私德,而公德殆阙如。试观《论语》《孟子》诸书,吾国民之木铎,而道德所从出者也。其中所教,私德居十之九,而公德不及其一焉。"⑦刘师培亦言:"中国人民自古以来,仅有私德无公德,以己身为家族之身,一若舍孝悌而外,别无道德;舍家族而外,别无义务。"⑧比较中西方关于伦理的"私人伦理"(个人道德)与"公共伦理"(社会道德)发现,中西方关于"私人伦理"(个人道德)与"公共伦理(社会公德)"的认知存在差异。大致而言,西方的伦理包括物质与精神两个层面,辅之以法律,中国的伦理主要包括个体的道德修为;中国传统社会不存在西方社会所言的"公共伦理"与"公共道德"及其二者的对立,而是通过修身、齐家、治国、平天下的方式,将个人、家、国一体化,强调个人的修身与天下大同的不可分割性,就中国古代来看,"自我-他人-社会"三分的框架比起两分的框架更为合适。自我德行是强调自己完善自己的义务,他人德行是涉及他人幸福

---

① 蔡元培:《中国伦理学史》,第5页。
② 刘师培:《伦理学教科书》,宁武南氏校印本,1934,第2页。
③ 边沁:《道德与立法原理导论》,商务印书馆,2000,第351页。
④ 同上书,第360页。
⑤ 同上书,第58页。
⑥ 约翰·密尔:《论自由》,许宝骙译,商务印书馆,2007,第90页。
⑦ 梁启超:《新民说》,宋志明选注,辽宁人民出版社,1994,第16页。
⑧ 刘师培:《伦理学教科书》,第2页。

的义务,社会德行是对社会的行为义务①,即儒家伦理虽然不包含公民、公民社会,以及公民伦理的概念,但是隐含着某些关于公共生活关系的推论②。

阿尔汉格尔斯基主编的《伦理学研究方法论》一书中提到道德本质也是个系统,"系统性的所有这些方面,互相补充,展现道德统一整体的多层次结构"③。中国伦理强调的个人修身、家庭和睦、朋友诚信、天下大同的理念就是这样一个结构,且这种结构导致伦理与政治之间存在着密切的相关性。《中庸》就敏锐地总结出中国伦理的这一特点:"好学近乎知,力行近乎仁,知耻近乎勇。知斯三者,则知所以修身;知所以修身,则知所以治人;知所以治人,则知所以治天下国家矣。"从形而上的层面看,人的存在本身包含多重维度,在政治与伦理出现之后的历史发展过程中,人既融入政治生活,也参加伦理实践;作为人的存在的相关方面,政治与伦理无法截然相分④。《论语》中对伦理规范使用范围的区分非常明晰地表达出中国伦理学这一主旨:温、良、恭、俭、让被视为性格德行;孝、悌、谨、信被视为人伦德行;恭、宽、信、敏、惠被视为政治德行;仁、智、勇、义被视为综合德行⑤。中国伦理理念的有机价值系统,推动了中国伦理精神的辩证发展。

(二)伦理精神

伦理精神是在实践中体现出的道德理性,主要内容有伦理设计的基本原理、伦理生活的基本价值取向、人伦建构的文化原理等⑥。中国伦理精神的基本取向呈现出人文性、世俗性、实践性、超越性,这些伦理精神的取向形成中国伦理精神进退相济、富有进取精神与圣人情怀的人生追求。

道德的本质问题是伦理学同哲学联结的中心点,是哲学基本问题在伦理学中的应用⑦,中国哲学的核心问题是"天人关系"问题,这一点集中体现在张岱年先生所编纂的《中国哲学大辞典》之中。在《中国哲学大辞典》中,张岱年先

---

① 陈来:《儒学美德论》,第98页。
② 廖申白:《公民伦理与儒家伦理》,《哲学研究》2011年第11期。
③ 阿尔汉格尔斯基主编《伦理学研究方法论》,中共北京市委党校科研处组译,赵春福等译,贾春增等校,中国广播电视出版社,1992,第228页。
④ 杨国荣:《政治、伦理及其他》,生活·读书·新知三联书店,2018,第61页。
⑤ 陈来:《儒学美德论》,第91页。
⑥ 樊浩:《中国伦理精神的现代建构》,江苏人民出版社,1997,第228页。
⑦ 王育殊:《道德的哲学真义》,第14页。

生在"总论"之"通论"与"基本范畴与重大争论"中皆将"天道"与"人道"作为中国哲学最基本的范畴提出①。中国伦理学基于中国哲学核心问题基础之上形成中国伦理学中"天道"与"人伦"的伦理实体:"人伦"一方面基于血缘关系而形成人的"伦理纲常",另一方面,"人伦"又归于超越性的"天道"。在中国伦理史上,曾先后建立过三种"天人合一"的道德哲学模式:以孔孟为代表的古儒"五伦四德"的"天人合一"模式;以董仲舒为代表的官儒"三纲五常"的"天人合一"模式;以程朱为代表的新儒的"天理人欲"的"天人合一"模式②。第一种基本是伦理性的,第二种则是宗教性的,第三种则伦理性与宗教性兼具。"天人合一"的伦理实体,是血缘、伦理、政治三位一体并直接贯通,三者又以伦理为文化本性和文化理想的实体。尽管伦理学视域下的"天人合一"在汉代出现宗教化的趋势,但从根本上未能改变"天人合一"观念的人文主义本质。从《周易》《尚书》开始,先秦儒家经典作品中关于"天命"与"人伦"的阐释都充满了二者互融共存的意蕴,从"皇天无亲,惟德是辅"(《尚书·蔡仲之命》)、"五十而知天命"(《论语·为政》)到"天命之谓性,率性之谓道,修道之谓教"(《中庸》)、"尽其心者,知其性也。知其性,则知天矣。存其心,养其性,所以事天也"(《孟子·尽心上》),可以看出先秦儒学"天""道""性""命"贯通一气、"天人合一"的主旨。汉宋儒更进一步将"天命"与个体的"身"与"心"联系起来,提出"天地人,万物之本也。天生之,地养之,人成之。天生之以孝悌,地养之以衣食,人成之以礼乐"③,"在天为命,在义为理,在人为性,主于身为心,其实一也"④,且提出,以人的道德实践与人生实践来"超越"与"消解"命之必然性,展示出他们积极主动对"天命"的回应。就此可以看出,在中国儒家伦理看来"天命"已不是信仰的对象,而是可以通过生活经验、思想积累来认识、体验的对象⑤,体现出鲜明的人的理性尊严。

同人文性相关联的是伦理学的世俗性精神。同世俗性相对立的概念是宗教性或神圣性,中国传统的道教与中国化的佛教皆不以神圣崇拜为目的,占据

---

① 张岱年:《中国哲学大辞典》,上海辞书出版社,2014,第19页。
② 樊浩:《道德形而上学体系的精神哲学基础》,中国社会科学出版社,2006,第28页。
③ 苏舆:《春秋繁露义证》卷六《立元神第十八》,钟哲点校,中华书局,1992,第168页。
④ 程颢、程颐:《河南程氏遗书》卷十八《伊川先生语》,收入《二程集》上册,王孝鱼点校,中华书局,1981,第204页。
⑤ 崔大华:《儒学引论》,人民出版社,2001,第827页。

中国主流文化的儒家(儒教)更体现出世俗性的一面。张岱年先生将中国古代伦理学说归纳为人性问题、道德最高原则与道德规范问题、礼仪与衣食问题、"义利"与"理欲"问题、"力命"与"义命"问题、"志功"问题、道德在天地间的意义、修养方法问题等八项内容①，这八项大致可以归为道德现象、道德理想与价值两类，其中礼仪与衣食问题、"义利"与"理欲"问题、"力命"与"义命"问题、"志功"问题可归入道德现象，它们皆未游离于日常伦理生活、社会生活之外，而是潜存、流动于世俗生活之中发挥其特殊的社会功能，体现出中国伦理精神世俗性的一面。

《周易》曰"天行健，君子以自强不息"，强调了儒家文化重实践的底色，后来儒家通过"知行之辩"来强调实践的重要性和艰巨性："非知之艰，行之惟艰"(《尚书·说命》)，"非知之实难，将在行之"(《左传·昭公十年》)，"君子欲讷于言而敏于行"(《论语·里仁》)。基于西周宗法制而形成的"五伦"关系中，每一位置的人对上和对下都同时负有相应的义务，如父慈子孝、兄友弟恭等。宗法体系要求的是家族内部的德行，政治体系要求的是对公共事务及上级、下属应承担的相应义务，因此会产生不同的德行要求②。牟宗三就此也提出中国哲学(中国文化、中国思想)的"重点是生命与德行，它的出发点或进路是敬天爱民的道德实践，是践仁成圣的道德实践"③，就此蔡元培先生言"我国伦理学者，多实践家，尤当观其行事"④。

儒家的超越精神，是儒家道德的根脉所系，它是孔子对夏商周三代文明进行反思总结的产物，也是中国轴心突破的主要思想成果⑤。中国伦理精神的超越性在于肯定人具有"超凡入圣"能力这一内在价值。中国伦理实践首先肯定"天道"的逻辑优先性，然后肯定世俗社会人的道德修为的必要性和可能性，"天道"与"人道"同一既规定了人的伦理实践目的，同时也提供了超越世俗限制通达"天道"的动力。这一过程主要通过"内圣之学"的自觉实践完成，即"肯认并明澈一超越的实体(心体、性体)以为道德实践(道德行为之纯亦不已)所以可

---

① 张岱年：《中国伦理思想研究》，江苏教育出版社，2009，第9页。
② 陈来：《儒学美德论》，第92页。
③ 牟宗三：《中国哲学的特质》，上海古籍出版社，2007，第10页。
④ 蔡元培：《中国伦理学史》，"序"第1页。
⑤ 赵法生：《儒家超越思想的起源》，"代序"第1页。

能之超越根据"①。儒家伦理的这一超越性并未否定"天道"的必然性,但同时又认为人通过"天道"与"人道"的同一改变自己所应有的道德实践原则、方法与努力,进而达到圣人的境界,即"天人合一"的境界,这即是儒家"知命"的伦理追求。

儒家伦理学的形成具有特定的文化土壤与文化机缘,呈现出明显的农耕文明的文化特质与伦理道德思想。自"轴心时代"之后,中国人践履儒家伦理纲常,形成儒家礼仪生活方式,造就了"天道"与"人道"相统一的伦理理念,为中国社会进步与人类文明发展作出了贡献。

二、关学及关学的伦理精神

魏晋南北朝及隋唐五代,思想文化方面的"三教融合"致使儒家失去了意识形态方面的绝对主导地位。在王安石与文士张方平的一段对话中可以看出隋唐以来儒学的窘境:"王荆公尝问张文定:'孔子去世百年,生孟子亚圣。自后绝无人何也?'文定言:'岂无?只有过孔子上者。'公曰:'谁?'文定言:'江西马大师,汾阳无业禅师,雪峰岩头、丹霞云门是也。儒门淡薄,收拾不住,皆归释氏耳。'荆公欣然叹服。"②北宋面临的理论危机主要来自三个方面:其一是政治家失去钻研理论的兴趣,"于五霸功利之习"而"无豫于学";其二是儒家经生"为应举业"囿于章句之学而不究义理;其三是佛道思想炽传天下,"求道者沦于异端空虚之说"而"不涉于事"③。这三者交互感染互相依存,形成了一股否定传统秩序、破坏现实伦常、遏抑传统哲学发展的巨大思想阻力④。北宋初年兴起的理学是唐代儒学复兴运动的延续。宋初理学复兴的总趋势是回归先秦儒学,恢复儒学的权威。理学家汲取了佛道两家的一些思想资源,参照了佛道两家所提出的问题,重构先秦儒家天道性命观。在伦理学方面,理学家从本体论、人性论、修养论三方面对传统伦理进行了辩证综合,将"天理"与"人欲"、"天命之性"与"气质之性"作为对立依存的范畴进行讨论,既肯定"天理"与"天命之性"的先验神圣性,又肯定"人欲"与"气质之性"存在的必然性,为儒家道德的教化

---

① 牟宗三:《心体与性体》第二册,联经出版事业公司,2020,第266页。
② 陈善:《扪虱新话·儒释迭为盛衰》,上海书店(涵芬楼影印版),1990。
③ 黄宗羲:《宋元学案》卷十二《濂溪学案》,全祖望补修,陈金生、梁运华点校,中华书局,1986,第521页。
④ 陈俊民:《关学经典导读》,三秦出版社,2020,第5-6页。

留下了空间,但其间体现出的是整体至上的伦理精神。可以说,理学伦理精神既是中国传统伦理精神的完成,又是传统伦理精神的终结①。

(一)关中理学

北宋诸儒以道统自任,有直追汉唐、兴复三代之志,以阐释经义为起点,致力于圣人之道的探究和践行,于是出现了"庆历之际,学统四起"的局面,"关中之申、侯二子,实开横渠之先"②。张载对理学开创之功在《宋史·道学传序》中有载:"张载作《西铭》,又极言理一分殊之旨,然后道之大原出于天者,灼然而无疑焉。"③张载之学"以《易》为宗,以《中庸》为体,以孔孟为法,黜怪妄、辨鬼神"④。张载的理学思想无论从学术源头还是核心思想,与周敦颐的"太极"、邵雍的"象数"、二程的"天理"都存在差异性。不过张载的"太虚"思想尽管与这些范畴存在一定差异,但其理论的旨归一致:落实于本体论层面的"天理""命""性"等方面,会通北宋诸儒完成了对儒学的改造,形成儒学的新形态——理学。

北宋灭亡之后,张载之学在北方的传播几近停止,南宋程朱理学在王权的支持下成为官方的意识形态,直至明初"诸儒皆朱子门人之支流余裔"⑤。这一时期张载虽然被宋、元、明官方所认可,确立了张载在儒家道统中的地位,但其学术思想独特性不似北宋时期与二程并称,而是被官方弱化了。在南宋时期开始出现"关学"的称谓。根据全祖望的记载,这一名称的提出者,是南宋的吕本中。《宋元学案》卷六是全祖望所补《士刘诸儒学案》,他在"关学之先"《殿丞侯华阴先生可、申先生颜合传》下按语说:"祖望谨按:吕舍人本中曰:'关学未兴,申颜先生盖亦安定、泰山之俦,未几而张氏兄弟大之'。然则申颜先生之有功关中,亦已多矣。"⑥南宋时期的刘荀在其《明本释》亦言"(张载)倡道学于关中,世谓之关学。此书所记吕大临、苏昞、范育,皆其门人也"⑦,因此宋元的关学仅指张载的理学思想,有别于明清在继承张载学统基础之上对程朱理学与阳明心学

---

① 樊浩:《中国伦理精神的现代构建》,第129页。
② 黄宗羲:《宋元学案》卷六《士刘诸儒学案》,第251页。
③ 脱脱等:《宋史》卷四百二十七《道学一》,中华书局,1985,第12724页。
④ 同上书,第12724页。
⑤ 张廷玉等:《明史》卷二百八十二《儒林一》,中华书局,1974,第7222页。
⑥ 黄宗羲:《宋元学案》卷六《士刘诸儒学案》,第261页。
⑦ 刘荀:《明本释》卷上,收入《景印文渊阁四库全书》第703册,台湾商务印书馆,1983,第161页。

进行融汇的关学。在关学发展的两个阶段中,后者是前者历史与逻辑相统一基础之上的理性发展,它保持了关学学理发展的连续性。

完颜之乱后,文化遭到巨大破坏,"儒术并为之中绝"[①],"百年不闻学统"[②],黄宗羲这一结语是基于金代程朱理学而言,而张载之学在宋室南渡,"关陕沦亡后,横渠学统灭"[③]。此时北方传播有苏东坡的"蜀学"[④]。金朝的科举承袭辽、宋,强化了对先秦儒家经典的重视,金世宗二十三年(1183),下诏书翻译五经,有"朕所以令译五经者,正欲女真人知仁义道德所在耳"[⑤]的记载,只不过金代的儒学"虽以科举取士,名尚儒治,不过场屋文字,而道之大者盖漠如",程朱理学此时也有零星传播,"宋行人有箧至燕者,时有馆伴使得之,乃不以公于世"[⑥],"北人虽知有朱夫子,未能尽见其书"[⑦]。在冯从吾的《关学编》中记有金代杨天德晚年读到朱子《大学解》,言及伊洛诸书[⑧]。到了元代,程朱理学在北方的传播开始普及,且被元代统治者所接受,冯从吾《关学编》所记杨奂、杨恭懿、萧䘵、同恕等大儒皆以程朱理学为旨归,在他们的著作中罕见关于张载的记录,这一状况一直延续到明初。明初朱棣于永乐十二年(1414)下诏,增附周敦颐、二程、张载、朱熹性理之言于"四书""五经"之下,尤其提到"《西铭》《正蒙》之类,皆六经羽翼"[⑨],恢复了张载在儒学道统中应有的位置,在关中地区出现了建造张载祠的一个高潮,仅正德至万历间共建八所,远超宋元[⑩]。明清理学内部

---

① 黄宗羲:《宋元学案》卷三十一《吕范诸儒学案序录》,第1094页。
② 黄宗羲:《宋元学案》卷首《宋元儒学案序录》,第18页。
③ 朱铸禹:《全祖望集汇校集注》下册,上海古籍出版社,2000,第2197页。
④ 文坛宗主赵秉文、史学大家王若虚都十分推崇苏轼。金人破汴,搜索书籍,尤喜唐代元稹、白居易及北宋元祐诸儒之作,"褒崇元祐诸正人",参见刘祁:《归潜志》卷一二《辨亡》,崔文印点校,中华书局,1983,第136页。影响所及,蔚然成风。正如袁桷《乐侍郎诗集序》所云:"方南北分裂,两帝所尚,唯眉山苏氏学。"参见袁桷:《清容居士集》卷二十一《乐侍郎诗集序》,商务印书馆,1929。《元诗选》初集乙集云:"北方之学,变于元初,自遗山以风雅开宗,苏门以理学探本,一时才俊之士,肆意文章,如初阳始升,春卉方茁,宜其风尚之日趣于盛也。"参见顾嗣立编《元诗选》第一册《初集》,中华书局,1987,第445页。
⑤ 脱脱等:《金史》卷八《本纪第八·世宗下》,中华书局,1975,第184-185页。
⑥ 许有壬:《圭塘小稿》卷六《雪斋书院记》,收入《景印文渊阁四库全书》第1211册,台湾商务印书馆,1986,第620页。
⑦ 皮锡瑞:《经学历史》,中华书局,1959,第281页。
⑧ 冯从吾:《关学编(附续编)》卷二《君美杨先生》,陈俊民、徐兴海点校,中华书局,1987,第16页。
⑨ 郑晓:《今言》卷二,李致忠点校,中华书局,1984,第98页。
⑩ 刘笑敢:《中国哲学与文化》第7辑,广西师范大学出版社,2010,第28页。

基于对程朱理气论的修正，张载思想再现明清思想论域，罗钦顺、王廷相、吴廷翰、王夫之、戴震等人回溯了张载的"气本论"思想，从中汲取思想资源。关中三原学派的王承裕、吕柟、韩邦奇等或对张载的《西铭》《正蒙》进行注解，或对与张载相关的文献资料进行搜集与刊刻，接续了张载开创的关学在关中的学统。张载在儒家的道统地位在明代重新被确立，对吕柟、冯从吾重构关学学派至关重要。此时关中学者需要做的重要工作就是构建张载关学在关中的学统，明代地域文化蓬勃发展导致士人地域意识的萌发，这一文化现象为张载学统的构建提供了契机。

吕柟的地域认同在其所撰《陕西乡试录前序》与《武功县志序》中有所体现，《陕西乡试录前序》中言道"夫陕西,山川之初,而天地之首也,故群圣多自此产,'六经'咸自此出"①,《武功县志序》是吕柟为康海的《武功县志》所作的"序",在"序"中同样追述了关中圣人,"后稷,政之祖,横渠,教之宗"②。吕柟对张载的重视从对张载遗著的搜集与刊刻开始,在其《刻横渠先生易说序》中表露了这一心迹③,于此吕柟萌发有关张载关学的地域意识。在整理张载文献的过程中,吕柟重新审视了朱子"理在气先"的观点,用张载的"太虚即气"修正了朱子"析理气为二"的观点,认为"太虚、人物,实一体也"④,"天命只是个气,非气则理无所寻着,言气则理自在其中"⑤。同为关中士人的胡缵宗在为《泾野先生别集》所作的序中写有"知关中横渠、蓝田之学之有传也"⑥。与吕柟同时代的韩邦奇认为"自孔子而下,知道者惟横渠一人"⑦,其对张载思想的继承体现在《正蒙拾遗》之中,在《正蒙拾遗》的序言中开篇即言"学不足以一天人、合万物,

---

① 吕柟:《泾野先生文集》卷二《陕西乡试录前序》,收入《关学经典集成·吕柟卷一》,陈俊民校编,三秦出版社,2020,第85页。
② 吕柟:《泾野先生文集》卷二《武功县志序》,收入《关学经典集成·吕柟卷一》,第88页。
③ 吕柟:《泾野先生文集》卷十一《刻横渠先生易说序》,收入《关学经典集成·吕柟卷二》,第558页。
④ 吕柟:《泾野先生文集》卷十七《游灵谷记》,收入《关学经典集成·吕柟卷二》,第781页。
⑤ 吕柟:《泾野先生四书因问·中庸》卷二,收入《泾野经学文集》,刘学智点校,西北大学出版社,2015,第306页。
⑥ 吕柟:《泾野先生别集·泾野先生别集序》,清道光惜阴轩刻本。
⑦ 韩邦奇:《正蒙拾遗·太和篇》,收入《关学经典集成·韩邦奇卷一》,陈俊民校编,三秦出版社,2020,第1页。

不足以言学。吾读《正蒙》,知天人万物本一体也"①。《正蒙》成为韩邦奇构建其学术体系的活水源头。晚明的冯从吾通过《关学编》的撰写,构建了以张载为宗师的关学道统与学统,形成具有地域特色的理学派别:关学。

冯从吾对关学的重构同样基于其关中地域意识的萌发。在《关学编》的序言中冯从吾言"我关中自古称理学之邦,文、武、周公不可尚已,有宋横渠张先生崛起郿邑,倡明斯学,皋比勇撤,圣道中天",并阐发了自己撰写此书的动机与目的:"余不肖,私淑有日,顷山中无事,取诸君子行实,僭为纂次,题曰《关学编》,聊以识吾关中理学之大略云"②。然后回溯了自张载至晚明的关学发展,视张载"横渠四句"为自孟子后的"道脉"之所系。

由于处于晚明,冯从吾可借鉴的关学资源较吕柟为多,吕柟、马理、韩邦奇、杨爵四人作为关学中兴人物为冯从吾所敬重,为此冯从吾编撰了《关中四先生要语》,在该书的序言中表达了对上述四人德业节义的追慕之情,并矢志于四先生言行的领悟与践行③。冯从吾还著有《元儒考略》,该书所载诸儒虽然超出关中地区,但通过对这些北方儒者的记录,留下了理学在关中传播的大致情况,以示儒家的道统在关中不曾中断,为冯从吾构建关学的学统奠定了基础。冯从吾的理学思想主要集中在《辨学录》与《疑思录》之中,前者是为"崇正辟邪"而进行的儒、释之辨;后者是冯从吾对"四书"所作的札记,二书"要之一子厚(张载)为正",如在与他人论学的过程中,冯从吾以张载的《西铭》回答士子对程子"万物一体"的质疑④。基于儒家道统在关中的延续,关学学者继承了张载的学统,冯从吾通过《关学编》的撰写,完成了张载以来"关中理学"的构建。

冯从吾构建的关学道统在清代得以延续。清初李二曲早岁失怙,勤勉治学,遍览群籍。顺治二年(1645年,时年二曲十九岁)借读《公羊传》《谷梁传》《左传》《性理大全》《伊洛渊源录》,步趋遂定,以周、程、张、朱言行为儒宗正学,认为儒学"以经世为宗"⑤。此时关学在冯从吾离世之后成萎靡之势,"不振久矣",关中"留意理学,稍知敛华就实,志存经济,务为有用之学者,犹龟毛兔角,

---

① 韩邦奇:《正蒙拾遗·序》,收入《关学经典集成·韩邦奇卷一》,第57页。
② 冯从吾:《关学编(附续编)·关学编自序》,第1页。
③ 冯从吾:《冯少墟集》续编一《关中四先生要语录序》,收入《冯从吾集》,刘学智、孙学功点校,西北大学出版社,2015,第580页。
④ 冯从吾:《冯少墟集》卷十一《池阳语录》卷下,收入《冯从吾集》,第219页。
⑤ 李颙:《二曲集》卷十四《盩厔答问》,陈俊民点校,中华书局,1996,第122页。

不但目未之见,耳亦绝不之闻"①。李二曲以"悔过自新"与"体用全学"接续"张载横渠四句"之旨,提出"吾辈须为天地立心,为生民立命。穷则阐往圣之绝诣,以正人心;达则开万世之太平,以泽斯世"②,使关学在清初得以复盛。其后王心敬、李元春、贺瑞麟、柏景伟、刘古愚遵循冯从吾《关学编》的体例与关学学者选取标准,对《关学编》进行增补,使关学作为关中理学的地位逐渐巩固且为关外学者所认同与接受。黄宗羲所著《宋元学案》与《明儒学案》中,都视关学为一相对独立的、具有地域特色的理学学派③。清代国史馆所撰的《清史列传》同样视关学为关中理学,清初关中学人马嗣煜、李二曲为冯从吾之后的关学后劲④。

(二)关学的伦理传统

关学中的伦理传统及伦理精神集中体现在对礼教的重视及践行,黄宗羲曾说"关学世有渊源,皆以躬行礼教为本"⑤。在宋代的地域文化观念中,普遍认为关中人具有刚劲敢为的性格特点,二程认为"关中人刚劲敢为""关中学者,用礼渐成俗"⑥,朱熹也说"西北人劲直,才见些理,便如此行去"⑦。这既是关学的特点,也是关学伦理精神的集中体现。张载同程朱一样,是在重振伦常纲纪,拯救理论危机的新儒学运动推动下,从破汉唐和宋初诸儒的"体用殊绝""有无为二"的"天人二本"论中,独树新说的⑧。张载在同二程的一次论学中谈到自身为学的旨趣,成为后世所公认的关学精神和致思路向:"子(二程)谓子厚曰:'关中之士,语学而及政,论政而及礼乐兵刑之学,庶几善学者。'子厚曰:'如其诚然,则志大不为名,亦知学贵于有用也。'"⑨其中的"礼乐"即是关学伦理德目的主要内容,"语学而及政"即是伦理观念在国家治理中的落实。

受张载的影响,其门人关中三吕重视礼乐伦理的重建与践行,"务为实践之

---

① 李颙:《二曲集》卷十七《答许学宪》,第177页。
② 李颙:《二曲集》卷二十八《司牧宝鉴序》,第368页。
③ 黄宗羲:《明儒学案》,沈芝盈点校,中华书局,2008,第11页。
④ 清国史馆臣:《清史列传》卷六十六《儒林传上》,王钟瀚点校,北京:中华书局,1987,第5266页。
⑤ 黄宗羲:《明儒学案·师说》,第11页。
⑥ 程颢、程颐:《河南程氏遗书》卷十《洛阳议论》,收入《二程集》上册,第114页。
⑦ 黎靖德编《朱子语类》卷一百一《程子门人》,王星贤点校,中华书局,1986,第2561页。
⑧ 陈俊民:《关学经典导读》,第5页。
⑨ 程颢、程颐:《河南程氏粹言》卷一,收入《二程集》下册,第1196页。

学,取古礼绎其义,陈其数,而力行之"①。由吕氏兄弟制定的《吕氏乡约》的总纲"德业相励""过失相规""礼俗相交""患难相恤"对人的行为举止、仪态服饰、长幼秩序作出规定,形成系列伦理原则,在现实实践中承担着协调人际关系、稳定社会秩序、巩固等级名分的社会功能,敦化了世俗风气,"关中风俗为之一变"②。

吕柟确立了以周、张、程、朱为门径,四书五经为阶梯,"一准之以礼"③,以"甘贫改过"为求仁入圣切要工夫的"关学"定位。这一学术成果,不仅使吕柟实际成为张载之后的关学集大成者,成功地构建了明代关学,而且以"尚行之旨",对湛学、王学自身隐藏的"遗行而言知"之弊端,具有"一发千钧"的救弊作用,从而形成了以吕柟、马理等为中心而超越关中地域的"吕柟关学学派"。这些特点被陈俊民先生大致归纳为"学政不二"的政治倾向,"知礼成性,变化气质"的道德实践,"躬行礼教"的社会实践,"学贵有用""精思力践"的"实学作风"④。关学学派这一伦理传统与精神在张载以后被关学后劲继承,塑造了关中士人的精神与风骨。

三、关学伦理精神的当代发展

晚清以来西方列强的入侵动摇了儒家文化的主导地位,辛亥革命建立的中华民国终结了儒家文化在国家意识形态中的主导地位。"五四"新文化先驱钱玄同曾言"孔经里所讲的什么三纲、五伦、礼乐、刑政,是和共和国绝对不能共存的东西了"⑤。陈独秀同样力主推翻儒学,改革伦理,"伦理的觉悟,为吾人最后觉悟之最后觉悟"⑥。从"理学"到"伦理学",代表了清末知识分子企图利用西方知识系统重新架构中国的传统伦理的尝试。新中国成立之后建立了与经济基础相适应的社会主义政治基础与伦理基础。中国社会伦理领域的这一变化同世界格局的变化直接相关,关学伦理精神的发展是中国伦理发展的缩影。

---

① 吕大临等:《蓝田吕氏遗著辑校》附录《宋元学案·吕范诸儒学案》,陈俊民辑校,中华书局,1993,第646页。
② 冯从吾:《关学编(附续编)》卷一《和叔吕先生》,第10页。
③ 冯从吾:《关学编(附续编)》卷四《泾野吕先生》,第46页。
④ 陈俊民:《张载哲学思想及关学学派》,第29页。
⑤ 钱玄同:《钱玄同文集》第一卷,中国人民大学出版社,1999,第318页。
⑥ 陈独秀:《陈独秀文存》,安徽人民出版社,1987,第41页。

(一) 当代社会及其伦理发展

当代社会发展总趋势呈现出现代化、民族化、世界化三者并行发展的趋势。现代化主要体现出社会经济与文化发展中的现代性特征；民族化体现出不同文化竭力保持自身文化的特征；世界化体现出一种世界经济与文化发展中蕴含的趋同趋势。中国传统文化中的"共赢思维"形成的"和谐共生"的伦理价值不失为未来人类社会文明发展的正确选择，"人类命运共同体"的理念是人类社会发展的正确指引。而中国传统思维模式与当代社会发展理念都为关学伦理精神的发掘提供了借鉴。

当代中国已经形成社会主义市场经济体制与社会主义核心价值观，关学伦理精神的重构亦要与现实因素紧密结合。

(二) 关学伦理精神的开放性与世界性

儒家伦理学可以视为是一种伦理知识的历史性、生成性和开放性的类似于自然的生长过程，或者更形象地说，她首先是使万物得以生长（类比德性生成）的土壤和大地①。中国伦理逻辑的线索有两个，即伦理精神生态生成的基本问题与道德精神生态生成的基本问题。在伦理精神生成方面，中国文化解决伦理问题的方式是入世，用入世的方式解决现世的伦理问题②。正是由于中国伦理文化的入世精神，使中国儒家士人能与时俱进，能以开阔的心胸对待异己文化，将其吸收与消化，"为我所用"以便解决现实的伦理问题。魏晋玄学与宋明理学通过融合佛老的心性、天道理论，丰富了儒家伦理学思想，批评了遭到破坏的儒家"名教"，为魏晋士人寻求心灵安慰贡献了智慧。宋明理学在消解佛老思想空无思想的基础上，发展了先秦儒家的心性论，重建了自唐中后期以来被破坏的儒家伦理纲常。关学自张载开宗至今绵延千年，形成具有特定内涵的地域性理学学派。关学学人以宏阔的学术视野与宽广的学术胸怀开创了宋明理学的新天地，使关学血脉绵延不绝。张载提出了"太虚即气""心统性情""闻见之知""德性之知"等理学概念，奠定了自身在宋明理学中的地位。吕柟的"新仁学"、冯从吾与李二曲对朱子学与阳明学的融摄，无不反映出关学学人的"造道"精神与学术胸襟，同时也形成关学的伦理风格与伦理精神。近代以来，刘古愚将民

---

① 王庆节：《道德感动与儒家示范伦理学》，北京大学出版社，2016，第11-12页。
② 樊浩：《中国伦理精神的现代构建》，第40页。

权、民主等思想与儒家的民本思想相结合,试图建设一个国强民富、风俗纯美的新社会,使关学伦理学开始具有现代伦理学的因素。

当前世界面临政治、经济、文化、宗教等方面的冲突,西方文化的二元对立思维和零和博弈思维为人类的发展带来重重危机。20世纪西方文化内部对西方文明进行了反思,O.斯宾格勒(O. Spengler)的《西方的没落》及A. J.汤因比(A. J. Toynbee)的《历史研究》从西方文明的没落与拯救层面思考了西方文明及人类的未来,汤因比提出的"广泛的爱"为人类社会未来的发展指明了具有中国意味的道路选择:"我认为只有广泛的爱,才是人类拯救自己的唯一希望,儒家的地位在现代社会似乎是合理的,因为它认为爱人与爱己同样重要,现代人应该坚持此种意义上的儒家立场,即现代人应当努力追求没有阶段和限制的普遍的爱。"[①]这种"广泛的爱"与张载的"民胞物与"思想多有重合之处。当然我们也应清楚一点,无论是斯宾格勒,还是汤因比都有时代与意识形态的局限性,"他们都凸显了根据文明和文化实体来观察全球秩序的异常强烈的规范性呼求。他们的语言、思想以及想象均反映了他们所持理论与历史建构的密切关系,但也能强烈反映文化信仰和集体想象。当然,他们也为争夺政治权力提供了一套异常强大的意识形态资源"[②],他们不可能从根本上动摇对西方文明的信念,也不会从根本上"皈依"中华文明,但他们思考人类社会的未来时所展现出来的思想穿透力值得肯定。

关学的伦理智慧和伦理精神,对于中华文化尤其是关中文化有着广泛而深远的影响。关学伦理中的"天道"与"人道"的人文精神,在克服康德"道德律令"冰冷性的同时,能让人对伦理的原则持有敬畏之心;关学"躬行礼教"的实践精神能为当代社会主义核心价值观的践行提供动力支持;张载提出的"民胞物与"的理念与"为天地立心,为生民立命,为往圣继绝学,为万世开太平"的伦理理念能为人类社会点亮希望之光,让世界各种族、各民族之间相互尊重。关学的伦理精神不仅是中国的,也是世界的。

---

① 汤因比、池田大作:《展望21世纪》,荀春生、朱继征、陈国梁译,国际文化出版公司,1985,第427页。

② Andrew Hurrell. "One World? Many Worlds? The Place of Regions in the Study of International Society", *International Affairs*, no.1(2007):138.

第一章　关学伦理的本体依据

本体论问题在中西方哲学中都具有十分重要的地位,但中西方关于本体论问题的界定存在一定差异。西方本体论作为一个词产生于17世纪,一般系指从柏拉图到黑格尔的西方哲学的主干或"第一哲学"①。第一个为本体论下定义的是德国哲学家沃尔夫(C. Wolff,1679—1754),他对本体论的定义如下:"本体论,论述各种关于'有'的抽象的、完全普遍的哲学范畴,认为'有'是唯一的、善的;其中出现了唯一者、偶性、实体、因果、现象等范畴;这是抽象的形而上学。"②《中国大百科全书·哲学卷》将本体论定义为"关于存在及其本质和规律的学说""主要是探究世界的本原或基质"③。根据以上两个关于本体论的定义可以看出,西方的本体论包含的核心关键词是本质、规律、本原、基质。中国先秦哲学中少见本体连用,大都是分开用的。"体"在先秦典籍中主要指"身体",如《论语》所言"四体不勤,五谷不分"(《论语·微子》);《孟子》所言"子夏、子游、子张皆有圣人之一体,冉牛、闵子、颜渊则具体而微"(《孟子·公孙丑上》);《庄子》所言"秋毫为小,待之成体"(《庄子·知北游》)。"用"在《周易》中已经频繁出现,如《乾卦》的初九爻辞"潜龙勿用",在老子的《道德经》中"用"出现的频率也比较高,如"道冲,而用之或不盈""用兵则贵右""三十辐,共一毂,当其无,有车之用也"等。体用连用早见于《荀子》,《荀子》中说"万物同宇而异体,无宜而有用为人"(《荀子·富国》)。"体用"真正作为哲学范畴,应该说开始于玄学④。理学本体论,严格地说就是通过"体用"的范畴建立起来的,如果说"形上形下"是从"存在"的意义上把世界划分为一般和个别、普遍和具体两个层次,

---

① 俞宣孟:《本体论研究》,上海人民出版社,1999,第3页。
② 黑格尔:《哲学史讲演录》第四卷,贺麟、王太庆译,上海人民出版社,2013,第194页。
③ 中国大百科全书总编辑委员会《哲学》编辑委员会、中国大百科全书出版社编辑部编《中国大百科全书·哲学卷》上册,中国大百科全书出版社,1987,第35页。
④ 蒙培元:《理学范畴系统》,人民出版社,1989,第149页。

那么"体用"则是从"活动"的意义上把世界解释成实体及其功能、本质及其现象的统一①。无论是从"存在",还是"活动"方面,理学"本体"已经具有了"普遍""本质"的含义,具有形而上之"道"的属性。本部分内容只从本体的这一属性出发,梳理关中伦理的形而上的依据。

一、伦理本体

在中国哲学中,本体论和伦理学是密切联系的,本体论探讨以宇宙为范围的普遍性问题,伦理学探讨以人类生活为范围的特殊性问题。普遍寓于特殊之中,特殊含蕴普遍。所以,伦理学与本体论之间,存在着一定的联系。本体论为伦理学提供普遍性的前提,伦理学为本体论提供具体性的验证②。作为儒家伦理的本体,除过具有存在与本根的含义外,还具有能动与生生的神化妙用,同西方本体仅限于概念稍有差异,这种差异对于理解中国儒家伦理本体中诸如天道、心性、天人关系等大有裨益,它体现出儒家伦理本体所具有的理性精神。

(一)儒家的本体问题

中国先秦儒学尽管从字面上看没有现代意义上本体的文字表述形式,但包含本体意蕴的词却有很多,如本质、规律、本原、基质等,"如《易》之乾元、太极,《春秋》之元,《论语》之仁,《中庸》之诚"③。另外先秦用"道"作为本体之名是儒道两家的共识:儒家早见于《大戴礼》,曰"大道者,所以变化而凝成万物者也",道家早见于《道德经》,曰"道可道,非常道""道生一,一生二,二生三,三生万物"。到宋明理学,尤其是明代理学出现了现代本体意义的本体文字形式,本体往往与工夫对举,只不过本体的名称在程朱理学与陆王心学被理气、良知代替,"程朱分别理气之理,又云实理,阳明所谓良知,皆本体之目"④。由于儒家的本体与伦理建立了不可分割的关系,宋明以来,儒家学者在描述本体时常常用道体、性体与心体来言说。道体是就天地创生万物而言,亦称天道、天命,道体具有好生之德,贯穿万物之中。就客观方面说则为性体,这也是人的道德实践之所以可能的超越根据;从主观方面说则为心体,即为内在于人而又能够产

---

① 蒙培元:《理学范畴系统》,第148页。
② 张岱年:《中国伦理思想研究》,第139页。
③ 熊十力:《原儒》,上海书店出版社,2009,第185页。
④ 同上书,第185页。

生道德行为的形而上本心,道体、性体、心体三者虽异名但实为一。

(二)"太虚"与"天道"

关学奠基者张载对天道问题的观照是其理论的根基。由于张载之学以《周易》为宗①,故其天道观受《周易》影响极大。《周易·彖传上·乾卦》开始即言"大哉乾元,万物资始,乃统天。云行雨施,品物流形。大明终始,六位时成,时乘六龙以御天。乾道变化,各正性命,保合太和,乃利贞。首出庶物,万国咸宁",《周易·彖传上·坤卦》有言"至哉坤元,万物资生,乃顺承天。坤厚载物,德合无疆。含弘光大,品物咸亨"。"乾元"和"坤元"是万物赖以形成与生长的根源,它确保万物各正性命,"乾元"具有"元、亨、利、贞"四德,惠泽万物则"保和太和";"坤元""顺承天",具有"德和无疆"的道德,普施万物"含弘光大",彰显二者作为伦理本体的一面。张载在《横渠易说》中针对"乾元"之"元、亨、利、贞"四德作了如下的阐释:

> 乾之四德,终始万物,迎之不见其首,随之不见其后,然推本而言,当父母万物。明万物资始,故不得不以元配乾;坤其偶也,故不得不以元配坤。天下理得,元也;会而通,亨也;说诸心,利也;一天下之动,贞也。贞者,专静也。不曰天地而曰乾坤,言天地则有体,言乾坤则无形,故性也者,虽乾坤亦在其中。②

张载基于其辩证思维方式,将天与地对举,同时赋予二者产生万物与伦理情感的本体地位,在《正蒙》中表达了同样的思想,"天地生万物,所受虽不同,皆无须臾之不感,所谓性即天道也。感者性之神,性者感之体",但张载又提出"天性,乾坤、阴阳也,二端故有感,本一故能合"③,因此张载的本体论最后归结为"天性",且以"太虚"来解释"天性"。

在张载的天道观中"天"与天人一体相符合,形成一种神圣而超越的价值力量。张载在《正蒙·太和篇》中总论了天人万物皆本于一气之旨,提出"由太虚,有天之名;由气化,有道之名;合虚与气,有性之名;合性与知觉,有心之名"④,张载通过太虚,建立太虚、天道、性、心由形而上至形而下的伦理逻辑体系,其中

---

① 冯从吾:《关学编(附续编)》卷一《横渠张先生》,第3页。
② 张载:《张载集·横渠易说》,章锡琛点校,中华书局,1978,第69页。
③ 张载:《张载集·正蒙·乾称篇第十七》,第63页。
④ 张载:《张载集·正蒙·太和篇第一》,第9页。

"心"具有形而上与形而下的枢纽地位,其所言"心"有见闻知觉的能动性,但其又以天地之性为依据,张载以"大心"规定其性质:"大其心则能体天下之物,物有未体,则心为有外。世人之心,止于闻见之狭。圣人尽性,不以见闻梏其心,其视天下无一物非我,孟子谓尽心则知性知天以此。天大无外,故有外之心不足以合天心。"①张载遥接了孟子的心性论,认为其所言"大心"即是孟子所言"尽心",不过,孟子的尽心是向内体验仁义本性的工夫,而张载的"大心"却要求"体天下之物",终至"知天",体验到天下万物与我一体,外向扩充与内向体验同时发生,达到万物一体的境界。

关于张载所提出的太虚在本体层面的使用目前学界存在分歧,即关于张载的"太虚即气"与"太虚无形,气之本体"的理解分歧。第一种观点是以张岱年、陈俊民先生为代表的学者,他们将"太虚即气"理解为"太虚即是气的属性或本来状态"②。以牟宗三先生为代表的我国港台地区的学者和大陆的部分学者从体用圆融的角度论"太虚即气",将太虚称为"太虚神体",它"清通无迹,以明道德创造润身践行所以可能之超越根据"③;本体不是气的"本来状态",而是宇宙生化之根源,"气以太虚—清通之神—为体,则气始活"④。两种观点都有接近张载"太虚"本义之处,但各有欠缺。前者对于呈现张载气的创生义、整体义及价值义稍显不足;后者由于强调太虚的"体用圆融"而拆解了张载思想中的关键概念⑤。如果我们能将二者进行求同存异的"统合",可更有助于理解张载哲学的伦理本体问题。清儒对张载太虚问题的诠释对如何进行"统合"或许具有一定的参考价值,如清代王植认为"太虚无形,气之本体"中之"本体"可分为三个方面:其一,所谓"本来状况",如王植曰:"太虚之始,无有行状,乃气之本体然"⑥;其二,从体用对举言"体",如蔡清诠释张载"德,其体,道,其用,一于气而已"⑦为"吾善养吾浩然之气",曰"浩然,盛大流行之貌。辅氏云:'盛大,谓气之

---

① 张载:《张载集·正蒙·大心篇第七》,第24页。
② 张岱年:《中国古典哲学中若干基本概念的起源与演变》,《哲学研究》1957年第2期;陈俊民:《张载哲学思想及关学学派》,第103页。
③ 牟宗三:《心体与性体》第一册,联经出版事业公司,2020,第468页。
④ 同上书,第466页。
⑤ 陈政扬:《张载思想的哲学诠释》,中华书局,2020,第64页。
⑥ 王植:《正蒙初义》卷一《太和篇第一》,邸利平点校,中华书局,2020,第23页。
⑦ 张载:《张载集·正蒙·神化篇第四》,第15页。

本体;流行,谓气之大用'"①;其三,本原意义之"本体",如宋儒朱震曰:"物其形也,散其情也。然则气何从生乎？曰:'太虚者,气之本体'。"②所以从三个方面理解张载"太虚即气"与"太虚无形,气之本体"更为全面。

通过对张载所提出的太虚含义的梳理,就可以从其"太虚"的概念中来探讨伦理本体问题。张载言"一物而两体,其太极之谓与！阴阳天道,象之成也；刚柔地道,法之效也；仁义人道,性之立也。三才两之,莫不有乾坤之道"③,天、地、人各有属性,天道为阴阳,地道为刚柔,人道为仁义,三者的根源为气,"两体者,虚实也,动静也,散聚也,清浊也,其究一而已"④。张载的伦理本体同先秦伦理一样,都将其本原导向天道,只不过相较先秦儒学,张载将天道视为阴阳的运动,少了一些神秘主义或人格神的成分。

张载提出太虚的概念是为了对抗佛教的"空无"与"道教"的"无中生有",因此具有"实存"的属性,张载这一思想传统在其后的关中理学家中得到传承。马理作为明代中期关学巨擘批评佛老"知阴而不知阳,知潜而不知见,知虚而不知诚"⑤,"或孤阳而无阴,孤阴而无阳,或阴合而阳离,败俗而乱常,皆非和之道也"⑥,提出"盖造化之道,阴阳消息而已"⑦。"阴阳消息天之道,息而消,消而息,反复其道"⑧。"潜"指不可见的,"见"是可见的,这和张载反对佛教虚无的思想一致。佛家否定实有,必然导致伦理本体的虚无和现实伦理的无着落、无依据。马理将阴阳消息作为道的运行来肯定现实伦理存在的依据和必要性。而阴阳消息即《周易》的阴阳变化,它是人伦的本根,"若曰'万物资始乃统天',固为元矣。其在人则为好生而恶杀之仁,凡义礼智之德皆从此出,实万善之长也。云行雨施,品物流形,固为亨矣。其在人则为礼,严而泰,和而节,凡贵贱尊卑之人,小大之事,无不以此美其所合而由之者,实人事大通之道为嘉之会

---

① 蔡清:《四书蒙引》卷十《公孙丑章句上》,收入《文津阁四库全书》第406册,商务印书馆,2008,第468页。
② 朱震:《从说·汉上易传》(钦定四库全书本),浙江大学图书馆馆藏,第59页。
③ 张载:《张载集·正蒙·大易篇第十四》,第48页。
④ 张载:《张载集·正蒙·太和篇第一》,第9页。
⑤ 马理:《马理集·周易赞义·乾卦》,许宁、朱晓红点校整理,西北大学出版社,2015,第10页。
⑥ 马理:《马理集·溪田文集卷五·仙释说》,第357页。
⑦ 马理:《马理集·周易赞义卷六·既济卦》,第230页。
⑧ 马理:《马理集·周易赞义卷三·复卦》,第92页。

也"①。

(三)"显诸仁,藏诸用"

冯从吾从本体工夫的层面强调本体的重要性,主张讲学在"本原处透彻",其所言"本原"就是作为事物依据与根源的本体,他说:"圣贤论学,虽有自用言者,有自体言者,而要之以体为主。盖得其体,则用自然得力,但不言用,则其又不可见。其或谆谆言用者,盖欲人由用以识体耳。"②作为伦理的本体,仍是"天命之性","天命之性,就是命之以善,何消着? 故曰性善。孟子道性善,正直指天命之初而言"③。冯从吾认为心之本体即性也,性无不善,心之本体原是有善无恶的。无论是把"善心"作为根源性的存在,还是从性善的角度对心作"善"的规定,都是要确立"善心"作为心性本体的地位。圣贤论学的内容不局限于日用常行,而是以涵养德性为主,冯从吾认为本体是源头,源头不明,一切皆错,纲常伦理、道德规范之下的实践根本无从谈起,更莫论探究践履的方法和途径,主张"以体为主"基础上的体用统一。受阳明心学的影响,冯从吾论本体时往往与心相连,提出"圣贤之学,心学也""孟子论心之本体,归之理义""若言心不言理义,则本体涉于虚,言理义不言操存,则工夫流于泛"④。心的本体依据是理义,本体是实存,而不是虚无,这是对佛教的批判,理义与操存的分裂,是冯从吾对阳明学后继者废修言悟的批评。

在二曲著述中,言及本体处甚多,不仅从道体处揭示,更从性体、心体处阐述,且往往对道体、心体、性体未作严格区分。李二曲提出的"体用全学"思想回答了儒学的本质,体现出儒家学者的社会使命感。李二曲和顾炎武有三封探讨体用关系的书信,二人就体用一词的出处与内涵进行了讨论,其间二人关于如何对待儒家经典与佛家经典分歧也非常明显,顾炎武对李二曲出入佛老略有微词,李二曲站在考证学术源流、维护儒家经义的立场,为自己出入佛老进行了辩护。在第一封书信中李二曲否定了顾炎武所提出的"体用"出于佛书的观点,认为体用问题早在《周易》中已见端倪,"《易》曰:'阴阳合德而刚柔有体'。又曰:

---

① 马理:《马理集·周易赞义卷一·乾卦》,第12页。
② 冯从吾:《冯少墟集》卷十五《答涂镜源中丞》,收入《冯从吾集》,第284页。
③ 冯从吾:《冯少墟集》卷一《辨学录》,收入《冯少墟集》,陈俊民校编,三秦出版社,2020,第12页。
④ 同上书,第8页。

'显诸仁,藏诸用',此天地之体用也"①,"阴阳合德而刚柔有体"是《周易·系辞传下》中的论述,其后两句"以体天地之撰,以通神明之德"更能说明"体"的伦理根源与本原。此处所谓"体"是指"形体",而"体"的根源在于有德的阴阳,阴阳将自身德行赋予万物,通过"体"来展现阴阳的"营为",贯通阴阳神奇光明的德性。"显诸仁,藏诸用"是《周易·系辞传上》对"道"的论述,全句为:"一阴一阳之谓道,继之者善也,成之者性也。仁者见之谓之仁,知者见之谓之知,百姓日用而不知,故君子之道鲜矣!显诸仁,藏诸用,鼓万物而不与圣人同忧,盛德大业至矣哉!"乾阳统天生物为"善",坤阴顺乾成物为"性"。"道"显现为仁德,潜藏于日用,寻常百姓用"道"而不知"道",因此"君子之道鲜矣"。"道"自然无为,鼓动万物,使之化育。圣人成务天下,故有忧,阴阳造化无声无臭,没有圣人之忧。李二曲"体用全学"的核心是"明体适用",其"明体适用"的理论依据同《周易》中的阴阳天道观完全一致,李二曲将"明体适用"界定为:"穷理致知,反之于内,则识心悟性,实修实证;达之于外,则开物成务,康济群生"②,他更进一步说明"明德"是体,"亲民"是用③。从体用对举来看,"体"是用的依据,是"明德","明德"即是"善",而"善"是乾道统天成物,亦即天道的生生之意与造化之功,这种生生之意与造化之功就是"仁",其为德性伦理的本根与来源,这即是朱子所言的"仁,谓造化之功,德之发也"④。

关学伦理本体问题可以从上述的天道性命进行阐释与说明,这也是儒家的传统。天道即是宋明诸儒常说的"天理",性即是"人性"。天道与人性的关系,实际上是人性与天道的本体关系,在儒家看来,天道既有生物的功能,也有美德的属性,天道赋予人性伦理秩序与道德原则,这些伦理秩序与道德原则是人与人之间各种关系的相处之道,它们是贯通天道与人性的枢纽。无论是张载的"太虚"、程朱理学的"性即理",还是李二曲的"体用"皆把人的伦理秩序与道德原则上升到天道的高度,从天道那里寻求各自的根源与依据。

关学的伦理本体将人性与天道相贯通,将天道视为伦理的根源,这种伦理本体论同中国先秦时期所形成的理性精神直接相关,是经过中国礼乐文明的浸润逐渐形成,是一种与世俗生活相关的社会性道德。它不依靠外在的法律、规

---

① 李颙:《二曲集》卷十六《答顾宁人先生》,第148页。
② 李颙:《二曲集》卷十四《盩厔答问》,第120页。
③ 李颙:《二曲集》卷二十九《四书反身录·大学》,第401页。
④ 朱熹:《周易本义》卷三《系辞上传》,廖名春点校,中华书局,2009,第228页。

约、习惯、风俗等强制实现,而是通过历史发展过程中的文化内化而形成的一种理性自觉。这种伦理本体有异于西方中世纪的"宗教性道德"传统与康德的先验"实践理性";它克服了西方宗教中人格神的神圣性与不可理解性,建立在天道与人道统一的基础上。作为伦理根源依据的天道是生活在世俗生活中的人通过自己对感性生活的体悟,能够通晓感知天道的崇高德行,是一种自觉自愿的行为。

二、天人合一

"天人合一"是中国传统哲学最基本的命题之一,古代思想家把"究天人之际"看作是最高的学问与智慧,司马迁撰《史记》的方法与目的为"究天人之际,通古今之变,成一家之言"①,《史记》被视为史学之极则②。邵雍也言"学不际天人,不足以谓之学"③。天人关系的核心问题是讲"人"和"天"关系,但实际是讲人和自然界(包括社会)的关系。④ 从伦理学的视角考察,"天人合一"系指人伦与天道构建的伦理实体⑤,它构成了儒家哲学范畴体系的基本框架。从先秦至晚清,"天人合一"是儒家内部一个共识性观念,宋代张载正式提出"天人合一"的概念。

"天人合一"之"天"既源自家族人伦中的"天伦"之性、"天伦"之情,最后又归于具有超越性的天道。通过西周初期的理性化过程,作为人格神的"天"的逐渐隐退使得"天"的内涵发生了转移,从原来的至上神到用来指称或神秘或自然的客观力量,同时作为人所能主动实践的"德"成了"天"的有效补充,二者的统一与和谐使"天"成为"德"的本体依据,同时也彰显了人的理性精神与独立精神。在本体论的意义上,天道作为伦理道德依据,它以宇宙自然为托载,又以宗教情怀为支撑。"天"与"德"的这种关系在先秦时期还未摆脱"天"的神秘性,儒家用"命"来协调二者的关系,既达到了"天"的自然化与去魅化,又保留了"天"超越性的一面,为人与天的交感提供了形而上的依据;"人性"在儒家的观

---

① 班固:《汉书》卷六十二《司马迁传·报任安书》,颜师古注,中华书局,1962,第2735页。
② 赵翼:《廿二史札记》卷一《各史例目异同》,中华书局,1963,第3页。
③ 邵雍:《皇极经世》卷十二《观物外篇下》,上海古籍出版社,2015,第1223页。
④ 蒙培元:《理学范畴系统》,第420页。
⑤ 樊浩:《道德形而上学体系的精神哲学基础》,第28页。

念中具有世俗性与现世性的一面,天人通过"性"与"命",使本体世界与现象世界、彼岸世界与此岸世界、宇宙法则与人伦规范沟通为一,使伦理信念与宗教情感合一,无论是老子的"天道观",还是孔子的"鬼神观""天命观"都体现出这一点。天道内在于人成为人性,天道与人道是统一的关系。

(一)儒家天人关系的伦理性

在中国伦理史上,曾先后建立过三种"天人合一"的道德哲学模式:以孔孟为代表的古儒"五伦四德"的"天人合一"模式;以董仲舒为代表的官儒"三纲五常"的"天人合一"模式;以程朱为代表的新儒的"天理人欲"的"天人合一"模式[①]。先秦的"四德"经由孔子与孟子形成,孔子称"知、仁、勇"为"三达德","好学近乎知,力行近乎仁,知耻近乎勇。知斯三者,则知所以修身;知所以修身,则知所以治人;知所以治人,则知所以治天下国家矣"(《中庸》)。"三达德"中,仁是核心,智(知)是对仁的认识,勇是对仁的实践。与"三达德"相关,孔子提出仁、义、礼相统一的伦理规范体系:"仁者人也,亲亲为大;义者宜也,尊贤为大。亲亲之杀,尊贤之等,礼所生也。"(《中庸》)三者基于血缘形成了远近亲疏有别、上下贵贱相异的伦理秩序。孟子统合孔子的"三达德"与"仁""义""礼",形成儒家的"四德说",即"恻隐之心,仁之端也;羞恶之心,义之端也;辞让之心,礼之端也;是非之心,智之端也。人之有是四端也,犹其有四体也"(《孟子·公孙丑上》)。与"四德"紧密相连的"五伦",即"父子有亲,君臣有义,夫妇有别,长幼有序,朋友有信"(《孟子·滕文公上》)"四德""五伦"共同构成了先秦的伦理体系。"四德"中的"仁"处于统领地位,其他三者是"仁"的发用,如"一日克己复礼,天下归仁焉"(《论语·颜渊》)。"仁"具有自身内在的品德,"仁者爱人"(《孟子·离娄下》),"喜怒悲哀之气,性也""性自命出""命由天降"[②],依据这样的逻辑线索,可以看出"天人合一"的端倪。"三纲"是一种人伦关系和言行准则,在儒家看来,它由"天"所赋予,"天乃锡禹洪范九畴,彝伦攸叙"(《尚书·洪范》),《周易》的《序卦传》有更为具体的表述:"有天地然后有万物,有万物然后有男女,有男女然后有夫妇,有夫妇然后有父子,有父子然后有君臣,有君臣然后有上下,有上下然后礼仪有所错。"从天道到"三纲""四德"形成井然有

---

① 樊浩:《道德形而上学体系的精神哲学基础》,第28页。
② 涂宗流、刘祖信:《郭店楚简先秦儒家佚书校释》,台湾万卷楼图书有限公司,2001,第144页。

序的天人伦理系统。

汉代的董仲舒明确提出"五伦"的思想,其言曰:"夫仁谊礼知信五常之道,王者所当修饬也;五者修饬,故受天之佑,而享鬼神之灵,德施于方外,延及群生也。"① 同先秦"三纲""四德"与天道的关系不同,董仲舒将"三纲"与天道的关系神学化与神秘化,"君臣、父子、夫妇之义,皆取诸阴阳之道"②,"王道之三纲,可求与天"③。同样董仲舒将"五伦"牵强比附"五行":"东方者木,农之本,司农尚仁""南方者火也,本朝,司马尚智,进贤圣之事""中央者土,君官也,司营尚信""西方者金,大理司徒也,司徒尚义""北方者水,执法司寇也,司寇尚礼"④。关于"五伦"中"仁"与"天"的关系,董仲舒也多有表述,"仁之美在天。天,仁也""察于天之意,无穷极之仁也"⑤,"仁,天心,故次以天心"⑥。董仲舒认为"天"有三个方面的含义:神灵之天、道德之天、自然之天。"道德之天"与"自然之天"同先秦儒家对天的理解没有太大的区别,而神灵之天相较于先秦儒家的理解却具有一定的历史倒退性。神灵之天具有神性,"天者,百神之君"⑦,"灾者,天之谴也"⑧。无论是从"三纲"方面,还是"五伦"方面,董仲舒都强调了"天人一体"的伦理学主旨,"天人之际,合而为一,同而通理,顺而相受,谓之道德"⑨这种伦理学主旨具有一定的宗教性。

(二)"天命"与"性道"

明确提出"天人合一"概念的宋儒是张载,其"天人合一"思想来源于孟子的"性同天一"观念,而异于董仲舒具有神学色彩的"天人之际,合而为一"思想,张载明确提出"天人合一"的命题,这是基于其对佛教思想的批判。张载说:"浮屠明鬼,谓有识之死受生循环,遂厌苦求免,可谓知鬼乎?以人生为妄见,可谓知人乎?天人一物,辄生取舍,可谓知天乎?"⑩佛教以人生为虚幻,宣扬有鬼

---

① 班固:《汉书》卷五六《董仲舒传》,中华书局,1962,第2505页。
② 苏舆:《春秋繁露义证》卷一二《基义》,第350页。
③ 同上书,第351页。
④ 苏舆:《春秋繁露义证》卷一三《五行相生》,第362—365页。
⑤ 苏舆:《春秋繁露义证》卷十一《王道通三》,第329页。
⑥ 苏舆:《春秋繁露义证》卷六《俞序》,第161页。
⑦ 苏舆:《春秋繁露义证》卷十五《郊义》,第402页。
⑧ 苏舆:《春秋繁露义证》卷八《必仁且智》,第259页。
⑨ 苏舆:《春秋繁露义证》卷十《深察名号》,第288页。
⑩ 张载:《张载集·正蒙·乾称篇第十七》,第64页。

论与人的生死轮回，进而产生悲观厌世的生活价值取向，这同儒家注重现世、刚健有为形成鲜明对比。张载通过"知人"与"知天""天人一物"来强调现实世界的客观存在。佛教否定现世，主张人生的虚幻，追求一种真如、涅槃的境界，即其所谓的"实际"，这也是张载批判的主要命题。"释氏语实际，乃知道者所谓诚也，天德也。其语到实际，则以人生为幻妄，以有为疣赘，以世界为荫浊，遂厌而不有，遗而弗存。就使得之，乃诚而恶明者也。儒者则因明致诚，因诚致明，故天人合一。"①这里所谓的"释氏语实际"，指佛家所讲的真如，亦称实相、实性，指超越现实世界的本体。佛家认为现实世界是虚幻的，追求所谓真如，宣扬轮回，张载认为这些都是错误的，因为实际与现实生活不能割裂为二，天和人是统一的。张载所谓"天人合一"，主要有两层含义：其一，反对佛家"诬天地日月为幻妄""梦幻人世，明不能究所从"②，肯定天与人都是实在的；其二，认为天道和人性的内容是同一的。张载将佛教通过修行追求"实际"的目标与儒家对"诚"的伦理境界追求相伴。由于"性与天道合一存乎诚"③，张载提出"自诚明"与"自明诚"的成性工夫，通过"诚明"的工夫即可穷理尽性，达到"一天人，立大本"④的目标与境界。张载以气一元论为逻辑起点，提出"天人之本无二"⑤的论题，提出了"天人异用，不足以言诚；天人异知，不足以尽明。所谓诚明者，性与天道不见乎小大之别也"⑥，形成"诚"与"明"、"性"与"天道"统一的观念。张载站在儒家的立场认为佛教的虚幻是不知天命之所存，而以"心法起灭天地"⑦，以自己对人有限的认知遮蔽了人内在世界的丰富性，否定了物质世界的根源性。

吕大临"天人合一"的思想主要围绕对《中庸》"天命之谓性，率性之谓道，修道之谓教"的诠释展开，提出"性与天道一"的观点，这亦是对张载"性与天道一"思想的继承与发展。"天道降而在人，故谓之性。性者，生生之所固有也。循是而之焉，莫非道也。道之在人，有时与位之不同，必欲为法于后，不可不

---

① 张载：《张载集·正蒙·乾称篇第十七》，第65页。
② 张载：《张载集·正蒙·大心篇第七》，第26页。
③ 张载：《张载集·正蒙·诚明篇第六》，第20页。
④ 吕大临等：《蓝田吕氏遗著辑校·横渠先生行状》，第588页。
⑤ 张载：《张载集·正蒙·诚明篇第六》，第22页。
⑥ 同上书，第20页。
⑦ 张载：《张载集·正蒙·大心篇第七》，第26页。

修"①,这是儒家对《中庸》首句的共识。吕大临提出从"道观"与"物观"的不同角度审视"天人合一",这是对张载"性与天道一"观点的发展:"天道性命,自道观之则一,自物观之则异。自道观者,上达至于不可名,下达至于物,皆天道也。"②"道观"是形而上的考察,强调"天道性命"的合一,"物观"是形而下的考察,承认"性""或偏或正"的可能。"物观"与"道观"似乎存在一定的思想张力,但吕大临同时又指出:"性,天职也,不敢不尽;命,天命也,不敢不顺。尽性顺命为几矣,而犹未与天一。达天德者,物我幽明,不出吾体;屈伸聚散,莫非吾用。性命之禀,虽与物同,其达乃与天一。"③"乃与天一"是从终极性的角度来考察"天人合一",其间需要人"修道"的工夫,最终达到"天"与"人"的合一。

(三)"一天人"与"合万物"

关中学者中最推崇张载"天人合一"思想的当属明代的韩邦奇,他也是明代关中学者最留意张载太虚元气说的学者,其"天人合一"思想主要集中在《正蒙拾遗》中。韩邦奇在《正蒙拾遗》的序言中开篇即言道:"学不足以一天人,合万物,不足以言学。吾读《正蒙》,知天人万物本一体也。"④就张载的"天人合一"思想,韩邦奇从"太虚"与"性道"两个方面展开。就前者而言,韩邦奇提出"太虚无极,本非空寂"⑤,这是对张载与周敦颐宇宙本体论的综合,也是对张载批判佛教精神的继承,他批判了佛教的一切皆空的思想,认为"德,天之性也;道,天率天之性行也。一于气而已。横渠洞见造化之实,异于世儒所见,为儒为空,流于老氏佛氏之说也⑥"。"天性"具有"德"的本质属性,"天性之性"又本于"气",这和佛教的虚幻完全不同,体现出由"气"的流行产生"天性","德"与"天性"都是形而上的范畴。韩邦奇进一步说明"太极"与"天性""气"的关系:"'太极',天之性也。及其动静继成之后,气化形生,并育并行,是天率天之性而行,是之谓'天道',夫子所谓'一阴一阳之谓道',《中庸》所谓'道并行而不相悖者也'。"⑦韩邦奇用"理"作为贯通"天性"与"人"的纽带,从逻辑思维方面完成

---

① 吕大临等:《蓝田吕氏遗著辑校·中庸解》,第481页。
② 吕大临等:《蓝田吕氏遗著辑校·孟子解·尽心上》,第479页。
③ 吕大临等:《蓝田吕氏遗著辑校·孟子解·尽心上》,第479页。
④ 韩邦奇:《正蒙拾遗·序》,收入《关学经典集成·韩邦奇卷一》,第57页。
⑤ 韩邦奇:《正蒙拾遗·太和篇》,收入《关学经典集成·韩邦奇卷一》,第6页。
⑥ 韩邦奇:《正蒙拾遗·神化篇》,收入《关学经典集成·韩邦奇卷一》,第27页。
⑦ 韩邦奇:《正蒙拾遗·序》,收入《关学经典集成·韩邦奇卷一》,第57页。

"天人合一":"人生之初也,天赋之理,无偏不倚,凝然静一,而万行皆备于其中,《书》所谓降衷人之性也。及其感通几微之际,形生神发,随接随应,是人率人之性而行,是之谓人道,子思所谓'率性之谓道',夫子所谓'天下之达道者也'。"①"天性"与"人性"之间通过"随接随应",完成"人道"与"天性"的贯通与合一。相较于先秦"天人合一"中的伦理性、汉代"天人合一"中的宗教性,以宋明理学为根基的关学"天人合一"具有伦理性与宗教情怀兼具的特征。

当然,关于先秦、两汉、宋明时期儒学发展的实际,儒家"天人合一"思想呈现出伦理性、宗教性、伦理性与宗教情怀相结合的三种特征只是一个大致的归纳,因为在儒家的传统中,"天人合一"同时包含自然、宗教、伦理的内容,只不过在不同时期三者的侧重有所不同而已。西周初期出现了理性觉醒,"天人合一"的宗教性被弱化,反之,其自然性,尤其是伦理性得以强化,构建了中国礼乐文明的根柢。汉儒虽然出现了理性的倒退,但诸如王充的《论衡》、刘安主持撰写的《淮南子》均构建了具有唯物倾向的元气论宇宙模式,为"天人合一"的自然属性保留了足够的空间,确保了儒学理性的底色。宋儒的"天人合一",则是为了构建内在伦理自由的人性理想,凸显了其形而上的一面,关学伦理的"天人合一"思想主要围绕宋明儒的"天人合一"思想展开,其目的是通过修为与工夫,通达一种道德的境界。

三、万物一体

假如"天人合一"的伦理学考察是基于"天"与"人",那么"万物一体"的伦理学考察就是基于"天"与"物",其间所言的"物"不是指和"人"相异的"物",而是包括"人"在内的"万物"。"万物一体"可以视为"天人合一"理论的延续与发展。"万物一体"思想肇始于先秦,在北宋得到系统论证,且"为宋明理学之中心"②,陈俊民先生将"天人一气""万物一体"视为关学的主题③。

(一)儒家"万物一体"的意蕴

儒家"万物一体"的表达可以从《周易·系辞传下》中看出端倪:"古者包牺氏之王天下也,仰则观象于天,俯则观法于地,观鸟兽之文与地之宜,近取诸身,

---

① 韩邦奇:《正蒙拾遗·序》,收入《关学经典集成·韩邦奇卷一》,第57页。
② 陈荣捷:《王阳明与禅》,台湾学生书局,1984,第12页。
③ 陈俊民:《关学经典导读》,第13页。

远取诸物,于是始作八卦,以通神明之德,以类万物之情。"这段文献清晰说明天、地、人、德、情的逻辑关系,成为儒家"万物一体"观念的理论来源,孔子亦言"天何言哉?四时行焉,百物生焉,天何言哉?"(《论语·阳货》),同样说明了"天"与"物"在历时层面的生发关系,同时也反映出天道"生生不息"之大德。孟子"万物皆备于我矣,反身而诚,乐莫大焉""亲亲而仁民,仁民而爱物"(《孟子·尽心上》)的观点则更明确说明"万物一体"中的伦理道德问题。相较先秦儒家对"万物一体"概念不是十分清晰的表达,道家对"万物一体"概念的表述则清晰了许多。《庄子·天下》记载了惠施对"万物一体"的初步构设——"泛爱万物,天地一体也",《庄子·齐物论》也讲到了庄子本人的"万物一体"观——"天地与我并生,而万物与我为一",其意为顺应自然,免除物我之别而融于天地万物之中。相较儒家,道家的"天人合一"中的伦理情感弱了许多,如老子所言"天地不仁,以万物为刍狗"(《道德经》第五章)。

和先秦儒家相比,"万物一体"在宋儒那里被构造得更为精致而系统,使儒学以一种崭新的形态展现于世,即理学(道学)。宋儒通过对天地万物生生不已现象的普遍洞察,"道"在本体论层面被还原为一个具有动态基质的"性生之道",蕴含着宇宙包括天地、人、物大化的终极根据。周敦颐以"太极动而生阳,动极而静,静而生阴。静极复动。一动一静,互为其根"①思考了"生生之道"对天地万物的普遍统摄。邵雍认为"天由道而生,地由道而成,物由道而形。天、地、人、物则异也,其于道一也"②,将"道"视为统摄天、地、人、物的总则,把千差万别的天地、人、物统一在了其对"生生之道"的抽象言说中。二程兄弟通过对《周易》"生生之谓易"的本体论阐释,明确提出"万物一体","所以谓万物一体者,皆有此理,只为从那里来。'生生之谓易',生则一时生,皆完此理"③,二程以"生生之道"作为本体的统一性,预设了"理"对万物的主宰,"仁者,以天地万物为一体"④,赋予"万物"以"仁"的属性。冯友兰先生将二程的这一观念理解为宇宙的大化流行本身即是一种"仁德","即能以天地万物为一体"⑤,这一认识无疑是正确的。"北宋五子"中"万物一体"思想最为深邃的当为张载,他从

---

① 周敦颐:《周敦颐集·太极图说》,陈克明点校,中华书局,1990,第3-4页。
② 邵雍:《皇极经世》卷十一《观物篇五十九》,第1167-1168页。
③ 程颐、程颢:《河南程氏遗书》卷二上,收入《二程集》上册,第33页。
④ 同上书,第15页。
⑤ 冯友兰:《中国哲学史》下册,华东师范大学出版社,2000,第248页。

"生物""体物""感物"的层面深刻地阐发了先秦以来形成的"万物一体"思想。

(二)"生物"与"体物"

张载的"生物"思想来自其对《周易》之《复卦》"天地之心"的理解。张载认为"天心"就是天地生物之心,"天地之大德曰生,则以生物为本者,乃天地之心也"①。天地的生物之性,来自张载对天道功能的理解,"天道四时行,百物生,无非至教;圣人之动,无非至德。夫何言哉!"②这是对孔子天道生物思想的发展。在张载看来,"人心"即是"天心","天则无心无为,无所主宰,恒然如此,有何休歇!人之德性亦与此合,乃是已有"③。"天道四时行,百物生,无非至教"④,天道运行创生万物就含有最高的教化功能,它以"仁民"与"爱物"之心包容和成就着万物,"人心"即是"天心",说明人以天德为其性,"天心"依靠"人心"来彰显与实现,圣人之心能在精神与万物之间达到同体的超越境界。

张载又从天"感物"的角度言"万物一体"。"感"在张载哲学中大致分为两类,其一是"天之所感",在其《正蒙·乾称篇》中有"天包载万物于内,所感所性,乾坤、阴阳二端而已,无内外之合,无耳目之引取,与人物蔑然异矣"⑤;其二为"圣人之感",在其《正蒙·太和篇》中有"至静无感,性之渊源,有识有知,物交之客感尔。客感客形与无感无形,惟尽性者一之"⑥。"天之所感"是天地阴阳生物的机制,"圣人之感"是圣人"尽性之天"之感,前者偏重形而上,后者偏重形而下,二者缺一不可,因为"天地生万物,所受虽不同,皆无须臾之不感,所谓性即天道也"⑦。"上天"与"圣人"之间由"感"而"通","上天"创生万物,对万物有所交感,无不通达;圣人依靠理性效法天地,感通天道,达到"天"与"物"的一体。无论是"天之所感",还是"圣人之感",作为"感"的中介,仍是张载所言的"气"。"气"的散聚是万物生灭的依据,"游气纷扰,合而成质者,生人物之万殊"⑧,正因为物的差异性存在,"气"贯通万物,这样"感通"就有了动力依据,

---

① 张载:《张载集·横渠易说·上经复卦》,第113页。
② 张载:《张载集·正蒙·天道篇第三》,第13页。
③ 张载:《张载集·横渠易说·上经复卦》,第113页。
④ 王夫之:《张子正蒙注》卷二《天道篇》,中华书局,1975,第49页。
⑤ 张载:《张载集·正蒙·乾称篇第十七》,第63页。
⑥ 张载:《张载集·正蒙·太和篇第一》,第7页。
⑦ 张载:《张载集·正蒙·乾称篇第十七》,第63页。
⑧ 张载:《张载集·正蒙·太和篇第一》,第9页。

"无所不感者虚也,感即合也,咸也。以万物本一,故一能合异"①,"感"使天地万物和谐地统一起来。

张载的"体物"思想体现在"视天下无一物非我"②的圣人情怀中,这种圣人情怀与天道所具有的"仁"性相关。在张载的《正蒙·天道篇》中对该问题有详细的论述:"天体物不遗,犹仁体事无不在也""礼仪三百,威仪三千,无一物而非仁也""昊天曰明,及尔出王;昊天曰旦,及尔游衍""无一物之不体也"③。"天"以太虚为体,太和氤氲,创生万物,万物各正性命,"天"作为"仁"的本体,"仁"作为"天心",在万物产生之后,无一例外在万物中体现出"仁爱"之心。"礼仪"与"威仪"作为"礼",是"天理"在万物上的显现,践礼的目的是复见"天心"。

从上面三个层次可以看出,张载所言"万物一体"是在主体超越精神上的"一体",尽管它离不开圣人的"知"与"识",但其最终所要达到的是一种通观宇宙、体贴万物"求仁"的境界。这一境界集中体现在张载的《西铭》中,后世对《西铭》的理解,大都侧重其"万物一体"的意蕴。二程对《西铭》所蕴含的"万物一体"思想大为认同,认为该篇真正把握到"仁体"的意蕴:"《订顽》一篇,意极完备,乃仁之体也""学者识得仁体,实有诸己,只要义理栽培,如求经义,皆栽培之意。"④《西铭》中"万物一体"的思想主要体现在《西铭》的开篇句:"乾称父,坤称母;予兹藐焉,乃混然中处。故天地之塞,吾其体;天地之帅,吾其性。民,吾同胞,物,吾与也"⑤,"民胞物与",即《大心篇》所言"大其心则能体天下之物""其视天下无一物非我"⑥。尽管张载在《西铭》中未直接揭示以"仁"为《西铭》根基,但提出"乐且不忧,纯乎孝者也。违曰悖德,害仁曰贼"⑦,结合《正蒙·大心篇》中以"仁孝"明示"事天诚身""天所以长久不已之道,乃所谓诚。仁人孝子所以事天诚身,不过不已于仁孝而已"⑧,可以看出二程对《西铭》的理解是大致符合《西铭》"民胞物与"之本义的。

作为张载与二程共同的弟子,吕大临在"万物一体"思想中无疑兼取了张载

---

① 张载:《张载集·正蒙·乾称篇第十七》,第63页。
② 张载:《张载集·正蒙·大心篇第七》,第24页。
③ 张载:《张载集·正蒙·天道篇第三》,第13页。
④ 程颢、程颐:《河南程氏遗书》卷二上《二先生语》二上,收入《二程集》上册,第15页。
⑤ 张载:《张载集·正蒙·乾称篇第十七》,第62页。
⑥ 张载:《张载集·正蒙·大心篇第七》,第24页。
⑦ 张载:《张载集·正蒙·乾称篇第十七》,第62页。
⑧ 张载:《张载集·正蒙·诚明篇第六》,第21页。

与二程关于这一问题的认识,提出了"物我兼体"的概念:"仁者以天地万物为一体,天秩天序,莫不具存。人之所以不仁,己自己,物自物,不以为同体。胜一己之私,以反乎天秩天序,则物我兼体,虽天下之大,皆归于吾仁术之中。一日有是心,则一日有是德。"①吕大临以"仁"释"万物一体"是继承二程思想的体现,"一日有是心,则一日有是德"是继承张载"人心""天心"思想的体现。与此同时,吕大临将张载的"气"也纳入其"万物一体"思想之中,"凡厥有生,均气同体;胡为不仁,我则有己"②,这样就突破了二程侧重从境界讲"万物一体"的限制,赋予"仁"更多的现实性。另外,与二程、张载不同的是,吕大临在论述"万物一体"的过程中强调了"人"与"物"分裂的潜在危险及可能形成的紧张关系,希望能通过"克己"的工夫来达到"万物一体"的境界。

"万物一体"是一种普遍的宇宙关怀,无论是儒家还是道家,都强调宇宙万物浑然一体。天地有生生之德,天地的"生意"将这种生生之德贯通万物,进而与万物同体,体恤万物,体现出一种无私的伦理情感。人作为万物之一,身处宇宙,克尽私欲,使"人心"与"天心"合一,与万物保持和谐共生。"万物一体"是一种终极性关怀,它将儒家的仁学推向一个新的高度。包括张载在内的北宋诸子在"万物一体"思想方面所作的开创性贡献即是儒学对伦理学本体论的发展,也是关学为儒家伦理学发展所作出的贡献。

四、道(理)气相即

道、理、气是中国哲学,尤其是儒、道构建自己的宇宙论和本体论的核心概念,两家伦理学范畴及思想的构建也主要是围绕这三个概念展开。先秦诸子哲学多以这三个概念作为万物创生的本根及本根所具有的本质属性和规律,它们堪称中国文化理性精神的标志。先秦文化理性精神的觉醒使得先秦诸子没有走上从超验神性探索宇宙本原与人类伦理道德的道路,而是从具有自然属性的道与气解释万物的创生及其属性,这一文化模式延续两千余年,形成中国哲学一天人、合知行、同真善的特色③,这三个方面的特色对中国哲学的思维方式、实践方式、伦理道德产生了极其深远的影响,对中国人的精神与气质亦影响巨大。

---

① 吕大临等:《蓝田吕氏遗著辑校·论语解·颜渊》,第454页。
② 同上。
③ 张岱年:《中国哲学史大纲》,中国社会科学出版社,1982,第5-7页。

(一)儒家"道""气"的意蕴

道、理、气三者皆是从"本根"来说明万物的创生依据与来源。张岱年先生对"本根"的含义有精到的概括:"始义""究竟所待义""统摄义"①。三者翻译成现当代哲学的术语就是万物的创生者、万物被创生的依据、创生者与万物的关系(一般与个别)。张岱年先生将"本根"的属性概括为四点:"不生或不待""不化或常在""不偏或不滞""无形或形而上"②。张岱年先生对"本根"的含义与属性的概括与归纳非常到位,中国古代哲学与现当代中国哲学对宇宙论与本体论中的"一"的讨论基本围绕这四点展开,下面对"道""气""理"进行粗略梳理,为关中伦理学中的"道(理)气相即"问题作一铺垫。

"道"在先秦儒家与道家中存在一定的差异性。在儒家经典《周易》"经"的部分,"道"的含义主要指道路,《周易·小畜卦》之初九爻"复自道"、《履卦》之九二爻"履道坦坦"、《复卦》之"反复其道"等即是。"道"的这种含义就是《说文解字》与《释名》中对"道"的解释:"道,所行道也。从辵,从首。一达谓之道。"③在《周易》"传"的部分,"道"主要指常则和规律,如《周易·系辞传上》言"一阴一阳之谓道";《周易·系辞传下》言"易之为书也,广大悉备,有天道焉,有人道焉,有地道焉。"在《周易》中,作为万物创生的本根是"太极",而非"道",《周易·系辞传上》言"易有太极,是生两仪,两仪生四象,四象生八卦"。"道"是作为"两仪"阴阳的特征,它同"器"相对举,"形而上者谓之道,形而下者谓之器"(《周易·系辞传上》)。在道家经典《道德经》中,"道"是创生性的"本根","道生一,一生二,二生三,三生万物",同时"道"也是自身的规定性,"道冲,而用之或不盈,渊兮,似万物之宗""道常无为而无不为"。

儒家从天地生生大德出发,赋予"道"伦理品格,《周易·说卦传》中说:"立天之道,曰阴与阳;立地之道,曰柔与刚;立人之道,曰仁与义。"人之道就是道德伦理,这对后世儒家的思想家产生了重要影响,唐代韩愈提倡儒家道统,将"道"变成了以仁义为核心的哲学范畴④。这就是将先秦儒家所讲的"人道"升华为一种以仁义道德为内容,以天理自然为依据,以维系纲常名教为目的的天道观

---

① 张岱年:《中国哲学史大纲》,中国社会科学出版社,1982,第8页。
② 同上书,第10—11页。
③ 许慎:《说文解字》,第97页。
④ 蒙培元:《理学范畴系统》,第34页。

与人道观。

先秦宇宙观在本根问题的探究方面,除过"道"之外,"气"也是一个重要范畴。"气"是最细微、最流动的物质,是宇宙的根本,老子也提到"气",认为"气"与"道"是关联的,但他没有从理论上作出明确的规定。战国时的道家,以为万物都是由气的变化引起①。先秦诸子中讲"气"较多者为《管子》与《庄子》,如《管子·内业》言"凡物之精,此则为生。下生五谷,上为列星",此处的"精"系指"精气",是宇宙万物的根源与本体。《庄子·至乐》谈到"气"的本根问题时说:"察其始而本无生,非徒无生也,而本无形;非徒无形也,而本无气。杂乎芒芴之间,变而有气,气变而有形,形变而有生,今又变而之死,是相与为春秋冬夏四时行也。"汉代的《淮南子》《论衡》《春秋公羊解诂》提出"元气"概念,使"气"的宇宙论与本体论内容更加丰富。北宋张载提出"太虚之气"以对抗佛老的虚幻与空无,使"气"的宇宙论与本体论达到一个新高度。

"理"最早的含义是玉中的纹理,后引申出许多含义:如物质组织的纹路,"仰以观于天文,俯以察于地理"《周易·系辞传上》;如本性,"好恶无节于内,知诱于外,不能反躬,天理灭矣"(《礼记·乐记》);如道理、事理,"臣以神遇而不以目视,官知止而神欲行。依乎天理,批大郤,导大窾,因其固然"(《庄子·养生主》)。以上三点归纳为一点,即"理",大约同上面所言之"道"的含义相同,朱熹的弟子真德秀明确指出这一点:"理未尝离于物之中,知此则知有物有则之说矣!盖盈乎天地之间者莫非物,而人亦物也,事亦物也。有此物则具此理,是所谓则也"②。除过常则规律外,程朱理学将"理"提升至本体与"道"相当的地位,程颐提出"天理"的概念,将"理"定义为"莫之为而为,莫之致而致"③。"莫之为而为,莫之致而致"源自孟子的"莫之为而为者,天也;莫之致而至者,命也"(《孟子·万章上》),这样使得"理"具有与"命"一样的本体意谓,"天理云者,这一个道理,更有甚穷已?不为尧存,不为桀亡"④,"天地万物之理,无独必有对,皆自然而然,非有安排也"⑤。程颢对此颇为自信,言"吾学虽有所受","天理

---

① 张岱年:《中国哲学大纲》,第39页。
② 真德秀:《大学衍义》卷五《明道术·天性人心之善》,摛藻堂四库全书荟要本。
③ 程颢、程颐:《河南程氏遗书》卷十八《伊川先生语》四,收入《二程集》上册,第215页。
④ 程颢、程颐:《河南程氏遗书》卷二上《二先生语》二上,收入《二程集》上册,第31页。
⑤ 程颢、程颐:《河南程氏遗书》卷十一《明道先生语》一,收入《二程集》上册,第121页。

二字却是自家体贴出来"①。朱熹发展了二程的理学思想,明确提出"理一分殊"概念,"万物皆有此理,理皆同出一原"②。朱熹给传统的"天人合一"赋予"理一分殊"的新意,找到了天衍化人、物的机理,使理学成为体系完整、富有特色的学术思想。基于以上对"道""气""理"的粗略梳理,下面讨论关中伦理学体系中的"道(理)气相即"问题。

(二)"太虚即气"

张载关于"道"的理解同儒家所言的"常则规律"相似,视"道"为阴阳二气相互涤荡以产生运动变化的"气化"过程或者状态:

> 由太虚,有天之名;由气化,有道之名;合虚与气,有性之名;合性与知觉,有心之名"。(《正蒙·太和篇》)

> 太和所谓道,中涵浮沉、升降、动静相感之性,是生絪缊相荡、胜负屈伸之始……不如野马、絪缊,不足谓之太和。(《正蒙·太和篇》)

> 偏滞于昼夜阴阳者,物也,若道,则兼体而无累也。以其兼体,故曰一阴一阳……语其推行,故曰道,语不测,故曰神;语其生生,故曰易。其实一物,指事异名尔。(《正蒙·乾称篇》)

第一段引文被学人称为"太和四句"③,"太和四句"对"天""道""性""心"四大概念的界定可视为张载的"理学纲领"④。又由《太和篇》曰"太虚无形,气之本体"可知,张载认为气之本然即是形而上之"太虚",又由《乾称篇》曰"气之性本虚而神,则神与性乃气所固有"⑤,"湛一,气之本"⑥可知,张载是以"虚""神"及湛一描述"气"之本然(气之性)的性征。"道"既不可单独归结为"气"或"气化",也不可单独归结为"天"或"太虚",它是"太虚"与"气"的统一体⑦,张载更以"易"来说明这一点,"易之义包天道变化"⑧,"道""神""易""其

---

① 程颢、程颐:《河南程氏外书》卷十二《传闻杂记》,收入《二程集》上册,第424页。"天理"二字在《礼记·乐记》有载:"人生而静,天之性也;感于物而动,性之欲也。物至知知,然后好恶形焉。好恶无节于内,知诱于外,不能反躬,天理灭矣。夫物之感人无穷,而人之好恶无节,则是物至而人化物也。人化物也者,灭天理而穷人欲也。"此处"天理"同"天道"一样,具有善德的属性,是同"人欲"相对立的范畴。
② 黎靖德编《朱子语类》卷一八《大学五》,第398页。
③ 林乐昌:《张载心学论纲》,《哲学研究》2020年第6期。
④ 林乐昌:《论张载的理学论纲与气论定位》,《孔学堂》2020年第1期。
⑤ 张载:《张载集·正蒙·乾称篇第十七》,第63页。
⑥ 张载:《张载集·正蒙·诚明篇第六》,第22页。
⑦ 张岱年:《中国古典哲学概念范畴要论》,中国社会科学出版社,1989,第60页。
⑧ 张载:《张载集·横渠易说·系辞上》,第206页。

实一物"①。张载道论的意义,在于排斥了以"道"为产生万物的本原的理论,而以"道"为蕴含万物之中,氤氲相荡,使万物屈伸、浮沉、升降、动静变化的动因。而神妙莫测、日新不已,则是"道"所固有的特性。这种观点坚持了"道"不离"气"论,也为其人道论提供了哲学依据。

汉代儒学尽管出现了"神学化"的历史倒退,但王允的《论衡》、刘向集门客所撰写的《淮南子》②等构建了"元气"论的宇宙观,张载为回应佛道虚幻空无观的挑战,以佛道的思辨哲学工具,对汉魏以来宇宙论、本体论的思维成果进行总结,在宇宙论上,提出"太虚即气",确立了以"气"为最高范畴,形式体系完备的"气论"哲学。

"太虚"在张载哲学体系中有多层含义,大致可以归纳为三类:其一,空间义,如"气坱然太虚,升降飞扬,未尝止息"③;其二,本原创生义,如"虚者天地之祖,天地从虚中来"④;其三,哲学存在论义,如"太虚无形,气之本体"⑤。其中第三义是张载哲学体系的核心范畴。张载在《正蒙》中用"本体"一词表示太虚与气的关系,"太虚无形,气之本体,其聚其散,变化之客形尔"⑥。本体与客形相对,客形是变化不定的形态,本体是本来恒常的状况。太虚是始终不离万物的,不是单纯的变化之初的原始状态,而是包含着法(形)和象、形而上和形而下⑦。所以,除了实然的天以外,太虚还是实实在在的道,所谓"太虚者自然之道"⑧是形而上的概念。

张载用"气"之"神化"作为沟通天道与人道的枢纽。张载对孔子"天何言哉"(《论语·阳货》)的诠释赋予天道的伦理价值,"天道四时行,百物生,无非至教;圣人之动,无非至德"⑨,"圣人"是天道的"至教"之德得以体现,这种体现是通过"神"与"化"的过程来完成的:"气有阴阳,推行有渐为化,合一不测为

---

① 陈俊民:《张载哲学思想及关学学派》,第67页。
② 《淮南子》虽然被视为有道家倾向,但鉴于该书出于众人之手,属于杂家流,其间也有儒家思想。
③ 张载:《张载集·正蒙·太和篇第一》,第8页。
④ 张载:《张载集·张子语录·语录中》,第326页。
⑤ 张载:《张载集·正蒙·太和篇第一》,第7页。
⑥ 同上。
⑦ 杨立华:《气本与神化:张载哲学述论》,北京大学出版社,2008,第31页。
⑧ 张载:《张载集·张子语录·语录中》,第325页。
⑨ 张载:《张载集·正蒙·天道篇第三》,第13页。

神。其在人也,智义利用,则神化之事备矣。"①可知张载是以气的"神"与"化"说明天地生物之德,又以圣人之德在于"法天道"以明人事,使天道与人道得以贯通。关于"神""化"与"气"的相即关系,张载有明确的论述:"神,天德;化,天道。德,其体,道,其用,一于气而已。"②关于"神",张载有多处述论,"鬼神者,二气之良能也。圣者,至诚得天之谓;神者,太虚妙应之目"③、"圣不可知谓神"④、"天地之不可测谓神"等等,"神"在不同的语境中有不同的含义。这里和"化"相对应的"神"的含义是强调"神"的"不测"含义,即阴阳二气"推行有渐为化"之形式的无限性、时空的无限性、言语的不可言说性。关于"神"的这一含义,张载有明确说明,如上面引用的"气有阴阳,推行有渐为化,合一不测为神",以及"一物两体,气也;一故神,两故化"⑤。关于"化",张载主要强调"气"渐变的一面,"云行雨施,散而无不之也,言乾坤发挥遍被于六十四卦,各使成象。变,言其著;化,言其渐。万物皆始,故性命之各正"⑥,这是讲乾道生物的"渐化"。另外张载也讲到修德的"渐化","常人之学,日益而不自知也。仲尼学行、习察异于他人,故自十五至于七十,化而裁之,其进德之盛者与"⑦。

作为创生、本体的"太虚"被张载赋予道德伦理的属性,张载指出"天地以虚为德,至善者虚也"⑧,"至善"在《中庸》中被视为最高的道德伦理原则,这是天德的体现,"天德即是虚"⑨,同样作为常则与规律的天道也被张载赋予伦理道德属性,"天所以长久不已之道,乃所谓诚"⑩,"诚"是天地化育万物、真实无妄的属性,是《中庸》提出的一个主要概念,它是沟通天人的重要范畴,"至诚,天性也"⑪,"天道即性也"⑫,据此可以推出"道"即是"气"的属性特征,二者是相互

---

① 张载:《张载集·正蒙·神化篇第四》,第16页。
② 同上书,第15页。
③ 张载:《张载集·正蒙·太和篇第一》,第9页。
④ 张载:《张载集·正蒙·神化篇第四》,第17页。
⑤ 张载:《张载集·正蒙·参两篇第二》,第10页。
⑥ 张载:《张载集·横渠易说·上经乾卦》,第70页。
⑦ 张载:《张载集·正蒙·三十篇第十一》,第40页。
⑧ 张载:《张载集·张子语录·语录中》,第326页。
⑨ 张载:《张载集·经学理窟·气质》,第269页。
⑩ 张载:《张载集·正蒙·诚明篇第六》,第21页。
⑪ 张载:《张载集·正蒙·乾称篇第十七》,第63页。
⑫ 张载:《张载集·横渠易说·说卦》,第234页。

统一的。

(三)儒家"理""气"的意蕴

"理""气"作为两个独立的哲学范畴,出现很早。先秦已有"物理""性理"两种含义的"理"。魏晋玄学提出"所以然"与"必"之理,已具有一般规律的意义。隋唐佛学则提出"理事"范畴,有本体论的意义。"理""气"合起来成为一对范畴,在宋代前中期逐渐形成。范仲淹、欧阳修等人上接唐朝柳宗元的气论和韩愈的道论,开始为儒家哲学注入理性成分,通过探讨天地万物之源,革新了儒家的解释学,在以义理解经的过程中,首先提出了理气问题,并初步形成了宇宙本体论思想①。二程、张载都属于北宋道学的奠基者,尽管他们的思想还是有很大的差异,但在论证"礼者理也"这一点上,将儒家思想当中代表人伦社会秩序的礼提升到和天理同等的高度,他们是有相通之处的。"理"不是张载哲学的核心问题,但张载是第一个从理气关系的角度提出"理"的问题的学者②,"天地之气,虽散聚、攻取百涂,然其为理也顺而不妄"③,"理"表现为阴阳二气交感变化,散聚离合过程中的固有的法则与规律,与天道一样是一种本体论的规定,"阳遍体众阴,众阴共事一阳,理也"④,"万物皆有理"⑤,"万事只一天理"⑥。这正如朱熹在为周敦颐的《通书》作注时所说的"阴阳,气也,形而下者也;所以一阴一阳者,理也,形而上者也"⑦。在本体论的基础上,张载将"理"与"礼"等同视之,使"理"成为伦理学的概念,"盖礼者理也,须是学穷理,礼则所以行其义,知理则能制礼,然则礼出于理之后"⑧,且"理"成为"礼"的本原。另外张载将"天理"与"人欲"对举以说明"天理"的伦理本体地位及其优先性:"天良能本吾良能,顾为有我所丧尔。上达反天理,下达徇人欲者与!"⑨"烛天理如向明,万

---

① 蒙培元:《理学范畴系统》,第6页。
② 蒙培元:《理学范畴系统》,第11页。
③ 张载:《张载集·正蒙·太和篇第一》,第7页。
④ 张载:《张载集·正蒙·大易篇第十四》,第49页。
⑤ 张载:《张载集·张子语录·语录中》,第321页。
⑥ 张载:《张载集·经学理窟·诗书》,第256页。
⑦ 朱熹:《通书注·诚下第二》,收入《朱子全书》第13册,上海古籍出版社,2002,第98页。
⑧ 张载:《张载集·张子语录·语录下》,第327页。
⑨ 张载:《张载集·正蒙·诚明篇第六》,第22页。

象无所隐;穷人欲如专顾影间,区区于一物之中尔。"①这同后来程朱"理学"的意蕴一样,均达到了封建伦常本体化、永恒化的理学目的②。在这个理论体系中,"太虚"仍是本根性的存在,当然这也并不意味着"理"从属于"气",统一于"气",更不是"气"的产物。"理"不是外在于"气"的一个实在,而是太虚的本来状况,或属性,从理论上可以认为"理气相即"。张载尽管认同"理"的本体性特征,但同程朱理学的"理本论"有着明显的差别③,程颢坚持"理"作为本体的唯一性,在"理""气"关系上强调"理"的优先性,"有理则有气,有气则有数"④,在二程对张载的"气本论"的批评中可以看出二者理气关系观点的差异⑤。后来的朱熹对张载的阴阳"由太虚,有天之名"⑥和程颐的"万物皆只是一个天理"⑦思想进行综合,形成其"理气"论:"天下未有无理之气,亦未有无气之理"⑧,他将世界分为形而上和形而下两个逻辑,"理"与"气"二者不可或缺。

(四)"理不离气"

吕柟作为关学在明代中兴的关键人物,其思想的核心范畴是"仁",对张载的"气论"与朱子的"理气"论进行了批判与继承。首先吕柟继承张载"太虚即气"的思想,提出"一气论",认为"太虚、人物,实一体也。太虚之气,不得不聚而为人物,人物之气,不得不散而为太虚"⑨,强调万物为气化而成,"天命只是个气,非气则理无所寻着,言气则理自在其中"⑩,"理"存在于"气"中。吕柟"气

---

① 张载:《张载集·正蒙·大心篇第七》,第26页。
② 陈俊民:《张载哲学思想及关学学派》,第132页。
③ 二程在理、气关系方面的观点稍有差异。程颐的宇宙论可以说是二元论,世界为理与气构成,参见张岱年:《中国哲学大纲》,第216页;程颢的宇宙论是理一元论。
④ 程颢、程颐:《河南程氏经说》卷一《易说》,收入《二程集》下册,第1030页。
⑤ 二程反对张载"太虚即气"说,"语及太虚曰:'亦无太虚'。遂指虚曰:'皆是理,安得谓之虚?天下无实于理者。'"参见《河南程氏遗书》卷三《二先生语》三,收入《二程集》上册,第66页;"心所感通者,只是理也","若言涉于行声之类,则是气也"。参见《河南程氏遗书》卷六《二先生语》二下,收入《二程集》上册,第56页。二程以为"理"是唯一本体,"气"属形而下者。
⑥ 张载:《张载集·正蒙·太和篇第一》,第9页。
⑦ 程颢、程颐:《河南程氏遗书》卷二上《二先生语》二上,收入《二程集》上册,第30页。
⑧ 黎靖德编《朱子语类》卷一《理气上》,第2页。
⑨ 吕柟:《泾野先生文集》卷十七《游灵谷记》,米文科点校整理,西北大学出版社,2015,第573页。
⑩ 吕柟:《泾野先生四书因问》卷二《中庸》,收入《关学经典集成·吕柟卷一》,第21页。

即理"的命题,无疑是对张载"气本气化"论的继承和发展,也是对明代气论思想的创新①。吕柟对张载分"理""气"为二提出相异的意见,如针对张载"合虚与气,有性之名"的说法,吕柟提出相异意见:"观合字,似还分理气为二,亦有病。终不如孔孟言性之善,如说'天命之谓性',何等是好!理气非二物,若无此气,理却安在何处?故《易》言'一阴一阳之谓道'。"②在吕柟看来,"理"与"气"并非二物,而张载用"合"字是把"理"与"气"看作"二物",从前面的分析可以看出,张载也是认可"理"与"气"相即不离的关系,只是他采用的"合"字让吕柟产生误解,这同张载在表达过程中有时存在不严谨的情况有关。针对朱子理气二分的观点,吕柟在其《朱子抄释》中提出明确批评意见,首先质疑朱子提出的"理"的绝对本体地位,"理气非二物,若无此气,理却安在何处?""理在天地及气流行之先恐未然,毕竟是气即理也"③,认为朱子分"理"与"气"为二,"恐涉支离,非周子本意"④,吕柟走向释理归气,理气为一,以此作为对程朱理气问题的修正,"天命只是个气,非气则理无所寻着,言气则理自在其中,如'形色,天性也'即是。如耳目手足是气,则有聪明持行之性"⑤,在他看来,所谓"一阴一阳之谓道",即是道在阴阳变化的气化运动中所呈现的气之条理。如此一来,原本作为净洁空阔的道体之理,只能内化于气之中,成为气之条理,在此意义上,吕柟的"理"与"气"的关系是"合一"的关系,是对张载与朱熹理气关系批判性的继承。

马理对理气关系的阐释是通过其对《周易》卦爻辞的诠释体现出来的。马理对张载的"由太虚,有天之名"⑥"太虚者天之实也"⑦进行改造,直接提出"太虚即天"的命题。张载的"由太虚,有天之名"是借用道家的"太虚"之名去定义"天",其目的是纠正秦汉以来儒者"知人不知天"的弊端,重建儒家的天道观。

---

① 陈俊民:《张载关学的历史重构》,第33页。
② 吕柟:《泾野子内篇》卷十三《鹫峰东所语》第十八,赵瑞民点校,中华书局,1992,第124页。
③ 吕柟:《宋四子抄释·朱子抄释》卷二,中华书局,1985,第361页。
④ 同上。
⑤ 吕柟:《泾野先生四书因问》卷二《中庸》,收入《关学经典集成·吕柟卷一》,第21页。
⑥ 张载:《张载集·正蒙·太和篇第一》,第9页。
⑦ 张载:《张载集·张子语录·语录中》,第324页。

马理在解释《大蓄卦》中言道"盖太虚即天,凡山中地上虚而通气者即天"①。《大蓄卦》下卦为乾,上卦为艮,艮卦之卦象为善,乾卦之卦象为天,因此整个卦象是山在天中,"太虚"与"天"是一物而有二名。马理对"天理"与"天道"皆有"真实无妄"的属性的观点进行进一步阐述:"盖乾者,健也,天理真实无间之谓"②,"'有若无,实若虚',皆是道也"③,"天道"与"天理"虽然都具有"真实不妄"的属性,但"天道"更为根本,"天理"是"天道"的运行机制与外显,"乾有至健不已之理,而含乎至健不已之气"④,"天道"的运行通过"至健"之气来实现,"天道"与"气"合一不离。关于理气的关系,马理同朱熹一样,对其进行了形而上与形而下的区别,"阴阳者,气也,形而下者也,一阴一阳寓于气之中;非气而为气之主者,理也,形而上者也"⑤。"阴阳"就阴阳二气而言,是形而下的,"一阴一阳"就"气"的属性与机理而言,是形而上的,"理"属于形而上,"气"属于形而下,"理"对"气"具有主导性,但二者的存在不可分离,是相即关系,"各正定其性命之理以主乎气,各会合其冲和之气以含乎理"⑥。另外,马理还从"理"与"气"相合生物的角度讨论"理气相即"。《无妄卦》的象辞为"天下雷行,物与无妄。先王以茂对时,育万物"(《周易·无妄卦》),马理对《无妄卦》的象辞进行解释时说"天下雷行,帝之出乎震也,则物各禀气以成形,与之理以为性矣"⑦,由此看出,理与气是共同构成万物的条件,其中气使得物成其形,理使得物成其性。

王建常作为清初关学的主要代表人物,其思想以朱子为宗,坚持"理气相即不离",认为理气是不相离的,有理即有气,有气即有理。理气相互渗透,相互依存。"理虚空无形,气流通而灵。虚主理言,灵兼气言,然气本于理,故惟虚会灵;理不杂气,故惟灵妙虚"⑧,理不离于气,理与气虽然不可分开,而且理还化生了气,但气却是独立的,有自主性,但相较而言,王建常同朱子一样,强调了"理"相对于"气"的优先性。同样,气分阴阳,是生物的依据,遵循"天地大义""天地之气,一阴一阳而已""阴阳循环,常行无已,故立天地大义。游气纷扰,参错不

---

① 马理:《马理集·周易赞义卷三·大蓄卦》,第99页。
② 马理:《马理集·周易赞义卷一·乾卦》,第7页。
③ 马理:《马理集·周易赞义卷四·咸卦》,第117页。
④ 马理:《马理集·周易赞义卷一·乾卦》,第9页。
⑤ 马理:《马理集·周易赞义·系辞上》,第242页。
⑥ 马理:《马理集·周易赞义卷一·乾卦》,第10页。
⑦ 马理:《马理集·周易赞义卷三·无妄卦》,第96页。
⑧ 王建常:《王建常集·复斋录卷一》,李明点校整理,西北大学出版社,2015,第237页。

齐,故生人物之万殊"①。理和气、太极和阴阳还是道和器,它们都处于相荡和融合转化的过程中,处于一种和谐状态。

从上面的分析可以看出,"道(理)"属于伦理形而上学的范畴,这一观念在关中理学家中没有大的分歧。"气"之"形而上"与"形而下"的区别;"道(理)"与"气"相即不离;"道"与"理"是本根;"气"的阴阳相荡生发万物,这一过程离不开"道(理)"的主导与支配,同时"道(理)"的主导与支配离不开"气"的承载与显现。这些思想是关学伦理本体中道(理)、气关系的概况,其间稍有差异,但未出现明显的对立。

五、体用一原

"体用"和"形上形下"一样,是理学本体论的重要范畴,并具有方法论的意义。理学本体论,严格地说,就是通过"体用"范畴建立起来的。但是只有当它和"形上形下"结合起来,才能使理学本体论不同于以前的玄学和佛学,而具有儒家特点。如果说,"形上形下"是从"存在"的意义上把世界划分为一般和个别、普遍和具体两个层次,那么,"体用"则是从"活动"的意义上把世界解释成实体及其功能、本质及其现象的统一②。

(一)儒家"体"与"用"关系的演变

"体"与"用"作为一对儒家哲学范畴出自何处在儒家内部存在一些争议,如明末清初的顾炎武与李颙就它们的源头问题进行辩诘。顾炎武站在维护儒家道统的立场,认为"体用"二字源自儒家经典,遍举《周易》《礼记》《论语》等经典,认为《周易·系辞传下》中所言"阴阳合德而刚柔有体"及《周易·系辞传上》中所言"显诸仁,藏诸用"是天地的"体用"。李二曲认为先秦儒家经典中尽管有"体"与"用"的论述,但都是单个概念的单独使用,没有"体用并举","拈体或不及用,语用则遗夫体,初未尝兼举并称"③。他认为"体用"兼举并称来自佛教经典《金刚经》与《坛经》④。顾炎武又反诘李二曲,认为早于《金刚经》与《坛

---

① 王建常:《王建常集·复斋录卷二》,第252-253页。
② 蒙培元:《理学范畴系统》,第148页。
③ 李颙:《二曲集》卷十六《答顾宁人先生》,第149页。
④ 李二曲认为《金刚经》中"金者,性之体;刚者,性之用"是"体用"兼用的开始,后经《坛经》"敷衍阐扬,谆恳详备","体用"成为佛教中常用的一对范畴。参见《二曲集》卷十六《答顾宁人先生》,第149页。

经》的《参同契》中就已有"春夏据内体,秋冬当外用"的提法,并将《参同契》中"体用"的兼用视为是慧能与朱子"体用"兼称使用的源头。李二曲认为尽管《参同契》中"体用"兼称,但其意并非佛家所说的"专明心性",朱子所说的"全体大用"①。顾炎武与李二曲就此问题的分歧在理学家内部具有典型性。其实在两宋时就有人提出"体用"的兼称来自佛教的观点,北宋的晁说之就指出"体用所自,乃本乎释氏"②,认为"体用"兼称来自佛教,南宋魏了翁虽没有提出"体用"兼称来自佛教,但他否定来自儒家,"六经语孟发多少义理,不曾有体用二字,逮后世方有此字,先儒不以人废言,取之以明理,而二百年来才说性理,便欠此字不得,亦要别寻二字换,却终不得"③。当代新儒家熊十力先生同样认为"体用之义,创发《变经》",但他也承认"诸子百家著作当甚宏富,其于体用问题有无专论,今无从考"④。这个问题在理学内部之所以产生分歧的根源在于"体用"兼用究竟源自儒家,还是佛教与道家。

在先秦典籍中,荀子是较早将"体用"兼称的人,在《荀子·富国》中即有"万物同宇而异体,无宜而有用为人",但这里的"体用"系指形体与公用,和后世本体论的"体用"概念相异。先秦其他零星"体用"兼用大致从形体功用两个方面来说明"体用"的含义。汉代司马谈《论六家要旨》,评述道家的学说云:"道家无为,又曰无不为,其实易行,其辞难知。其术以虚无为本,以因循为用。"⑤这里以"本"与"用"对举。"本"是根本,"用"则是对根本原则的运用。西晋袁准对"质"与"用"进行区别。他说:"曲直者,木之性也。曲者中钩,直者中绳,轮桷之材也。贤不肖者,人之性也。贤者为师,不肖者为资,师资之材也。然则性言其质,才名其用,明矣。"⑥"质"指内在的本性,"用"指外在的表现。"体用"作为真正的哲学范畴,应该说始于玄学。魏晋由于佛教日盛,对佛教中本末、有无问题的探讨日益深入,这就涉及哲学层面的本体论问题,如智𫖮的

---

① 李颙:《二曲集》卷十六《答顾宁人先生》,第149页。
② 黄宗羲:《宋元学案》卷二十二《景迂学案》,第863页。
③ 魏了翁:《鹤山集》卷一百九《师友雅言下》,收入《景印文渊阁四库全书》第1173册,台湾商务印书馆,1986,第589页。
④ 熊十力:《体用论》,上海书店出版社,2009,第5页。
⑤ 班固:《汉书》卷六十二《司马迁传·论六家要旨》,第2713页。
⑥ 严可均辑《全晋文》卷五十四《才性论》,黄冈王氏光绪二十年刻本。

"显体专用理,宗用但论事"①、法藏的"体用不碍双存"②等都将"体"视为本质与根源,且从心性论层面展开讨论。王弼从道家有无的立场谈及"体用"问题,"万物虽贵,以无为用,不能舍无以为体也"③。这里的"体"是与现象相应的本质,是一种形而上的概念。"体用"兼称,且从心性论方面进行探讨,同魏晋玄学的抽象性与思辨性特征相符,为唐宋"体用"成为儒学主要概念奠定了基础。范缜的《神灭论》提出形质神用的论断,以质用关系说明形神关系。他说:"形者神之质,神者形之用。是则形称其质,神言其用"④,"神之于质,犹利之于刃。形之于用,犹刃之于利"⑤。质指物质存在,用是物质所具有的作用。范缜《神灭论》以"质用"范畴说明形神关系,较范缜稍早的郑鲜之所写的《神不灭论》则以"本用"范畴讲形神问题,他说:"形与气息俱运,神与妙觉同流,虽动静相资,而精粗异源,岂非各有其本,相因为用者耶?"⑥如上所述,魏晋南北朝时代的理论著作中,"本用""质用""体用"等观念都有人选用。

唐代的儒家学者为批判佛老,恢复儒家在观念领域的主导地位,对佛教与道家思想进行汲取,为宋初理学的创建开辟了新的思维方式。唐代孔颖达在其《周易正义》中对"道"与"气"、"有"与"无"等问题多有讨论,且将道家"道"的自然本体论与儒家"道"的伦理本体论结合起来,把"体用"和"形上形下"结合起来,表现了建立儒家本体论的尝试。关于体用问题,孔颖达通过对《周易》的卦象解释来说明,如《周易·乾卦》正义云:"乾卦本以象天,天乃积诸阳气而成天,故此卦六爻皆阳画成卦也。此既象天,何不谓之天,而谓之'乾'者?天者定体之名,'乾'者体用之称。故《说卦》云:'乾,健也'。言天之体,以健为用。"⑦他将"天"视为"定体之名",即本体存在,是万物之创生者,将"乾"视为"体用之称",即现象的存在,是天道的运行动力与机制。北宋理学初创阶段关于"体用"

---

① 智𫖮:《妙法莲花经玄义》卷一上,收入《大正藏》第33册,新文丰出版公司,1973,第685页。
② 法藏:《华严经明法品内立三宝章》卷下《法界缘起章》,收入《大正藏》第45册,新文丰出版公司,1973,第620页。
③ 楼宇烈:《王弼集校释·老子道德经注》,中华书局,1980,第94页。
④ 姚思廉:《梁书》卷四十八《儒林》,中华书局,1973,第665页。
⑤ 同上书,第666页。
⑥ 释僧祐、李小荣:《弘明集》卷五《神不灭论》,上海古籍出版社,2013,第240页。
⑦ 王弼:《十三经注疏·周易正义·乾》(标点本),孔颖达疏,李申、卢光明整理,吕绍刚审定,李学勤主编,北京大学出版社,1999,第1页。

问题的探讨逐渐增多,胡瑗、范仲淹、欧阳修等人都提出过类似观点。

北宋儒学复兴,经历了一个由"通经致用"向"明体达用"发展的过程。胡瑗教学分"经义""治事"两斋,较早地提出儒学之体用两方面的内容,但"经义"只有经过道学在心性义理方面的改造之后才能全面展现出新的色彩。胡瑗已明确提出"明体达用"之学,其所谓"体"是"君臣父子,仁义礼乐,历世不可变者",其所谓"用"是"举而措之天下,能润泽斯民,归于皇极者"①,宋初诸儒已把儒家伦理提升为本体,以为天下国家之用。另外理学家重视天道宇宙论的建构,其目的是要确定天道生化万物的真实性和存在的合理性,以与佛老"较是非",但其中也包含着对天道本体化育万物之根源作用的超越性、价值性和本体性的肯定,从而为道德实践提供形而上的基础和价值动力。到理学形成阶段,周、邵、张、程等在批判佛学"有体无用"的前提下接受了玄学和佛学体用说的思维方式,建立了"有"的哲学(以"实有"为体,只是这个"有"并不是具体存在,而是普遍存在),并且均开始运用"体用"范畴建立各自的宇宙本体论。周敦颐虽没有使用"体用"二字,但是,正如许衡所说,他的无极太极说"皆是这个体面"。他在《通书》中提出以诚、神为本体的思想,这是非常明确的。熊十力曾说"佛学是一个虚,儒学是一个实。佛学是虚,是因为佛学讲缘起性空,世间万物没有一个固定的本性,一切都是幻化之物。儒学是实,是因为儒学重体,而这个体就是道德的本体"②,这可以视为对理学体用观的一个总结。

(二)体用一原

在"北宋五子"中,着力于"体用"问题探讨的是张载与二程,"自张载、二程等人变'经义'之体为'性理'之体、'治事'之用为'万物'之用,'明体达用'遂变为理学家专有之词"③。程颐首标"体用一原,显微无间"④,倡发体用之说。张载在构建其理论体系时有着强烈而明确的体用论意识,可以说体用论是张载最为重要的哲学方法论,这在其最为重要的代表性著作《正蒙》中有鲜明体现。张载用"体用"范畴批判了佛道"体用绝殊"的虚无哲学,建立了虚实、有无、体用统一之学⑤。张载从先秦儒家典籍《周易》与《礼记》中寻找思想资源,阐明

---

① 黄宗羲:《宋元学案》卷一《安定学案》,第25页。
② 杨泽波:《儒家生生伦理学引论》,商务印书馆,2020,第4页。
③ 吴国武:《经术与性理——北宋儒学转型考论》,学苑出版社,2009,第152页。
④ 程颢、程颐:《河南程氏文集》卷八《易传序》,收入《二程集》上册,第582页。
⑤ 蒙培元:《理学范畴系统》,第152-153页。

"有"之依据,以批判佛老。他说:"若谓虚能生气,则虚无穷,气有限,体用殊绝,入老氏有生于无自然之论,不识所谓有无混一之常"①"形而上者是无形体者,故形而上者谓之道也;形而下者是有形体者,故形而下者谓之器。无形迹者即道也,如大德敦化是也;有形迹者即器也,见于事实即礼义是也"②。《至当篇第九》中说"《礼运》云者,语其达也;《礼器》云者,语其成也。达与成,体与用之道,合体与用,大人之事备矣",主张"体与用合"③。《神化篇第四》中说"敦厚而不化,有体而无用也;化而自失焉,徇物而丧己也"④,"敦厚"相当于"体","化"为用,"化而自失"是有用而无体,这是强调在工夫论和实践论上要有体有用。

张载用"太虚之气"来论证作为"体用"的实在性。首先他认为佛老的空无违背经验的世界,"天文地理,皆因明而知之,非明则皆幽也,此所以知幽明之故。万物相见乎离,非离不相见也。见者由明而不见者非无物也,乃是天之至处"⑤,"幽"与"明"是张载对世界进行存在方式的分类,前者为不可见之物,后者是可见之物,不可见并非"无",亦是"有",所"有"之物为"气"。张载以太虚之气及其属性为宇宙本体,以万事万物为本体的表现或作用,二者是实体和现象的关系,"太虚无形,气之本体,其聚其散,变化之客形尔"⑥。"太虚"本质上是"气",本体虽无形体,却存在于时空之中,因其无形体,故能作万物之原;万物虽有形体,却不是孤立存在,而是以实体为其统一的根源,"万物取足于太虚,人亦出于太虚"⑦,"神,天德;化,天道。德,其体,道,其用,一于气而已"⑧。太虚之气是唯一的永恒的实体存在,是伦理的依据,也是气的发用。

张载认为,实体及其现象应该是统一的而非割裂的,他提出体用不二的思想,"两不立则一不可见,一不可见则两之用息。两体者,虚实也,动静也,聚散也,清浊也,其究一而已"⑨,论证了自然界是一个无穷变化着的世界,同时又是一个统一的整体。"若谓虚能生气,则虚无穷,气有限,体用殊绝,入老氏有生于

---

① 张载:《张载集·正蒙·太和篇第一》,第8页。
② 张载:《张载集·横渠易说·系辞上》,第207页。
③ 张载:《张载集·正蒙·至当篇第九》,第33页。
④ 张载:《张载集·正蒙·神化篇第四》,第18页。
⑤ 张载:《张载集·横渠易说·系辞上》,第182页。
⑥ 张载:《张载集·正蒙·太和篇第一》,第7页。
⑦ 张载:《张载集·张子语录·语录中》,第324页。
⑧ 张载:《张载集·正蒙·神化篇第四》,第15页。
⑨ 张载:《张载集·正蒙·太和篇第一》,第9页。

无自然之论,不识所谓有无混一之常;若谓万象为太虚中所见之物,则物与虚不相资,形自形,性自性,形性、天人不相待而有,陷于浮屠以山河大地为见病之说。"①"无"不能生"物",万物更不是"幻化",佛教正是因为秉持物与虚不相"资",形自形,性自性,形性、天人不相待,而陷于"以山河大地为见病之说"。所谓相资相待,正是体用不二的意思,体待用而实现,用因体而发生。

(三)体用全学

关中理学家中对体用问题探讨最深入者当为李二曲,"体用全学"是构成其学术思想的重要基石。李二曲的《体用全学》是涵盖了程朱理学与陆王心学的经典著作,明言"儒者之学,明体适用之学"。李二曲将"明体适用"定义为"穷理致知,反之于内,则识心悟性,实修实证;达之于外,则开物成务,康济群生"②。这是李二曲对晚明以来空疏学风的批判与体认,是李二曲理论成熟后的"见道"标志。

李二曲对"明体适用"的定义可以视为是儒家"内圣外王"学说的延伸,其内容包括"反之于内"的"识心悟性,实修实证"与"达之于外"的"开物成务,康济群生"两个方面。关于体与用,李二曲也有明确的界定,"'明德'是体","'亲民'是用"③。"明德"是《大学》"三纲"的道德本体,本体至善,无"偏全、纯驳"之分。"亲民"是通过个人的道德修养,予以推己及人,继而博济天下。如果再联系二曲所说的"明道存心以为体,经世宰物以为用"④,可以明确地看出二曲所说的"体"乃"明道存心","用"则是"经世宰物"。"识心悟性,实修实证"是"明体","开物成务,康济群生"为"适用"。

另外,李二曲专门列出"明体"类书单与"适用"类书单⑤,"明体"类书单是融合程朱理学与阳明心学"内圣"工夫的文献汇集,"适用"类书单是有关国家

---

① 张载:《张载集·正蒙·太和篇第一》,第8页。
② 李颙:《二曲集》卷十四《盩厔答问》,第120页。
③ 李颙:《二曲集》卷二十九《四书反身录·大学》,第401页。
④ 李颙:《二曲集》卷十六《答顾宁人先生》,第149页。
⑤ "明体"类书单包括《象山集》《阳明集》《龙溪集》《近溪集》《慈湖集》《白沙集》《二程全书》《朱子语类大全》《朱子文集大全》《吴康斋集》《薛敬轩读书录》《胡敬斋集》《罗整庵先生困知记》《吕泾野语录》《冯少墟集》等;"适用"类书单包括《大学衍义》《衍义补》《文献通考》《吕氏实政录》《衡门芹》《经世石画》《经世挈要》《武备志》《经世八编》《资治通鉴纲目大全》《大明会典》《历代名臣奏议》《律令》《农政全书》等。参见《二曲集》卷七《体用全学》,第49-54页。

治理、经世济世的文献的汇集。显然,二曲的明体适用说采用的是儒家传统的"体用"思维模式,表达的是儒家内圣外王的理想追求,兼具儒家"外王"的经世思想。

"明体"是道德实践,即儒家所言的"工夫"。在儒家看来,内在的道德性若不客观化到外面来,便没有真正的实践。所以儒家不采取"观照"的态度,而主张一切要归之于"笃行"①。儒家的道德意识和道德判断不局限于一个人的内心独白,而必须建基于实践的工夫之中。孔子所言的"古之学者为己,今之学者为人"(《论语·宪问》)就是强调道德主体的自我完成、自我实现的问题。二曲讲工夫就是通过道德实践和精神修养,使道德主体达到与"道"合一的境界。

> 问:学所以求识本体,既识本体,则当下便是,如何还说"学"?还说"不厌"?曰:识得本体,若不继之以操存,则本体自本体;夫惟继之以学,斯缉熙无已。所谓识得本体,好做工夫;做得工夫,方才不失本体,夫是之谓"仁"。②

"识得本体,若不继之以操存,则本体自本体;夫惟继之以学,斯缉熙无已"表现为"为己"的现实思维和自觉的道德修养。本体之良知能否呈现于人心的关键,不在于绝对本体的先验理性,而在于心灵的意向及其实践活动,即儒家所言之"工夫"。本体和工夫二者不可隔绝,必须互为前提,先验的本体若仅仅停留于言说层面,那么就会失去其存在的价值和意义;具体的体认工夫一方面是人自身存在的证明和独特的存在方式,同时必须具有价值意义,否则人的存在就无法区别于受自然规律限制的动物,更无法超越,即二曲所言"所谓识得本体,好做工夫;做得工夫,方才不失本体,夫是之谓'仁'","仁"者为何,"仁者,人也。"

就本体与工夫的关系而言,本体必经由个人之亲身实践方能确知其中意义,即此而言,儒家的博文约礼的修养工夫与其他知识确有不同:工夫就是事件,是人对自己全部的生存和生活事件的历练,因此儒家一直强调求识本体的道德实践与行为的亲证。"修身立本,斯一实百实,空言虚悟,济得甚事?世固有颖悟,度越前哲,而究竟不免为常人者,知而不行,未尝见诸修为故也。"③"修

---

① 李维武编《徐复观文集》第二卷《儒家思想与人文世界》,湖北人民出版社,2009,第30页。
② 李颙:《二曲集》卷三十四《四书反身录·论语》,第455页。
③ 李颙:《二曲集》卷二十九《四书反身录·大学》,第406页。

身"的目的是立本,立本就是对道体的观照和体验,真正的圣者更加强调后天的修为,更加注重知性的合一:

> 知与不知,乃是一生迷误所关。知则中恒炯炯,理欲弗淆,视明听聪,足重手恭。施于四体,四体不言而喻,"溥博渊泉,而时出之",万善皆是物也。否则昏惑冥昧,日用不知,理欲莫辨,茫乎无以自持,即所行或善,非义袭,即践迹,是行仁义,非由仁义,此诚、正、修所以必先"致知"也。①

上述"知"字实际是"知行合一"之"知",它既是道德本体,又是道德的实践,是工夫与本体的统一:本体的先验性在后天的工夫展开过程中获得现实的品格,"中恒炯炯"是道德本体之本然所在,"理欲弗淆,视明听聪,足重手恭。施于四体,四体不言而喻"是体认本体后道德主体所表现出的一种自然而然的情感与行为,这种情感和行为与"道"相符,即达到天人合一的境界。反之先验的本体离开赋予意义的后天工夫,本体作为先验的道德本体缺乏现实性,就此而言,意义活动离不开主体内在的、自觉的道德实践活动,"知为一身之本,身为天下国家之本,能修身便是'立天下之大本'。在上则政化起于身,不动而敬,不令而从;在下则教化起于身,远迩归仁,风应响随"②。这就是二曲所言的"操存"的工夫。

李二曲针对晚明以来儒学空谈"性命"、不切实际的现象,强调"体用相表里",康熙年间倪雒梧为李二曲《司牧宝鉴》所作的序中言"学以明体而适用也。学苟不适乎用,则空谈性命,卒无补于国计民生,天下后世亦安赖有若人哉!然体之不立,而轻言用,不流于庞杂,即入于偏陂;纵才克肆,应一时而其究也不能无弊。惟体用相为表里,故'明德'即所以'新民','中和'自征诸'位育'"③,这一评价是李二曲在论述"体用"问题时经世思想的集中体现。李二曲这种经世思想的转向基于明清之际形而下的经世之学取代空疏的心性之学的大背景,顾炎武提出的"君子之为学,以明道也,以救世也"④具有典型性,这种转向是明清之际士大夫从自身角度对晚明政治危机进行的调试。

---

① 李颙:《二曲集》卷二十九《四书反身录·大学》,第406页。
② 同上。
③ 李颙:《二曲集》卷二十八《司牧宝鉴·序》,第367页。
④ 黄汝成:《日知录集释·先生初刻〈日知录〉自序》,栾保群、吕宗力校点,上海古籍出版社,2006,第2页。

小 结

纵观以上分析,"体用"问题是中国古典哲学的重要范畴,在儒家看来,"体"是本根依据,是一种普遍性的存在,是儒家探寻伦理本体的主要理论依据。经过殷末周初"礼乐文明"的构建,中国文化发展走上理性的精神与伦理道德相结合的道路,塑造着中国人的思维习惯与精神气质。作为伦理本体,"体"首先展示了道德自律与自我的关系及自律过程的内在性,它赋予伦理主体以理性的道德自律、自愿与自然。由于儒家"礼乐文明"的底色,关于伦理本体问题的讨论并未以从宗教信仰方面寻求超验的神灵为依据,而是发展出了人文情感与宗教情感相结合的"天道"或"天理",而"天道"与"天理"与人总是处于一种和谐统一的状态中,既体现出作为伦理本体的"天道"的超越性的一面,又肯定了现实生活中人的独立性与尊严。关学诸儒构建自己的伦理哲学时皆能从"天道"中寻到依据,且追求"天人合一"、"天道"("天理")与"人道"的统一、"道"与"气"的统一。作为伦理主体的道德实践之"用",体现出道德主体通过理性的道德自律在社会中所进行的道德实践活动的方式与评价、"体"与"用"的合一,使"道德自我的自由品格、道德自律的自由向度不断地得到了具体的确证"①,避免了伦理理论陷于蹈空的潜在危险。尤其是张载所提出的"太虚即气"理论开辟了宋明理学探讨伦理本体问题的新思路,李二曲提出的"明体适用"理论对纠正晚明以来所出现的伦理道德陷于玄虚,学术思想出现空疏的倾向具有纠偏之功,这都是关学伦理思想对中国伦理思想的贡献。

---

① 杨国荣:《伦理与存在:道德哲学研究》,北京大学出版社,2011,第145页。

第二章 关学伦理的德目

伦理是人伦的原理,其目标是人伦实体和人伦秩序的建构,在儒家伦理学发展过程中形成的一些伦理精神与伦理原则构成了儒家的伦理德目。作为宋明理学地域性的学派,关学的伦理德目无疑是以宋明理学的伦理德目为根基,而宋明理学的伦理德目则是对先秦儒学伦理德目的继承与发展。基于以上思路,我们将关学的伦理德目主要集中在仁、义、礼、孝、勇几个方面进行考察,以彰显关学伦理中"躬行礼教"的传统与"刚健有为"的担当精神。

一、儒家的伦理德目与关中的礼教传统

儒家伦理主要是建立在德性之上的,儒家伦理就其特殊形态而言,既不同于西方传统的宗教伦理与社会伦理,也不同于康德的义务伦理,与亚里士多德的德性伦理也不完全相同(但可以进行比较)。它是一种东方式的德性伦理,具有中国文化的背景;它介于宗教与世俗之间,是理想与现实的结合;它有明显的情感特征,但又有普遍的理性精神。这种情感是人类最基本的共同情感,这种理性是人类反思理性的一个重要方面。它以独特的方式揭示了人的内在德性,同时又有超越性和现实性两个方面。①

(一)儒家的伦理德目

儒家的伦理滥觞于夏商,"在我国唐虞三代间,实践之道德,渐归纳为理想。虽未成学理之体制,而后世种种学说,滥觞于是矣"②。唐虞之世历史久远,先秦时期的文字记录多是来源于时人的口耳相传与想象,仅供参考,如《尚书》关于尧的记述有"克明俊德,以亲九族。九族既睦,平章百姓。百姓昭明,协和万邦,黎民于变时雍。"(《尚书·尧典》),"克明俊德"是表现尧的美德,这是先秦儒家

---

① 蒙培元:《情感与理性》,中国人民大学出版社,2009,第380页。
② 蔡元培:《中国伦理学史》,第4页。

对尧的德行的传说与想象,具体史实,不得而知。夏的文献记录尽管也是口耳相传,但其可靠性较唐虞为佳,尤其近年来夏商周三代断代工程的考古成果为夏代的存在及其伦理观念提供了一些有力证据。殷墟甲骨文是比较成熟的文字,可以使我们对殷商的伦理思想有大致的了解。周代无论是国家形态还是礼乐文化的建立都远胜夏商二代,儒家的伦理思想体系的大致轮廓也在周初逐渐形成,到春秋时期经过孔孟等先秦儒家总结,形成了儒家伦理德目的主要方面。

考察儒家之"德"论,皆以夏、商、周三代兴亡之鉴而立论。"德"具有两方面内容:其一为"德政",亦即"仁政""王道政治";其二,指人的一种品性,概指人之操行贤于众者①。在《诗经》《周书》等先秦典籍中有大量这方面的资料,如《诗经·大雅·民劳》中有"敬慎威仪,以近有德";《诗经·大雅·下武》有言"永言孝思,孝思维则";《尚书·召诰》中有"有夏服天命,惟有历年;我不敢知曰,不其延。惟不敬厥德,乃早坠厥命";《尚书·梓材》中有"皇天既付中国民越厥疆土于先王,肆王惟德用,和怿先后迷民,用怿先王受命"。这是殷周之际统治者的理性觉醒,高高在上的"天帝"逐渐被削弱,人之德性成为绵延国运的条件。此外,德为具体德行的概括,这时出现了一些相关概念,如孝、恭、懿、谦、友、公正、中和、忠孝、节廉、仁、义、礼、智、信、正直、刚柔、恕、宽、敬、敏、惠、温、良、恭、俭、让等与美、善、真诚等相关的行为和信念,它们都是"有德"的体现。故德行、德政、德性、德治、君子等概念构成了先秦的伦理概念体系,其中"五伦""五常""八德"②为其核心概念,其中的"礼""仁""孝"又是核心中之核心。

周初的礼乐文化是夏商宗教文化的延续,王国维考释甲骨文中的"礼"字是"象二玉在器之形,古者行礼以玉"③,"礼"是祭典或奉献的仪式行为,《尚书》中的相关记载也说明了这一点,"王肇称殷礼,祀于新邑"(《尚书·洛诰》)。与此同时,"礼"也渐渐成为人的行为规范,具有了伦理学的意义,如《左传》中有"礼,经国家,定社稷,序民人,利后嗣也"(《左传·隐公十一年》),周人"礼"的观念周延涵盖了个人社会生活中的许多方面。

孔子生活在周室衰微而礼乐崩的时代,《左传》和《论语》中记录了这一过程,"王室而既卑矣,周之子孙日失其序"(《左传·隐公十一年》),"非德民不

---

① 罗炽、白萍:《中国伦理学》,湖北人民出版社,2002,第141页。
② "五伦"是指父子、兄弟、夫妇、君臣、朋友,具体包括父子有亲、长幼有序、夫妇有别、君臣有义、朋友有信;"五常"是指仁、义、礼、智、信;八德是指孝、悌、忠、信、礼、义、廉、耻。
③ 王国维:《王国维手定观堂集林》卷六《释礼》,浙江教育出版社,2014,第156页。

和,神不享矣"(《左传·僖公五年》),"无礼必亡"(《左传·昭公二十五年》);"礼乐征伐自诸侯出"(《论语·季氏》),"道之将行也与?命也;道之将废也与?命也"(《论语·宪问》)。孔子是周礼的坚定支持者,"道之以政,齐之以刑,民免而无耻;道之以德,齐之以礼,有耻且格。"(《论语·为政》)孔子伦理思想的核心概念是"仁",他将"仁"视为"礼乐"的实践标准,"人而不仁,如礼何?人而不仁,如乐何?"(《论语·八佾》)。孔子进一步把西周以来的道德规范的许多德目归属于"仁","能行五者于天下为仁矣……恭、宽、信、敏、惠。恭则不侮,宽则得众,信则人任焉,敏则有功,惠则足以使人"(《论语·阳货》),"仁者,……居处恭,执事敬,与人忠"(《论语·子路》),"刚、毅、木、讷近仁"(《论语·子路》),"仁者必有勇,勇者不必有仁"(《论语·宪问》)。从孔子对"仁"的内涵的诸多规定可以看出"仁"的实践性特征,"克己复礼为仁。一日克己复礼,天下归仁焉。为仁由己,而由人乎哉?"(《论语·颜渊》),"己所不欲,勿施于人"(《论语·卫灵公》)。

先秦"义"的内涵比较丰富,既有威仪方面的,也有伦理和利益方面的,如《尚书大传》有"尚考太室之义,唐为虞宾"。郑玄注曰:"义,当为仪;仪,礼仪也。"《孟子》中将"义"与"道"相联系,"其为气也,配义与道"。赵岐注曰:"义谓仁义,所以立德之本也。"《墨子》《左传》等著作中多释"义"为"利益"之义,"义,利也"(《墨子·经上》),"行则思义"(《左传·昭公三十一年》),洪亮吉释之曰:"义即利也,古训义利通。"儒家伦理学说主要在两种意义上使用义这一范畴:一是人的立身之本,即基本的行为规范;二是判断是非善恶的标准,故孔子说:"君子义以为上。君子有勇而无义为乱,小人有勇而无义为盗。"(《论语·阳货》)孟子更指出:"义,人之正路也"(《孟子·离娄上》),"大人者,言不必信,行不必果,惟义所在"《孟子·离娄下》。孔孟关于"义"的界定明显强调了其伦理学的一面,使"义"成为伦理五常之一。

"孝"的出现同早期的宗教活动有关,《史记》中有"(禹)薄衣食,致孝于鬼神。卑宫室,致费于沟减"(《史记·夏本纪》)。另外"孝"还有"效法"的意思,如"靡有不孝,自求伊祜"(《诗经·鲁颂·泮水》)。当然,伦理的孝道是"孝"的主导性含义:"汝肇刑文武,用会绍乃辟,追孝于前文人"(《尚书·文侯之命》),"自天子至于庶人,孝无终始,而患不及者,未之有也"(《孝经·庶人》)。儒家的孝道主要集中在父母与子女之间,"孝,善事父母者。从老省,从子,子承老也"(《说文》),并且儒家将"孝"置于伦理规范的重要地位,"夫孝,德之本也"(《孝经·开宗明义》),"五刑之属三千,而罪莫大于不孝"《孝经·五刑》。儒家认为,父母对子女的慈爱不仅在于养,更在于育。传统家庭的父母有着强烈的望子成龙的心理,对子女的培养倾注了大量的精力。《韩诗外传》说:"夫为人父者,必怀仁慈之爱,以畜养其子,抚循饮食以全其身。及其有识也,必严居正言以先导之;及其束发也,授明师以成其技。"刘向《说苑·建本》也说:"父之于子也,慈惠以生之。教诲以成之,养其谊,藏其伪,时其节,慎其施。子年七岁以上,为之择明师,选良友,勿使见恶。少渐之以善,使之早化。"对子女的教育包括品德、知识、技能、交际等诸多方面,即一切成为合格的社会成员必备的条件,以便使他们成为有用之才。

先秦典籍《诗经》之中就已有"勇"的概念,"彼何人斯?居河之麋。无拳无勇,职为乱阶。既微且尰,尔勇伊何!为犹将多,尔居徒几何!"(《诗经·小雅·巧言》)"受小共大共,为下国骏厖,何天之龙?敷奏其勇。不震不动,不戁不竦,百禄是总。"(《诗经·商颂·长发》)这两段引文中出现的"勇"均意指勇敢之德。孔子往往将"勇"与其他德行联用,"仁者必有勇,勇者不必有仁"(《论语·宪问》),仁爱的人一定会有勇,因为一个真正的仁者,必须有行仁和坚持仁的决心和勇气。志士仁人为追求和践行仁道,可以不避艰险、赴汤蹈火,甚至牺牲自己的生命。在孔子看来,勇本身并不能成为人们所崇尚的品质,勇只有与仁、义、礼、知等德性结合起来,才可能成为一种优良的品质而值得大力提倡。从这个意义上来讲,勇是仁的一个重要内容,也就是说,作为一个仁者,必须具备坚毅、勇敢这些勇的品质,这也是达到仁这一人格理想的途径和手段。此外,《论语》中还有"刚、毅、木、讷近仁"的记载,刚毅作为勇的重要内涵之一与仁相近。一个刚毅果敢的人才能勇于任事,践行仁道,以达到《中庸》所谓"力行近乎仁"的要求。勇以知为支撑。"好仁不好学,其蔽也愚;好知不好学,其蔽也荡;好信不好学,其蔽也贼;好直不好学,其蔽也绞;好勇不好学,其蔽也乱;好刚不好学,其蔽也狂"(《论语·阳货》)。孔子认为人非生而知之者,要想获得知识就需要靠后天的学习。这里所说的学,我们可以理解为学习礼、义等道德规范,当然也包括分析问题和认识事物的能力。

(二)关中的礼教传统

关中地区相较东南地区,自然环境雄浑峻伟,风俗勇而尚朴,《史记·货殖列传》中说,"关中自汧、雍以东至河、华,膏壤沃野千里。自虞夏之贡,以为上田。而公刘适邠,大王、王季在岐,文王作丰,武王治镐,故其民犹有先王之遗风,好稼穑,殖五谷。"①周代文明的特点是以"礼"为基本特征,周武王伐纣建周后,进行了一次大规模的文化整理活动,这就是周公"制礼作乐"。以周公为代表的周族统治者一方面对殷商的文化进行继承和整理,另一方面又发展和构建了新的文化体系,使西周时代形成了成熟的礼乐文明。西周的礼乐文明是中华文明最早的成熟形态,奠定了我国古代两千多年以"礼"为核心的文化模式。先秦时期的关中是华夏文明与游牧文明交错并存的地区,形成关中人民民风剽悍、尚气节的性格特征。朱熹在其《诗集传》里对秦人作了精辟的论述:"秦人之俗,大抵尚气概,先勇力,忘生轻死,故其见于《诗》如此。然本其初而论之,岐丰之地,文王用之,以兴"二南"之化,如彼其忠且厚也。秦人用之未几,而一变其俗至于如此,则已悍然有招八州而朝同列之气矣,何哉?雍州土厚水深,其民厚重质直,无郑、卫骄惰浮靡之习,以善导之,则易于兴起而笃于仁义。以猛驱之,则其强毅果敢之资,亦足以强兵力农,而成富强之业。非山东诸国所及也。"②这些自然风物与人文风俗塑造了关中特定的伦理精神,礼、仁、孝、义、勇为其伦理德目的主要方面。

二、礼:尚礼尊德

"躬行礼教"是关学的一大特征,史称张载的学问"尊礼贵德","以《易》为宗,以《中庸》为体,以孔孟为法"③。张载的思想都是自己"苦心力索",经过艰苦的思想探索独自创立,在很多方面别开生面,其中"以礼立教"④是张载关学一个重要的思想特征。据《宋史》记载:"其家昏丧葬祭,率用先王之意,而傅以今礼。又论定井田、宅里、发敛、学校之法,皆欲条理成书,使可举而措诸事业。"⑤张载的一生谨守礼教,其著述、讲学皆以礼为重要内容,张载曾说:"古人凡礼,讲修已定,家家行之,皆得如此。今无定制,每家各定,此所谓家殊俗也。至如朝廷之礼,皆不中节。"⑥张载作为道学的奠基者之一,不但在儒学义理方面

---

① 司马迁:《史记》卷一二九《货殖列传》,司马贞索引,张守节正义,裴骃集解,中华书局,2013,第3930页。
② 朱熹:《朱子诗集传》卷六《晨风·无衣》,朱杰人、严佐之、刘永翔主编,上海古籍出版社、安徽教育出版社,2012,第513页。
③ 脱脱等:《宋史》卷四百二十七《道学一·张载》,第12724页。
④ 程颢、程颐:《河南程氏粹言》卷一,收入《二程集》下册,第1195页。
⑤ 脱脱等:《宋史》卷四百二十七《道学一·张载》,第12724页。
⑥ 程颢、程颐:《河南程氏遗书》卷十《洛阳议论》,收入《二程集》上册,第113页。

对宋代的新儒学作出了重要的贡献,更为重要的是,他在理论上主张"以礼立教",而且还将"躬行礼教"贯彻到讲学以及日常生活当中。吕大临《横渠先生行状》记载:"近世丧祭无法,丧惟致隆三年,自期以下,未始有衰麻之变;祭先之礼,一用流俗节序,燕亵不严。先生继遭期功之丧,始治丧服,轻重如礼;家祭始行四时之荐,曲尽诚洁。闻者始或疑笑,终乃信而从之,一变从古者甚众,皆先生倡之。"①"关中学者,用礼渐成俗。"②

(一)儒家"礼"的演变

从中国文化史的角度看,礼的意义大致经历了三个发展阶段:首先,礼发源于上古的宗教祭祀和生活习俗;在周初,礼被转变为一套系统的政治和宗法制度,同时被赋予深厚的道德和伦理精神;到了孔子生活的时代,礼进一步落实于生命个体之中,转变为生命个体的道德实践方式③,但始终保存了原始巫术的神圣性,成为数千年来中国传统社会的行为准则、生活规范,即所谓"礼教"④。"礼有五经,莫重于祭"(《礼记·祭统》),礼起源于原始宗教与巫术。在宗教与巫术活动中有祭祀行为,祭祀的对象包括天神、地祇、人鬼等精神存在。在吕大临的《礼记解》及《易章句》中有明确的记载。首先吕大临肯定先民崇拜鬼神的文化现象,"敬鬼神者,人谋非不定,而犹求于鬼神,知有所尊而不敢必也"⑤,鬼神周流天地,与人事相同,世俗的人对鬼神持有敬畏之心,"君子之事天地鬼神与事其君长,其敬一也,故'敬则用祭器'。以事鬼神之敬敬之,敬之至也"⑥,由祭祀之礼中所体现的"鬼神之敬",不但可以养人诚心,而且可以由此立身,以至于治国:"祭祀之实,以诚敬交乎神明。诚敬之至,莫先乎盥。当是时也,恍惚以与神明交,使人观之,斯心可以化天下矣。"⑦吕大临对"礼"起源于宗教与祭祀的认识无疑是正确的,在人类早期文化的创制过程中,原始宗教文化是一个不可逾越的因素,原始阶段虽然没有规范的礼仪形式,但必要的虔诚之心和最基本的祭祀形式是宗教活动必要的条件,这些条件为后来的理性觉醒与构建规范

---

① 张载:《张载集·附录·吕大临横渠先生行状》,第383页。
② 程颢、程颐:《河南程氏遗书》卷十《洛阳议论》,收入《二程集》上册,第114页。
③ 杨向奎:《宗周社会与礼乐文明》,人民出版社,1997,第229页。
④ 李泽厚:《伦理学纲要》,人民日报出版社,2010,第27页。
⑤ 吕大临等:《蓝田吕氏遗著辑校·礼记解·曲礼上》,第224页。
⑥ 吕大临等:《蓝田吕氏遗著辑校·礼记解·表记》,第339页。
⑦ 吕大临等:《蓝田吕氏遗著辑校·易章句·观》,第95-96页。

礼仪奠定了基础,吕大临同样记述了这一过程。

原始宗教与巫术活动反映了人与自然的关系,对鬼神的祭祀包含着伦理意义。在三代文化的理解中,天地是人的根源,对天地之祀出于"反始"(《礼记·乐记》)的道德需要,这样就把天地之祭同样赋予了人伦意义。先秦儒家天道观中尽管对"天"的人格神特点保持"模糊"态度,但将"天"视为伦理的本根是儒家的基本态度,这一问题在前面已深入探讨过。吕大临同先秦儒家一样,将礼的本原追溯至"天":"先王制礼之意,象法天地,以达天下之情而已。《书》曰'天叙有典',体也,人伦之谓也;'天秩有礼',用也,冠、昏、丧、祭、射、乡、朝、聘之类也;二者皆本于天,此礼之所由生也。礼之有吉凶,犹天之有阴阳,可异而不可相干也。礼有恩、有理、有节、有权,犹天之四时,可变而不可执一也。仁义礼知,人道具矣,人道具则天道具,其实一也。"①吕大临既肯定"礼"源自"天",强调"礼"的恒久性,又采用比拟的方法,将其比为"阴阳"与"四时",这同汉儒将伦理德目本体神学化相异。明代的马理同吕大临一样,他借助《周易》将"礼"的内涵界定为"天秩之礼":"《传》释履义:'履者,天秩之礼也。'其分截然者也,岂径情直行者哉?盖和顺从容,以兑之柔而履乎乾之刚,斯为履也。"②在履卦的解释中,通过爻位的次序确定"礼"的秩序,即以下卦"兑"的柔品对上卦"乾"的刚健之品,以此明确"天秩之礼"的职分。

"礼"在周代形成一套规范体系,即生活规范体系,如言语、容貌、活动礼节与行为规范,"其文,则傧相习之;其义,则君子知之;修其文,达其义,然后可以化民成俗也"③,"其文是也,其义非也,君子不行也;其义是也,其文非也,君子行也。故麻冕,礼也;今也纯,俭。吾从众;男女不授受,礼也,嫂溺则援之以手,此所以明是非也"④,这些仪式与行为规范成为后世"礼"的主要内容,其中也包含了公共生活的行为规定,即近代人们所说的公德。"礼"由宗教祭祀到天道本原,逐渐形成仪式规范,符合"礼"在先秦的发展逻辑。

(二)关学伦理中的"礼"传统

礼学与宋代的道学有密切关系,在北宋儒学复兴的过程中贯穿着建立合理

---

① 吕大临等:《蓝田吕氏遗著辑校·礼记解·丧服四制》,第419页。
② 马理:《马理集·周易赞义卷一·履卦》,第48页。
③ 吕大临等:《蓝田吕氏遗著辑校·礼记解·乡饮酒义》,第396页。
④ 吕大临等:《蓝田吕氏遗著辑校·礼记解·曲礼上》,第190页。

的社会秩序这一条内在的线索,而社会秩序在儒学中的体现就是"礼",因此范仲淹说"天下之制存乎礼"①。宋代学者重视礼学,其实也是他们实现社会政治理想的一种体现②。张载"慨然有意三代之治"③,不论是为学、教学,还是关于治国的主张,都"以礼乐为急"④。张载及关中学者对于礼学的关注与当世的政治改革密切相关。因此我们研究张载的礼学,不能不提到张载的政治主张与政治哲学。吕大临的《行状》里对张载的政治主张有一段集中的叙述:"先生慨然有意三代之治,望道而欲见。论治人先务,未始不以经界为急,讲求法制,粲然备具,要之可以行于今,如有用我者,举而措之尔。"⑤不论是从北宋儒学发展的角度来看,还是在道学的谱系当中,张载对于社会政治问题的关注都非常突出。二程和张载有一段对话:"子谓子厚曰:'关中之士,语学而及政,论政而及礼乐兵刑之学,庶几善学者。'子厚曰:'如其诚然,则志不大为名,亦知学贵于有用也。学古道以待今,则后世之谬,不必屑屑而难之,举而措之可也'。"⑥张载针对北宋社会所面临的各种问题,主张要以《周礼》为指导,全面实行《周礼》当中的井田、封建、宗法制度。他曾指出:"学得《周礼》,他日有为却做得些实事。以某且求必复田制,只得一邑用法。若许试其所学,则《周礼》田中之制皆可举行,使民相趋如骨肉,上之人保之如赤子,谋人如己,谋众如家,则民自信。"⑦张载试图通过恢复周礼中的井田制来缓解当时已经出现的土地兼并危机,进而维系社会秩序的稳定。

北宋五子生活的时期整个社会普遍存在"不安于礼""礼意犹有所阙"⑧的问题,孔子和张载对礼教的重视展现出儒家内部对重整礼乐文化,维系传统社会伦理纲常的文化自觉。张载"以礼乐为急"⑨,"教人学虽博,要以礼乐为先"⑩,经过张载对礼教的推广,"关中风俗一变而至于古"⑪,"关中学者用礼渐

---

① 范仲淹:《范文正公文集》卷四《上时相议制举书》,商务印书馆,1937,第33页。
② 刘丰:《北宋礼学研究》,中国社会科学出版社,2016,第8—9页。
③ 张载:《张载集·附录·吕大临横渠先生行状》,第384页。
④ 张载:《张载集·张子语录·语录中》,第317页。
⑤ 张载:《张载集·附录·吕大临横渠先生行状》,第384页。
⑥ 程颢、程颐:《河南程氏粹言》卷一,收入《二程集》下册,第1196页。
⑦ 张载:《张载集·经学理窟·学大原上》,第282页。
⑧ 张载:《张子全书》卷十四《补遗一·礼记说》,林乐昌编校,西北大学出版社,2015,第373页。
⑨ 张载:《张载集·张子语录·语录中》,第317页。
⑩ 张载:《张载集·附录·又哀横渠诗》,第388页。
⑪ 黄宗羲:《宋元学案》卷十八《横渠学案》上,第664页。

成俗"①。自张载与吕大临之后,关学通过理论和实践两个层面,发展了儒家的礼教传统,形成关学所特有的礼教文化。和张载同时的程颐对张载推崇礼教予以赞许,认为张载"以礼教学者,最善,使学者先有所据"②,自此以后的理学家大都以"以礼为教"标识关学。金元关中士人在朱子学尚未主导关学学术之时都重视儒家的礼仪与礼制,这一状况同关中士人所面临的社会现实直接相关:经历长时期的战乱,整个社会礼制受到严重破坏,甚至"士大夫或不能自守"③,这一状况同孔子所面临的东周时期的"礼坏乐崩"相似。金元时代距张载离世不远,关中士人重视礼学是对北宋关中学者"用礼成俗"的自然延续,对礼学的理论都有深究。杨奂视礼为"制度明教之所寓",在《与姚公茂书》中以朱子《家礼图说》为据,纠正时人家庙与祠堂建筑中的越礼行为④。同恕关注葬礼的规范,"父丧,一尊礼制",规范其同父异母的妹妹的丧礼⑤;"神道碑"亦记有家族墓地葬礼一尊古制⑥。萧㪺同师友韩择"尤邃礼学,有质问者,口讲指画无倦容"⑦。"关辅士大夫知由礼制自致其亲者,皆本之公(杨恭懿)"⑧。从上述材料可以看出,金元时期的关中由于战乱、金元异族文化的影响,传统礼制已经遭到一定程度的破坏或更改,和传统儒家礼制渐行渐远,关中士人对古礼的推崇和具体的实践既反映出他们的文化危机意识,也同关学"躬行礼教"的传统相吻合,使关学"崇礼"文化意识绵延不绝。

(三)"躬行礼教"

明代三原学派在复兴关学的过程中对关学"躬行礼教"的传统进行了极佳继承,王承裕"自始学好礼,终身由之,教人以礼为先。凡弟子家冠婚丧祭,必令

---

① 黄宗羲:《宋元学案》卷十七《横渠学案》上,第771页。
② 程颢、程颐:《河南程氏遗书》卷二上《二先生语》二上,收入《二程集》上册,第23页。
③ 冯从吾:《关学编(附续编)》卷二《君美杨先生》,第16页。
④ 萧㪺、同恕、杨奂:《元代关学三家集·还山遗稿上卷·与姚公茂书》,孙学功点校整理,西北大学出版社,2015,第398页。
⑤ 萧㪺、同恕、杨奂:《元代关学三家集·榘庵集附录·元故奉议大夫太子左赞善榘庵先生同公行状》,第369-340页。
⑥ 萧㪺、同恕、杨奂:《元代关学三家集·附录·元故太子左赞善赠翰林直学士亚中大夫同文贞公神道碑铭》,第372页。
⑦ 宋濂等:《元史》卷一八九《儒学》一,第4326页。
⑧ 冯从吾:《关学编(附续编)》卷二《元甫杨先生》,第20页。

率礼而行"①,马理"又特好古仪礼,时自习其节度,至冠婚、丧祭礼,则取司马温公、朱文公与《大明集礼》折衷用之。处父丧与嫡生母之丧,关中传以为训"②。可见,王承裕与马理践履仪礼偏重社会移风易俗的教化意义,他们试图通过在基层社会推行礼教,移风易俗,以维系基层社会秩序。这些礼教的推行有实际的效果,"三原人士多所劝法,动皆由礼,凡酒垆茶肆足不屑履,虽官府公所亦稀至焉"③。在维护礼教与政教方面,马理参与了明代著名的"大礼议"事件。马理认为明世宗应当尊奉正统,以孝宗为皇考,继统不继嗣,结果受到明世宗的责罚。马理指出,应充分发挥"以礼淑世"的教化功能与维护统治秩序的功能:"天子有天子之礼,诸侯以至公卿、大夫及士、庶人,莫不有礼。上下无以辨也,以礼辨之;民志无以定也,以礼定之,则天下寡过而治可常保之也。"④充分肯定了礼乐"定民之志,和民之心"的教化与稳定作用。

儒家伦理所追求的目标与"三纲八目"的目标相一致,因此"礼"在维护社会秩序的同时也应注重个人心性的修为,培养君子人格。孔子说:"君子耻其言而过其行。"(《论语·宪问》)又说:"君子欲讷于言而敏于行。"(《论语·里仁》)又说:"古者言之不出,耻躬之不逮也。"《论语·里仁》都是讲言行必须一致。对道德的修养,必须表现于生活之中。孟子说:"君子所性仁义智根于心。其生色也,睟然见于面,盎于背,施于四体,四体不言而喻。"(《孟子·尽心上》)荀子云:"君子之学也,入乎耳,着乎心,布乎四体,形乎动静。"(《荀子·劝学》)这都是讲关于伦理道德的思想必须见之于生活之中,在身体上表现出来。在古代,遵循道德原则而行动,谓之"身体力行",谓之"躬行实践"⑤。张载在论述"气质之性"向"天地之性"回归时强调了"礼"所发挥的作用,"载所以使学者先学礼者,只为学礼则便除去了世俗一副当世习熟缠绕。譬之延蔓之物,解缠绕即上去,上去即是理明矣,又何求!苟能除去了一副当世习,便自然脱洒也。又学礼则可以守得定"⑥。"礼"绝不仅仅体现为各种名物典章制度与进退揖让等仪节,更重要的是通过进退揖让等仪节使人知礼成性,"圣人亦必知礼成性,

---

① 冯从吾:《关学编(附续编)》卷三《平川王先生》,第39页。
② 冯从吾:《关学编(附续编)》卷四《溪田马先生》,第47页。
③ 马理:《马理集·溪田文集卷五·南京户部尚书平川先生王公行状》,第329页。
④ 马理:《马理集·周易赞义卷一·履卦》,第48页。
⑤ 张岱年:《中国伦理思想研究》,第6页。
⑥ 张载:《张载集·张子语录·语录下》,第330页。

然后道义从此出,譬之天地设位则造化行乎其中。知则务崇,礼则惟欲乎卑,成性须是知礼",因为礼"本天之自然"又"本出于性"①,"礼"的意义不在于外在克制或规范身心,而在于打破习俗缠绕,为内向之养心和养气创造条件,这便是"礼"调节身心和谐的功能,这种调节是通过一定的"工夫"来实现,即《说文》所言"礼,履也,所以事神致福也"②。在吕大临的关学伦理思想体系中,天道性命论是客观的伦理依据,心性修养论提供主体的道德实践基础和动力,在此视域中,"礼"不是外在的行为规范,而是道德主体在"心之所同然"的"理义"原则基础上,进行"养气成性",进而由"常道"达至"至道"的具体行为方式,完成道学的最终落实。马理按照张载"以礼为教"的致思取向,肯定"礼"源于天地之自然,遵循"合同之妙",强调观其会通,"至于有为之际,则动以克己复礼为事,非其礼也,则弗以履焉"③,将"礼"与人日常的行止相联系,"弟子雁行以居,马子俨然而临之,发疑待问,率以躬行,讷于礼法。龙尝再至焉。弟子进颙颙尔,立肃肃尔,退襜襜尔,志而确然,文而蔚然,美矣哉!马子之为教也,乃作而言曰:化以教善,德以学成"④,通过礼仪,将外在的行为与内在精神有机统合,使主体进入身心和谐的状态。吕柟则将"礼"之本界定为形而下经验层面的礼制、礼仪,并由此出发强调礼制、礼仪对个体修身与社会教化的意义。吕柟将持礼、守礼视为修身成德的工夫,他说"教汝辈学礼,犹堤防之于水。若人无礼以堤防其身,则满腔一团私意纵横四出矣"⑤,吕柟所强调的礼之修身成德作用,逻辑起点在于"礼"作为道德形式对个体行为的规范作用。

三、仁:仁爱和谐

依儒家学说,仁爱是德性的本体、本原,它是一种普遍积极的友爱之情,是儒家情感哲学的核心概念,是"心之全德"⑥,是"人的真性情,真情实感"⑦。"仁"作为一种情感方式不同于人的日常情绪,也有异于认知理性与纯粹意志,

---

① 张载:《张载集·经学理窟·礼乐》,第264页。
② 许慎:《说文解字》,第2页。
③ 马理:《马理集·周易赞义卷四·大壮卦》,第127页。
④ 唐龙:《渔石集》卷一《嵯峨精舍记》,商务印书馆,1935,第21页。
⑤ 吕柟:《泾野子内篇》卷七《鹫峰东所语》第十二,第58页。
⑥ 陈淳:《北溪字义》卷上《仁义礼智信》,第18页。
⑦ 冯友兰:《中国哲学史新编(一)》,人民出版社,1999,第82页。

它是一种道德情感①。

从本体层面来考察,"仁"来自"天道";从经验层面来考察,它产生于人的自然同情心。儒家的"仁爱"表现为一种"博爱"的精神,正如孟子所言的"老吾老以及人之老,幼吾幼以及人之幼"(《孟子·梁惠王上》),每个具有仁爱之心的人都有博施济众的主观意愿,都想将仁爱赋予他人。"仁"作为一种德性,具有积极主动的一面,是一种内在的精神律动,如孔子所言的"夫仁者,己欲立而立人,己欲达而达人"(《论语·雍也》)。

(一)仁者爱人

"仁"作为儒家伦理德目的核心范畴尽管经过孔子之手后内涵已经相当完备,但作为一个字,其出现较晚。郭沫若先生言:"'仁'字是春秋时代的新名词,我们在春秋以前的真正古书里找不出这个字,在金文和甲骨文里也找不出这个字。这个字不必是孔子所创造,但他特别强调了它是事实。"②在春秋以前的文献《尚书》与《诗经》中,"仁"只出现过 7 次,但在《论语》共计出现了 110 次③,《尚书》与《诗经》中的"仁"泛指美好的德行。在《论语》中孔子针对不同的对象对"仁"给出不同意义的规定,这些不同回答体现出孔子论"仁"的情感、关系、秩序、对象意蕴,在诸多意蕴中最能体现"仁"的精神内涵的就是"爱人"④。"爱人"是一种个体情感表达,人能以理性主宰自己的肉体、生命,才是"仁"。孔子讲的情理结构不能等同于情感,它虽以生物性的情感为始基(因为人毕竟是一种动物,而且首先是一种动物),但侧重的却是理性在其中的塑建。它是情感与理性共同构成的综合性的人性结构,这个结构远大于情感,当然也大于理性⑤。在论语中孔子明示了这一点,"弟子入则孝,出则弟,谨而信,泛爱众,而亲仁"(《论语·学而》);"予之不仁也……予也有三年之爱于其父母乎"(《论语·阳货》)。在《论语》中孔子所显示出的基于血缘基础之上的"爱人"的内涵很丰富,诸如对他人的关心、爱护、同情、理解、尊重、宽容、礼让、亲近、信任、恩惠,以及尽心、尽力等都属于"爱人"的范围。孟子对"仁者爱人"进一步阐发,"亲亲而仁民,仁民而爱物"(《孟子·尽心上》),"仁"是爱人的德行,已经完全超出了

---

① 蒙培元:《情感与理性》,第 238 页。
② 郭沫若:《十批判书》,人民出版社,1954,第 75 页。
③ 王博:《中国儒学史(先秦卷)》,北京大学出版社,2011,第 69 页。
④ 同上书,70-71 页。
⑤ 李泽厚:《人类学历史本体论》,青岛出版社,2016,第 213 页。

基于血缘的家庭成员的亲情之爱。

仁学思想是张载伦理学的主要组成部分,吕思勉先生曾言"张子之学,合天地万物为一体,而归结于仁"①。张载对孔子的"仁"多有继承,张岱年先生言:"周敦颐、张载都绍述孔子'仁者爱人'的观点,以爱说'仁',如周敦颐云'爱曰仁';张载云'以爱己之心爱人则尽仁','仁之至也','爱道之极也'。"②张载之学"以《易》为宗"③,因此从《周易》中"生生之德"来释"仁","显诸仁,天地生万物之功,则人可得而见也;所以造万物,则人不可得而见,是藏诸用也"④,"天本无心,及其生成万物,则须归功于天,曰:此天地之仁也"⑤。"生生之德"虽然体现的是"天地"仁爱之心,但它是人的"仁爱"之心的依据,或者是人对天地"仁爱"之心的践行,这种践行的可能在于张载所强调的"天人合一"的观念,"天人不须强分,《易》言天道,则与人事一滚论之,若分别则只是薄乎云尔"⑥。张载将"生生之德"的天地之仁爱推衍到现实生活,形成"以爱己之心爱人"⑦的仁爱精神,"尽仁"就是"爱之极","仁之至也,爱道之极也"⑧。在张载的《西铭》中有"尊高年,所以长其长;慈孤弱,所以幼其幼""凡天下疲癃残疾、茕独鳏寡,皆吾兄弟之颠连而无告者也"的思想,这些思想是对孟子仁爱思想的发扬⑨。

吕柟的仁学思想以孔子的仁学思想为归宗,认为孔子之学"切实正学"⑩,注重对他人的"仁爱"之心。吕柟认为"求仁"的第一件事是"孝悌","人能承顺父母,恭敬长上,则在近必不肯干犯乡间之长上,在远必不肯干犯邦国之长上"⑪。"孝悌"是爱的情感基础,是基于血缘基础之上的仁爱之心,人具有这种

---

① 吕思勉:《理学纲要》,商务印书馆,2017,第60页。
② 张岱年:《中国古典哲学概念范畴要论》,河北人民出版社,2007,第622页。
③ 冯从吾:《关学编(附续编)·横渠张先生》,第3页。
④ 张载:《张载集·拾遗·性理拾遗》,第374页。
⑤ 张载:《张载集·经学理窟·气质》,第266页。
⑥ 张载:《张载集·横渠易说·系辞下》,第232页。
⑦ 张载:《张载集·正蒙·中正篇第八》,第32页。
⑧ 张载:《张载集·正蒙·至当篇第九》,第36页。
⑨ 《孟子·梁惠王上》中有"老吾老以及人之老,幼吾幼以及人之幼""老而无妻曰鳏,老而无夫曰寡,老而无子曰独,幼而无父曰孤。此四者,天下之穷民而无告者",这些思想反映出孟子对幼孤与弱者的仁爱之心。
⑩ 吕柟:《泾野子内篇》卷六《柳湾精舍语》第十,第43页。
⑪ 吕柟:《泾野先生四书因问》卷三《论语·学而篇》,收入《关学经典集成·吕柟卷一》,第54页。

仁爱之心推己及人,即形成对没有血缘关系的他人之爱。由于吕柟为政多地,他将作为情感性的仁爱之心落实于"仁政",主张为政"只当以养民为先"①,兴建学校,延师讲学,劝民为善,彰表孝悌,在解州任上"恤茕独,减丁役,劝农桑,兴水利,筑堤护盐池"②,这些"仁政"的推行使民风淳朴,恍若唐尧之世。

(二)仁学本体

孔子谈"仁"多从日常生活谈起,罕谈"仁"的本体问题,因此李侗在给朱熹的信中感叹"仁字难说,《论语》一部只是说与门人弟子求仁之方"③。宋明理学追求超越"求仁之方"的"仁"的理性"本体",将"仁"当作"理""性""道心",与"爱""情""人心(欲)"区别甚至割裂、对立起来,于是只好一再承认"难说"了④。尽管孔子多谈"仁"之方,但关于"仁"的本体问题在《周易》中有探讨,将"曲成万物而不遗""乐天知命故不忧"视为"仁"的本体,当然《周易》的这种说法还不是十分确定,仅仅是说"与天地相似"(《周易·系辞传上》),更确切地说,《周易》将天地的生物之意与"仁"联系起来,认为"天地之大德曰生,圣人之大宝曰位,何以守位曰仁"(《周易·系辞传下》),"仁"就是天地生生不已的生机⑤。孟子提出的"仁者以天地万物为一体"(《孟子·梁惠王上》)成为宋明理学"一体之仁"思想的源泉,明确将"天地"视为"仁"的本体。先秦对仁的本体问题的探讨还涉及"气"的本体,"天为温厚之气,始于东北,而盛于东南,此天地之盛德气也,此天地之仁气也"(《礼记·乡饮酒义》),这种宇宙本体论丰富了先秦对"仁"本体问题的讨论,对张载"气"与"仁"的关系多有启发。关学伦理关于仁的本体问题主要是围绕这两种面向而展开。

张载对"仁"本体的讨论从天、地、人三个层次展开,"易一物而三才:阴阳,气也,而谓之天;刚柔,质也,而谓之地;仁义,德也,而谓之人"⑥。易的本质是一物含三才,其中阴阳二气构成了天道的运行方式,刚柔材质构成了地道的存在形式,仁义道德则是人道所独有的存在方式。首先,是"仁之原"。张载说"虚

---

① 吕柟:《泾野子内篇》卷十《鹫峰东所语》第十五,第93页。
② 张廷玉等:《明史》卷二百八十二《儒林一》,第7243页。
③ 李侗:《李延平集》卷二《答朱元晦书》,商务印书馆,1935,第27页。
④ 李泽厚:《伦理学纲要》,第70页。
⑤ 陈来:《仁学本体论》,第111页。
⑥ 黄宗羲:《宋元学案》卷十七《横渠学案》上,第730页。

者,仁之原"①,用"虚"来诠释"仁",为"仁"在宇宙层面找到一个源头。其次,张载对由"虚"到"仁"的论证是通过"神化"来完成的。首先张载提出"天德即是虚"②,"神,天德;化,天道。德,其体;道,其用,一于气而已"③。"天德"即指"太虚"所蕴含的而又超越阴阳交感变化的总体属性;"天道"指阴阳二气交感变化的属性。"天德"与"天道"作为一种体用关系,统一于"气"。最后,张载将"诚"作为沟通"天道"与"仁人"之间的枢纽,"性与天道合一存乎诚。天所以长久不已之道,乃所谓诚。仁人孝子所以事天诚身,不过不已于仁孝而已。故君子诚之为贵"④。"诚"具有形而上的属性,指天化育万物、真实无妄的属性,是"仁孝"的依据,在现实中人又能通过"诚"的工夫达到"仁孝"的伦理实践,"诚,成也,诚为能成性也,如仁人孝子所以成其身"⑤。这样张载就形成了其"仁"的本体论论证。

由于吕大临曾亲炙张载,在"仁"的本体问题方面同张载有相同的观点,皆从天地人三者出发来论证,"夫人立乎天地之中,其道与天地并立而为三者也。其所以异者,天以阴阳地以柔刚,人以仁义而已"。同张载稍异,吕大临将天、地、人共性"凝炼"为"道",就人而言,"道者,人伦之谓也。非明此人伦,不足以反其身而万物之备也,故曰'修身以道'"⑥,"道"成为沟通天地与人伦的枢纽。吕柟将"仁"的本体归结为"天地生物"之意,且能将张载的"气"论与"天地立心"之说统合起来说明"仁"。吕柟在《四书因问》中有言:"圣门教人,常以这'仁'字来说。盖天地以生物为心,元气一动,盈天地间,麒麟、凤凰生之,昆虫、蜂蛇亦生之;松柏、灵芝生之,菌蓬、荆棘亦生之,熙熙然,都是这生意所到。吾人之心,元与天地这个心一般大,再无远近、彼此之别。大舜能全得这个心,故于庶顽。"⑦"天心"见张载"横渠四句"中"为天地立心",张载认为"天无心,心

---

① 张载:《张载集·张子语录·语录中》,第325页。
② 张载:《张载集·经学理窟·气质》,第269页。
③ 张载:《张载集·正蒙·神化篇第四》,第15页。
④ 张载:《张载集·正蒙·诚明篇第六》,第21页。
⑤ 张载:《张载集·横渠易说·系辞上》,第192页。张载在《正蒙·神化篇》中还有关于"仁"的"神化"问题的论述:"义以反经为本,经正则精;仁以敦化为深,化行则显。义入神,动一静也;仁敦化,静一动也。仁敦化则无体,义入神则无方。"参见《张载集·正蒙·神化篇》,第18页。
⑥ 吕大临等:《蓝田吕氏遗著辑校·礼记解·中庸》,第290页。
⑦ 吕柟:《泾野先生四书因问》卷三《论语·里仁篇》,收入《关学经典集成·吕柟卷一》,第76-77页。

都在人之心"①。天地创生万物,万物富有生机活力,是一个自定自足的生命系统,有着自身的价值与意义,这些都是"仁"的显现。冯从吾受孟子与王阳明的影响,从仁民爱物、良心自然呈现方面来谈"仁",冯从吾从建立在血缘基础之上的"亲亲"出发,将仁爱之心上升到天地之心。"'亲亲'、'仁民'、'爱物',不是仁者分外事,亦不是仁者向外驰求,是良心自然不容已处,正所谓天地'生生之心'也。"②"仁民"之心是一种自然行为,无须强求造作,如恻隐之心,就是仁人天然所具有的一种情感,这种情感源自良心,而良心是天地"生生之心"的显发,体现出由本体至"发用"的整体逻辑。

(三)泛爱群生

儒家的仁爱是基于血缘基础的亲亲原则,它向外推衍,形成"泛爱"的情怀,这一传统在儒家思想观念中有着坚实的基础。《礼运》中的"大同"思想③,孔子"泛爱众而亲仁"(《论语·学而》),孟子的"老吾老以及人之老,幼吾幼以及人之幼"(《孟子·梁惠王上》)都是"泛爱群生"的体现。汉代的贾谊更是将"泛爱群生"从国家治理层面进行分层,"礼,天子爱天下,诸侯爱境内,大夫爱官属,士庶各爱其家。失爱不仁,过爱不义,故礼者所以守尊卑之经,强弱之称者也"④。贾谊在此表达了两个方面的意思,一个是"泛爱群生"的层次,另外是"泛爱群生"的原则:超过儒家"泛爱"的原则,就会导致墨家的"兼爱",由于儒家主张"爱有差等",因此一直对墨家的"兼爱"保持批评态度。

张载的《西铭》思想宏富,自被时人所知以来受到尊崇,其中"泛爱群生"的思想为后世所称誉。当然对《西铭》持保留甚至批评意见的理学家也为数不少,此问题在之前已有论述,此处不再赘述。"仁者,浑然与物同体"是程颢在《识仁

---

① 张载:《张载集·经学理窟·诗书》,第256页。关于天心的说法在先秦典籍中比较罕见,汉代的董仲舒在其《春秋繁露》中有"霸王之道,皆本于仁,仁,天心,故次之以天心"。见苏舆:《春秋繁露义证》,第161页。反映出汉儒在伦理本体方面进行的探索,这些探索对宋明理学产生了深远的影响。
② 冯从吾:《冯少墟集》卷八《语录》,收入《冯从吾集》,第174页。
③ "大道之行也,天下为公,选贤与能,讲信修睦。故人不独亲其亲,不独子其子,使老有所终,壮有所用,幼有所长,矜、寡、孤、独、废疾者皆有所养,男有分,女有归。货恶其弃于地也,不必藏于己;力恶其不出于身也,不必为己。是故谋闭而不兴,盗窃乱贼而不作,故外户而不闭。是谓大同"(《礼记》),"大同"系指泛爱群生所形成的一种理想社会,这是儒家一直钦慕与追求的目标。
④ 贾谊:《贾子新书》卷六《礼》,上海隆文书局石印本,1924年。

篇》中提出的概念①,在该文中程颢将孟子的"万物皆备于我"作为立论的依据。程颢这一思想受到张载"民胞物与"思想的启发与影响②,从本体论层面说明爱人与爱物的依据。孔子与孟子的"泛爱群生"是通过"推爱"的方式来实现的,由亲亲之爱推及他人,呈现出差等。张载的"民胞物与"思想对孔孟的"推爱"有一定的消解,打破了人、物之别,张载这种"泛爱群生"的精神受到杨时的批评,认为张载的《西铭》不似于儒,而似于墨。程颐给杨时的回信中以"理一分殊"回应了杨时对《西铭》的批评,"《西铭》明理一而分殊,墨氏则二本而无分。分殊之蔽,私胜而失仁;无分之罪,兼爱而无义。分立而推理一,以止私胜之流,仁之方也。无别而迷兼爱,至于无父之极,义之贼也"③。"墨则二分"是孟子对墨家学派的批评,夷之(战国人,治墨家之学)一方面主张薄葬,但对其亲人又实行厚葬,这是一种思想与行为分裂的现象。"无分"是儒家对墨家的"爱无差等"的批评,"爱无差等"同儒家由近及远形成的爱有差别相矛盾。爱的差别太大,陷入自私而失去仁;爱没有差别,则导致泛仁而无义,《西铭》的"理一分疏"很好地解决了分疏太过与分疏无别的矛盾,既能体现出儒家"泛爱群生"的仁爱之心,又能呈现出爱的差异性,可以说是儒家仁爱思想的最高境界。程颐对《西铭》中"泛爱群生"的理解发挥无疑具有一定的价值与意义,后世对《西铭》中阐发的这种仁爱精神都有赞誉,尤其是朱子对《西铭》中的仁爱思想有更多的理解与阐发。

吕柟仁学中的"泛爱群生"多从人伦日用着手,显得更为亲切。在与门人弟子的一次对话中吕柟言道:"'我欲仁,斯仁至矣。'今讲学甚高远。某与诸生相约,从下学起,要随处见道理。事父母,此道理;待兄弟、妻子,此道理;待奴仆,此道理。可以质鬼神,可以对日月,可以开来学,皆自切实处为之。"④"我欲仁,斯仁至矣"体现的是孔子践仁的道德自信,同时孔子也开出许多"为仁之方",吕柟提出"今讲学甚高远"是针对当时空疏的学风而言,为纠正时弊,吕柟从"下学"着手,将仁爱之心落实到周边的所有人,包括奴仆。当然要做到这一点必须

---

① 程颢、程颐:《河南程氏遗书》卷二上《二先生语》二上,收入《二程集》上册,第16页。
② 程颢认为"订顽一篇,意极完备,乃仁之体也。学者其体此意,令有诸己,其地位已高""《西铭》某得此意",参见《河南程氏遗书》卷二上《二先生语》二上,收入《二程集》上册,第15页、第39页。
③ 程颢、程颐:《河南程氏文集》卷九《答杨时论西铭书》,收入《二程集》下册,第609页。
④ 吕柟:《泾野子内篇》卷九《鹫峰东所语》第十四,第83页。

有"仁人之心","圣人视四海九州之人,鳏寡孤独不得其所,皆与我相通,只要去救他"①,这是一种非常朴素的"推己及人"的仁爱情感。同时,吕柟将《西铭》中的"万物一体"发展为克去己私,达到"一人己,平物我"的境界,"诚能好仁,则必视天下犹一家,万民犹一人,心中自然广大,凡其富贵贫贱,莫得而加尚之"②,"视天下犹一家,万民犹一人"体现出吕柟的仁学境界,是其"泛爱群生"思想的集中体现。

（四）仁学实践

孔子虽然少谈仁学的本体问题,但对仁学的践行在不同境遇提出许多具体的德目,这些德目是后世儒者阐发仁学理论,进行仁学实践的圭臬。孔子的仁学实践之所以具有丰富的内涵与德目,同西周至春秋人的理性精神越来越充满活力有直接关系,这正如牟宗三先生所言:"孔子谈论仁、智、圣的时候,必已具有一种内心的超越企向,或者说具有一种内在的超越鼓舞,这企向或鼓舞,就是他的对于天命天道的契悟与虔敬。"③孔子将对仁学的践行落实于人的日用常行之中,但他的仁学思想给天命留下了一定的空间,使人的个体生命与天命相契。孔子提出"知者不惑,仁者不忧,勇者不惧"(《论语·子罕》),反映出人运用自身道德能力的精神与勇气,也意味着人可以"自作主张"而达于生命的佳境。宋明关中学者对仁学的实践问题的探讨往往与宋明理学中本体与工夫这对范畴结合起来,以示二者的不可分割性。

吕柟仁学的特点是重"笃行",王廷相盛赞吕柟是"古人之笃行者"④,冯从吾在《关学编》中说:"盖先生之学,以立志为先,慎独为要,忠信为本,格致为功,而一准之以礼。重躬行,不事口耳。"⑤冯从吾从本体与工夫的角度出发,点出了吕柟"立志""慎独""忠信""格致"笃实细密的工夫,并指出了他"重躬行"的学术风格。吕柟对仁的实践注重"仁心"的"预养"与"扩充",进而求得"放心",吕

---

① 吕柟:《泾野子内篇》卷二十七《礼部北所语》第三十五,第293页。
② 吕柟:《泾野先生四书因问》卷三《论语·里仁篇》,收入《关学经典集成·吕柟卷一》,第76页。
③ 牟宗三:《中国哲学的特质》,第27页。
④ 王廷相:《王廷相集·王氏家藏集》卷二十二《送泾野先生尚宝考绩序》,王孝鱼点校,中华书局,1989,第419页。
⑤ 冯从吾:《关学编(附续编)》卷四《泾野吕先生》,第46页。

柟说:"学问之道,即求放心也。仁,人心也,旋则不仁,求放心则仁矣,即此是上达。"①"求放心"来自孟子,其意为寻回被丢失的善心,使人复归于善。仁与心紧密相随,关键在于求与不求,"求"就是"求仁"的工夫。吕柟将"随身体认"与"切身躬行"视为这种"求仁"的工夫。吕柟和门人的对话中肯定了学生提出的"随处体认"的观点,并且认为通过这种体认的工夫能通达"仁"的境界②。吕柟以对《西铭》精神的践行为例说明"切身躬行"的重要性。"程子谓《西铭》言弘之道,为仁之方也,而孝悌则所以行仁之本也。是故君子务本,不可专靠《西铭》。不然,则墙屋上贴的仁与身体上贴的仁岂能相干耶!"③《西铭》所体现的"仁"的旨意宏远,但必经过身体躬行,否则只是有"仁"之名而无"仁"之实。吕柟强调为学要"切身躬行"的行为对晚明以来理学内部重空谈、轻实践的社会风气具有纠偏之功,明末的刘宗周称"观其出处言动,无一不规于道,极之心术隐微,无毫发可疑,卓然闵、冉之徒,无疑也"④,将吕柟比为孔门道德典范闵子骞与冉伯牛。

冯从吾从"培养扩充恻隐之心"出发来通达"万物一体"的仁者境界⑤,"'君子所性,仁义理智根于心',惟根于心,所以能生色,可见'根'之一字最要紧。世间诸凡作用,如事功节义之类,都只是枝叶;枝叶有遇有不遇,而惟此根乃是人人有的,故曰'人性皆善'"⑥。冯从吾此处虽然没有凸显践行"仁"的外在工夫,但强调注重内心仁德的涵养工夫尤为重要,这其实是孔子所言"克己复礼"的向内工夫,冯从吾也明确指出"克己复礼"是"救世儒之弊,辟异端之失"⑦,爱人由己,是本心所具有的仁德的发用,是恻隐之心的扩充。冯从吾对"仁"的诸多论述中大都沿着这一思路展开。冯从吾之所以强调向内的工夫,同晚明以来理学思想的空疏与士人言行的分裂有关,注重向内的工夫,是解决理学思想危机的

---

① 吕柟:《泾野先生四书因问》卷六《孟子·告子上》,收入《关学经典集成·吕柟卷一》,第273页。
② 参见《鹫峰东所语》第二十三:"先生曰'学者开口便说仁,怎么便能令有诸己?'象先曰:'经礼三百,曲礼三千,无一事而非仁也,故学者在随身体认,则得之。'曰:'正是,鸢飞鱼跃,无往非此,会得时活泼泼的。然学者须要用参前倚衡之功,才见得鸢飞鱼跃,无往非此。'"《泾野子内篇》卷十八,第175-176页。
③ 吕柟:《泾野子内篇》卷二十一《太常南所语》第二十八,第216页。
④ 黄宗羲:《明儒学案》,第11页。
⑤ 冯从吾:《冯少墟集》卷二《疑思录》,收入《冯少吾集》,第84页。
⑥ 冯从吾:《冯少墟集》卷四《订士编》,收入《冯少吾集》,第132页。
⑦ 冯从吾:《冯少墟集》卷三《疑思录》,收入《冯少吾集》,第90页。

主要着力点。

四、孝:事亲敬老

在古代中国,基于生生不息的生殖理念与血缘宗法社会,父子关系是家庭的核心,生儿育女可以说是家庭最主要的功能。"孝"字在甲骨文中就已经出现,金文中的"孝"字是一个会意字,从字形上看是小孩(子)搀扶老人行走,具有明显的尊老意味。《说文解字》言:"善事父母者。从老省,从子。子承老也。"①在儒家看来,"孝"是人生而具有的天性。《孝经·圣治章》中说:"父子之道,天性也。"又说:"天地之性,人为贵,人之行,莫大于孝。""孝"是天地所生之人对天地之性的发扬。儒家对"孝"极为重视,把它作为整个道德体系的核心,一切道德的出发点和基础。孝敬父母是人类最基本、最自然的德行,对父母的爱是人类一切爱的源泉②。

(一)"孝"的伦理情感

儒家将"孝"视为人的自然情感,就是对人作为情感性存在的肯定,"教民亲爱,莫善于孝"(《孝经·广要道》),"教民亲爱"即是为了满足民众情感上的慰藉,而情感上的慰藉是人求得"心安"的一个方面,是人的精神必不可少的需要。作为父母与子女关系所形成的"孝"既是情感,也是义务,"孝者善事父母之名也。夫善事父母,敬顺为本,意以承之,顺承颜色,无所不至。发一言,举一意,不敢忘父母;营一手,措一足,不敢忘父母"③。作为"善事父母"的"孝"是发自内心的一种真挚的情感,没有外在规定和强制,故《礼记·祭义》说:"孝子之有深爱者,必有和气;有和气者,必有愉色;有愉色者,必有婉容",这和西方康德所说的道德律令相较,更注重理性与情感的统一。

中国的"孝"文化内涵比较丰富,除过关注现世对父母的"孝情"之外,还有对亡故祖先的追忆与感恩。《论语》所谓"慎终追远",《礼记》所谓"追养继孝",都体现了这种情感。这种追忆与感恩在实践上是通过对先祖的送死与祭祀来实现的:一是遵循礼制埋葬父母,"死,葬之以礼";二是经常追祭、供奉牺牲,"祭

---

① 许慎:《说文解字》,第458页。
② 唐凯麟、张怀承:《成人与成圣:儒家伦理道德精粹》,湖南大学出版社,1999,第220页。
③ 庚桑子:《洞灵真经·顺道篇》,上海涵芬楼影音正统道藏本。

之以礼"。这种"孝"的实践一方面体现出对父母生育与养育之恩的感激之情,另一方面具有对家族绵延所具有的一种自豪与担当的情感,这两方面的情感都体现出儒家对祖宗血脉的延续,对家庭、婚姻的重视。

(二)关学伦理中"孝"的精髓

张载的《西铭》开篇言"乾称父,坤称母",以"孝"的原则来论述自然与人的关系、人与人的关系,扩大了"孝"的实践范围,为"孝"注入了神圣性。这一点从王夫之对《西铭》的注解中可以看出:"从其切者而言之,则别无所谓乾,父即生我之乾;别无所谓坤,母即成我之坤。"①尽管一般人将乾坤理解为天地,但张载在《西铭》中以乾坤喻父母,有一定深意,他对天地与乾坤进行了一些区别:"不曰天地而曰乾坤,言天地则有体,言乾坤则无形。"②此处张载将"天地"视为有形体的形而下者,将"乾坤"视为无形体的形而上者,以"乾坤"喻父母,强化了"孝"道的神圣性。在《西铭》中张载将这种神圣性又赋予了"天命"的意义,"于时保之,子之翼也;乐且不忧,纯乎孝者也",该典故出自《诗经·周颂·我将》"畏天之威,于时保之"和《周易·系辞传上》"乐天知命故不忧",将对父母之"孝"视为对天道的遵从,另外也更加强调以孝敬父母的情感去遵从天道。

张载依据天下万物一体的原则,将对父母的孝道扩充到年长于自己的人,"尊高年,所以长其长"③,这样就接近"孝"的原始本意。张载将"孝"的"善事父母"具体化为"善述其事"与"善继其志"④,方东美先生将其理解为"就是后代子孙对于其父母乃至于祖先的优良的品格的传承和可敬的事业之绍述方面,有其应尽的义务,这称之为'继善述志'。这是理想家庭里面很好的精神的传统",且将其视为"亲亲"原则的纵贯传承⑤。张载将"穷神知化"视为"善述其事,善继其志"的手段,以"孝"事天,把握天地生物的奥妙,将对天地"生物"之德的恩惠落实于对父母的感恩之情。

张载思想中"孝"的精髓集中体现在《西铭》中,在《经学理窟》及一些遗著

---

① 王夫之:《张子正蒙注》卷九《乾称篇上》,第314页。
② 张载:《张载集·横渠易说·上经乾卦》,第69页。
③ 张载:《张载集·正蒙·乾称篇》第十七,第62页。
④ 同上。此语出自《中庸》:"夫孝者,善继人之志,善述人之事者也",朱熹注为"上章言武王缵大王、王季、文王之绪以有天下,而周公成文武之德以追崇其先祖,此继志述事之大者也",反映出孝道"慎终追远"之意。
⑤ 方东美:《新儒家哲学十八讲》,黎明文化事业股份有限公司,1983,第281页。

辑佚中也有关于"孝"的讨论,但比较零散。陈俊民先生辑校的《蓝田吕氏遗著辑校》中收录的吕大临的《礼记解》对"孝"有较为丰富的阐发,另外2015年西北大学出版社出版的《蓝田吕氏集》中又补充了吕大临的《西铭解》,《西铭解》对张载的"孝"思想多有发挥。吕大临将《西铭》中的"乾称父,坤称母,予兹藐焉,乃混然中处"注解为"人者,万物之灵,'受天地之中以生',为天地之心者也。能知其所自出,故事天如事亲"①,其中"受天地之中以生"出自《左传·成公十三年》"民受天地之中以生,所谓命也",从宇宙论方面说明人的来源。"为天地之心"是张载在"横渠四句"中提出的,吕大临以此说明人的理性与道德依据,天地生万物,父母生子女,其道一也,因此"事天如事父母"。对于《西铭》"于时保之,子之翼也。乐且不忧,纯乎孝者也"一句,吕大临注解为'听于无声,视于无形',敬亲不敢慢也。'恐惧乎其所不睹,戒谨乎其所不闻',敬天不敢慢也。惟顺于父母可以解忧,乐于事亲者也。'不识不知,顺帝之则',乐于事天者也。举天下之重,无以加此,诚敬乎此者也。举天下之乐,无以间此,诚乐乎此者也"②。吕大临引经据典,结合先秦儒家天道观与道德修养论来说明如何发自内心地去孝敬父母③。吕大临对《西铭》的阐发同北宋以来的解经传统相应,是以己意解经,属于"六经注我"的注经方式。其间反映出的"天道"与"人道"的贯通同"推天道以明人事"④的形而上学思维不同,吕大临更重视"常道""庸行"的形而下学思维。这一思维方式与吕大临在《礼记解》中注重"孝"在现实中的操作的理路一致,如吕大临在《礼记解·曲礼上》中言:"盖古教养之道,必本诸孝悌。入则事亲,出则事长;事亲孝也,事长悌也;孝悌之心,虽生于恻隐恭敬之端;孝悌之行常在于洒扫应对、执事趋走之际。盖人之有血气者,未有安于事人者也,今使知长者之可敬,甘为仆御之役而不辞,是所以存其良心,折其傲慢之气,然后可与进于德矣。"⑤孝亲与事长体现在日常的"洒扫应对"与"执事趋走

---

① 吕大临等:《蓝田吕氏集·吕大临文集·西铭解》,曹树明点校整理,西北大学出版社,2015年,第474页。

② 同上书,第475页。

③ "听于无声,视于无形"出自《礼记·曲礼》;"恐惧乎其所不睹,戒谨乎其所不闻"出自《中庸》;"不识不知,顺帝之则"出自《诗经·大雅·皇矣》,皆说明人对"天道"的自觉遵从。

④ 四库馆臣对儒家易学旨趣的概括:"《易》之为书,推天道以明人事者也",参见永瑢、纪昀等:《四库全书总目》卷一《经部一·易类一》,中华书局,1965,第1页。

⑤ 吕大临等:《蓝田吕氏遗著辑校·礼记解》,第201页。

之际",在《礼记解》中吕大临对"孝"应持的言谈举止都有比较详细的记录。

李二曲在世时即以"孝"出名。李二曲的父亲早逝,他未曾侍奉父亲,因此在没有机会尽孝方面李二曲有着刻骨铭心的感受:"服劳奉养,古人尚不以为孝,若并服老奉养而有遗憾,罪通于天矣!"①从本体论方面考察,李二曲将"孝"归结为"万善","圣贤之道,虽不外于孝悌,而知孝、知悌,则必有其源。源濬则千流万派,时出无穷,万善犹裕,矧孝悌乎!"②,"万善"在李二曲思想中系指道德本体之"性",亦即"良心"与"良知"③,"孝"是人的一种天然具有的对待父母的情感。在现实层面,对待父母的"孝"的情感来自父母的养育之恩,"不思父母生我育我、顾我复我,昼夜劬劳,万苦千辛,未寒而思为制衣,未饥而思为储食,长成而为之授室,竭尽心力,恩同昊天"④。这是基于现实生活的一种真实的对父母生养之恩的情感流露,出于这种真实与朴素的情感,回报父母养育之恩就是养父母之"口体"与"心志","故居恒须体父母之心,节饮食,寡嗜欲,慎起居,凡百自爱,必不使不谨不调,上贻亲忧"⑤,这种养"口体"与"心志"的孝道看似简单,但在现实生活中落实与践行,并非是一件容易的事,须经过立德与修身的工夫方可成功,它关乎"治国平下",由此看出,李二曲将"孝"的践行与实学相联系,使其更具有"下学"的意味。

(三)"孝"的宗教性伦理

《礼记》中对祖先的祭祀中所体现出的"孝"的含义有明确规定。首先对祖先的祭祀在宗法分封制瓦解时能起到团聚贵族宗族成员的作用⑥,"亲亲故尊祖,尊祖故敬宗,敬宗故收族,收族故宗庙严,宗庙严故重社稷"(《礼记·大传》),"尊祖故敬宗,敬宗,尊祖之义也"(《礼记·大传》),"尊祖故敬宗,敬宗所以尊祖祢也,庶子不祭祖者,明其宗也"(《礼记·丧服小记》)。《论语》中提出"慎终追远,民德归厚矣"(《论语·学而》),将对祖先的哀思和追忆与百姓的

---

① 李颙:《二曲集》卷三十一《四书反身录·论语》,第433页。
② 李颙:《二曲集》卷九《东行述》,第66页。
③ "性本冲漠无朕,不可以'善'言,凡言'善'者,皆就其'继之者'而名也。若论'无声无臭'之本,'善'犹不可以强名,况'恶'乎!故无善之善,乃为至善,有意为善,虽善亦私,此阳明立言之本意也。"参见《二曲集》卷四《靖江语要》,第35页;"良知即良心也。一点良心便是性,不失良心便是圣",参见《二曲集》卷十五《富平答问》,第128页。
④ 李颙:《二曲集》卷十六《答张伯钦》,第160页。
⑤ 李颙:《二曲集》卷三十一《四书反身录·论语》,第432页。
⑥ 钱宗范:《周代宗法制度研究》,广西师范大学出版社,1989,第184页。

道德涵养联系起来,使祭祀先祖这种"孝"具有现实意义。同时在《礼记》中赋予祭祖的具体形态,"孝子将祭祀,必有齐庄之心以虑事,以具服物,以修宫室,以治百事"(《礼记·祭义》),"孝子之祭,尽悫而悫,尽信而信,尽敬而敬,尽礼不过失。进退必敬,如听亲命"(《礼记·祭义》)。祭祀必须保持仪态的端庄和仪式的庄重,祭祀者必须保持敬畏之心与真诚之意。

张载将对祖先的祭祀也置于维系宗法社会与社会风俗的功能下,"祭者必是正统相承,然后祭礼正,有所统属""祭祀鬼神,合宗族,施德惠,行教化"①,这是张载礼教思想的主要特点。张载针对当时"丧祭无法"②的社会现状,参酌古礼制定了丧礼与祭礼的一些规定,这些规定成为后世关中学者丧礼与祭礼的参考内容。吕大临推行的祭礼中对祖先的祭祀体现出"尊亲之道":"宗庙之礼,所以序昭穆,别人伦也,亲亲之义也。父为昭,子为穆,父亲也,亲者迩,则不可不别也;祖为昭,孙亦为昭,祖为穆,孙亦为穆,祖尊也,尊者远,则不嫌于无别也。"③在祖先昭穆系统中,尊在远近之别,但都有"亲"的情感成分在里面,尊中有亲,亲中有尊,反映出宗法社会中的情感的层次性和差异性,体现出礼出于差等秩序进而区别尊卑的特征。张载与吕大临非常明确地提出对祭礼与丧礼的规定,形成祭礼与丧礼中"孝"的内涵与意义。

五、义:浩然正气

(一)"义"之伦理意蕴

"义"字从字源考察,在甲骨文中已经出现,上部是"羊",下部是"我",是一个会意字。古人视"羊"为和善的象征,"我"是远古一种带锯齿状兵刃的兵器,后假借为人称代词"自己"。《说文解字》中将"义"字解为"己之威仪也。从我羊"④,其义为从"我"身上体现出的善良。《广韵》将"义"解释为"仁义"与"宜"⑤,这是后来儒家对"义"解释的来源与依据,如《周易·乾卦》言"利物足以和义","义"就是"宜"的意思,指"合宜、适宜","义"的这种含义比较明确。《周易·说卦》言"立人之道曰仁与义","义"指"道义","义"的这种含义比较

---

① 张载:《张载集·经学理窟·祭祀》,第292-293页。
② 张载:《张载集·附录·吕大临横渠先生行状》,第383页。
③ 吕大临等:《蓝田吕氏遗著辑校·礼记解·中庸》,第288页。
④ 许慎:《说文解字》,第711页。
⑤ 周祖谟:《广韵校本》,中华书局,1960,第350页。

模糊。在《论语》中也多次出现"义",如"君子之于天下也,无适也,无莫也,义之与比"(《论语·里仁》)、"君子义以为上"(《论语·阳货》),这些都笼统地将"义"视为君子的一种美德,但没有具体规定,郭店楚墓出土典籍中对于"义"的界定大致与《论语》中的情况相似。到孟子时代,"义"的含义稍微具体化,如孟子提出"羞恶之心,义之端也"(《孟子·公孙丑上》),将"义"视为判断是非善恶的价值与标准。儒家认为,要调节好人际关系,首先必须树立正确的善恶观念、价值标准。在此意义上,"义"是自身道德观念的确立、道德素质的培养。在先秦儒家伦理思想中,将"义"与"利"作为一对对立的范畴并论,且往往重义轻利,如《论语·述而》中的"君子喻于义,小人喻于利",《孟子·梁惠王上》中的"王何必曰利,亦有仁义而已矣"。"义"与"利"的问题是伦理学的基本问题,即道德与利益的问题。

(二)"义"之价值取向

结合以上对"义"的含义的综述,下面从做人的善恶标准与价值判断方面来考察关学伦理中的"义",将"义"具体为做人的"气节"及对待"义利"的态度两个方面。明代李开先评价吕柟时曾言:"关中风气,浑厚雄伟,刚毅奋强,而直气将塞乎天地,富贵焉得而淫之,贫贱、威武焉得而移且屈之乎!"[1]黄宗羲在《明儒学案》中曾言:"关学大概宗薛氏,三原又其别派也。其门下多以气节著,风土之厚,而又加之学问者也。"[2]三原学派中的诸多学者崇尚气节,不为空谈,马理、雒昂与张原等人,皆因上疏谏议而遭受廷杖,雒、张二人因此而丧生。后来,富平的杨爵更是以气节闻名。冯从吾赞杨爵"险夷如一,初终不贰;磨砻精光,展拓胸次,其所涵养者诚深,故鼎镬汤火,百折不回,完名全节,铿锽一代不偶也。彼世之浅衷寡蓄,耽耽以气节自多者,视先生当愧死矣"[3]。关中学者大都富有高尚的气节和德操,往往超脱于政治党争之外,不与腐朽势力同流共处,这使关学思想的鲜明政治倾向蕴含在关学学者非常温和的政治态度之中[4]。

关中士人极其注重气节,冯从吾认为"讲学全要砥节厉行,切不可同流合

---

[1] 李开先:《李开先集·闲居集卷九·泾野吕亚卿传》,路工辑校,中华书局,1954,第573页。
[2] 黄宗羲:《明儒学案》卷九《三原学案》,第158页。
[3] 冯从吾:《关学编(附续编)》卷四《斛山杨先生》,第55页。
[4] 陈俊民:《张载哲学思想及关学学派》,第29页。

污,以蹈乡原之弊"①,他将"砥节厉行"视为讲学的主要内容。冯从吾之所以重视"砥节厉行",同晚明以来关中士风不正直接相关,在冯从吾文集中对关中士风多有批评:"世间最有功德事,莫大于成人之美。南人每见人行一好事,大家必称赞之,羽翼之,务底于成。秦俗则争讥笑之,诋毁之,务底于败,如此则师反受其益,而弟子多受其损"②,更为甚者,"秦俗凡老年人偶有病,大家即以为老病,即孝子慈孙亦不复延医调制,惟一味治后事以待尽"③。第一种行为不符合"义"的利他伦理原则,第二种行为不符合"义"应具有"羞恶之心"的基本要求,就整体而言都是"不义"的行为,因此受到冯从吾的批评。在《正俗俗言》一文中冯从吾还列举其他陋习,重视对气节的涵养,他认为"气节涵养原非两事,故孟子论浩然之气而曰我善养"④,涵养气节的具体方法就是讲学,在学问工夫中明理、修德。"世道污隆系士风厚薄,而反薄还厚倡之者,当自士大夫始。"⑤除过讲学,冯从吾也是一位非常有气节的关中学人。天启晚期,皇帝任用宦官魏忠贤,魏忠贤鉴于冯从吾的声望试图拉拢冯从吾,冯从吾断然拒绝,魏忠贤怀恨在心。魏忠贤党羽御史张讷上书诋毁冯从吾,请毁天下书院,冯从吾被削籍和追夺诰命,其讲学的关中书院被拆毁,田地房屋被估值变卖⑥,冯从吾对权奸的陷害不以为意。天启六年(1626),魏忠贤党羽乔应甲任陕西巡抚,毁坏关中书院,推倒先师孔子像并遗弃至城墙角落,冯从吾痛如切肤,一病不起。天启七年(1627)二月十二日,冯从吾"易箦之际,整容端坐,犹惓惓以讲学做人为训,绝不及身后一事"⑦,表现出对魏忠贤邪恶势力的无惧,坚守了一个士人的道德底线。崇祯皇帝即位,随即铲除魏忠贤及其余孽。崇祯二年(1629),冯从吾昭雪,被追赠为光禄大夫、太子少保,赠一品文官诰,谥号恭定,"不懈为德曰恭,守礼执义曰定"⑧,这是对冯从吾身上所体现出的"义"的极佳注脚。

---

① 冯从吾:《冯少墟续集》卷一《都门语录》,收入《冯从吾集》,第471页。
② 冯从吾:《冯少墟续集》卷二《正俗俗言》,收入《冯从吾集》,第503页。
③ 同上书,第501页。
④ 李元春合辑《关中道脉四种书·关中三先生语要录》,魏冬点校,陕西人民出版社,2020,第213页。
⑤ 冯从吾:《冯少墟集》卷五《关中会约序》,收入《冯从吾集》第137页。
⑥ 陈建:《皇明通纪集要》卷五六《御史张讷》,江旭奇补,文海出版社有限公司,1985,第2484页。
⑦ 冯从吾:《冯少墟集续集》卷五《大司空谥恭定冯先生行实》,收入《冯从吾集》,第564页。
⑧ 同上。

清朝建立之后，拥护明朝的民众形成了一个遗民群体，关中、山左与畿辅是三个遗民聚集的中心地区。三藩之乱时，陕西王辅臣策应乱党，关中地区又一次陷入战争的阴霾中。如此反复动荡的社会局势，使关中士人的心态和人格较畿辅和江南更为复杂。明清之际关中遗民作为一个较为独特的士人群体经历了明清易代与神州板荡，他们心怀故国，或隐逸，或游幕，保持了士人的气节。《清史稿·遗逸传》对此写道："天命即定，遗臣逸士犹不惜九死一生，以图再造。及事不成，虽浮海入山，而回天之志终不少衰。迄于国亡已数十年，呼号奔走，逐坠日以终其身，至老死不变，何其壮欤！"①其中"关中四君子"名重一时："二曲(李颙)贞观丘壑，云卧不起；先生(王弘撰)褐衣入都，屏居破寺，闭门注《易》，公卿罕识其面；焦获(孙枝蔚)迹在周行，情耽林野；频阳(李因笃)独为至尊所知，受官之后，抗疏归养，平津阁中，独不挂门生之籍。四君子者出处虽不同，而其超然尘埃之表，能自重以重吾道、重朝廷者则一也。"②李颙"起自孤根，上接关学六百年之统，寒饥清苦之中，守道愈严，而耿光四出，无所凭借，拔地倚天，尤为莫及"③。顺治二年(1645)，李颙十九岁，偶然得到明进士周钟所撰写的科举范文，"见其发理透畅，言及忠孝节义则慷慨悲壮，遂留连玩摹，每一篇成，见者惊叹。既而闻钟失节不终，亟裂毁付火，以为文人之不足信，文名之不足重如此，自是绝口不道文艺"④。由此看出，此时的李颙已经具有明确的"不仕贰朝"的文人气节。李颙将安贫乐道视为文人坚守节义的主要内容："贫者，士之常。士不安贫，是反常也。士穷，然后见节义，士不固穷，是无节义也。反常殉节，何以自立？"⑤李二曲终其一生践行了"安贫乐道"的伦理价值，顾炎武赞其为"龙德而隐，确乎不拔，真吾道所倚为长城，同人所望山斗也"⑥。

李柏在易代之际，隐居太白山，躬耕田亩，"其事君也，虽死不二，未尝仕胜

---

① 赵尔巽：《清史稿》卷五〇〇《遗逸一》，中华书局，1977，第13815－23816页。
② 王弘撰：《山志》，何本方点校，中华书局，1999，第281页。
③ 李颙：《二曲集》附录二《二曲先生窆石文》，第614页。
④ 吴怀清：《关中三李年谱·二曲年谱》，陈俊民点校，台湾允晨文化实业股份有限公司，1992，第7页。
⑤ 李元春合辑《关中道脉四种书·关中三先生语要录》，第257页。
⑥ 李颙：《二曲集》卷四十五《历年纪略》，第583页。

国,而终为胜国之遗民"①,"清初遗逸多矣,如柏者实罕"②。李柏主张在事关生死操守的关键时刻,要以死亡为代价去彰显人格力量的崇高,不能为了委曲求全而放弃对道德的践行,只有达到了这一点,才能算大丈夫,他在《康孝子焦烈妇传》中说:"孔子以杀身成仁为美;曾子以大节不夺为君子;孟子以独行其道为丈夫,男子读书至此,以义气自许者多矣;及大敌当前,主辱而臣不死,且夜抱琵琶过他船矣。"③这是儒家所奉行的"杀身成仁""舍生取义"观念的极佳注脚,若惜生畏死,而使传统的人道有所亏损,则是对"义"的背叛,儒家的道义观已成为君子人格的最高境界。在国家与民族处于危难之际,"义"尤其显示出独特的人格魅力,"义"在此时也往往表现出为公、为天下之意,"虽九死其犹未悔""慷慨赴国难"之忠介、勇气完全融合,若大敌当前,主辱而臣不死,则是对这一价值系统的否定,这是为儒家所不齿的,其行止如娼伶"犹抱琵琶而过他船"。

(三)义利之辩

儒家在"义"与"利"对举的时候,"利"包含的方面比较多,包括爵禄、声誉、财富等。在儒家内部极端否定"利"的只是少数,即使是强调"义"的优先性的儒者也并未绝对否定"利"存在的合理性,他们只是要求在不损害"义"的前提下肯定"利"的存在,这是儒家"义利观"的主流思想。《孟子·告子上》中明确指出这一点,"鱼,我所欲也,熊掌,亦我所欲也,二者不可得兼,舍鱼而取熊掌者也。生,亦我所欲也,义,亦我所欲也,二者不可得兼,舍生而取义者也"。后世儒者在处理"义"与"利"的关系时,大致遵循了这一原则。晚清刘古愚在为《前汉书·食货志》作注的时候就指出这一点:"天生民而树之君,以利之也,利民必资食货,故王者为政,食货重于仁义。以食货养民,即是仁;以道制民,食货即是义;不为食货之事而空言仁义,则仁义无从见而大乱起矣。"这一思想无疑是理性精神的体现,百姓有恒产就有恒业,有恒业就有恒心,就能安居乐业,让百姓安居乐业就是仁义的体现。刘古愚进而指出:"道不远人。民之质矣,日用饮食。食货,质也;仁义,文也。无质则文无所附,无文则饱食暖衣、逸居无教,近

---

① 吴怀清编著《关中三李年谱·高熙亭重刻〈槲叶集〉叙》,陈俊民点校,陕西师范大学出版社,1992,第260页。
② 邓之诚:《清诗纪事初编》,上海古籍出版社,1965,第171页。
③ 李柏:《槲叶集》卷二《康孝子焦烈妇传》,程灵生点校整理,西北大学出版社,2015,第79页。

于禽兽,相夺而不得安。故食货者,教化之端;教化者,食货之终。"①人道包含文与质两个方面,文即是仁义,质即是食货,二者相互依存,以确保人成为一个有道德的存在者而不沦为禽兽。

关学学者对违背"义利相即"原则的思想提出批判。韩邦奇指出:"人忘富贵贫贱,不足为大丈夫,必忘其死生;忘死生不足为大丈夫,必忘名节。有顾名节之意,便是私心。"②"忘富贵贫贱""忘死生""必忘名节"有点道家"无我"的意味,但韩邦奇在此并没有宣扬"无我"的境界,而是告诫人们自然而然地处理贫富贵贱与生死名节,不要刻意为"名节而名节",刻意为"名节而名节"是一种私心作祟的行为,不是儒家所倡导的"诚"的道德境界。因为"一有顾惜名节之心,所为便有曲意畏忌之心,安得光明俊伟?"③。人一旦有"曲意畏忌之心"便不是一个真实的人,也就无法符合"义"的伦理价值。

过分追求"利"是儒家批判的主要方面,自先秦的孔孟至南宋的"王霸义利"一直延续着这一传统。李柏从生死的角度看待"操存"与"物欲"的关系:"操存舍亡,即生死人鬼关。操存,虽一夕死,犹万年生。天理存,轻清阳气,天之生机也。生机萃,虽死不死,天长在也。舍亡,虽万年生,犹一夕死。物欲肆浊,欲贪,妄人之死趣也,死趣凝则虽生不生,天早灭也。"④李柏在这里谈到了人的肉体生死和精神(非指神学上的超验的精神)生死,作为儒家知识分子,他是重视生命的。李柏认为,人若受到了物欲的诱惑就放弃对儒家所奉行的价值观的遵循,那么这种"生"毫无意义,是"虽生不生",但若其死是为了践行某种高尚的道德,那么"其死不死",其精神永存。

王心敬对时人追名逐利、忽视道义的行为有忧虑之心并提出批评,"士风日益异:昔道德、功业、气谊、名节八字,当日士林虽实蹈者少,亦尚慕名者多;今则求知其事之为美而慕名者,往往间郡之间亦不可多得矣。尚望其隐居切内圣外王之志,行义切天德王道之念,而将来真益于社稷苍生哉?"⑤王心敬所处的时代商品经济经中晚明获得较大发展,即使身处内陆的关中商品经济也获得一定程

---

① 刘光蕡:《刘光蕡集·烟霞草堂遗书·〈前汉书·食货志〉注上》,武占江点校整理,西北大学出版社,2015,第536页。
② 韩邦奇:《苑洛集》卷十八《见闻考随录一》,收入《关学经典集成·韩邦奇卷一》,第488页。
③ 同上。
④ 李柏:《槲叶集》卷三《语录》,第89页。
⑤ 王心敬:《丰川续集》卷一五《又答逢公》,清乾隆十五年刻本。

度的发展。商品经济对儒家伦理的冲击在中晚明以来有明显表征,儒家伦理观念受到相当大的冲击,逐利与僭越成为一种较为普遍的现象,因此王心敬提出"当日士林虽实蹈者少,亦尚慕名者多"。王心敬认为这种逐利的行为对社会的危害极其严重,"今也驰骛功利者,既显悖于理学、气节之外,而有志道谊者,复割裂于理学、气节之中。学术何由明?通儒何由出?而天下何由一道德以同风俗乎?"与理学、气节相悖势必导致人的失节行为的出现,因此学术对于维持"世教"非常重要,"世教之所以不毁,人类之所以异于禽兽者,恃有理学、气节一脉耳。吾儒之所赖以立天地心,作生民命,继往圣而开来学,以异于异端、杂霸、世俗之学者,赖理学、气节合并一脉耳"①。这体现出一个儒者对维系儒家伦理纲常的责任与担当。

六、勇:肩挑大义

(一)"勇"之伦理意蕴

"勇"也是在甲骨文中就已出现的一个字,本义指勇敢、有胆量。《说文解字》言"勇,气也从力甬声。勇或从戈用"②。儒家伦理范畴界定"勇"为果断、勇敢,这种界定在孔子、孟子及荀子的著作中都能看到。《论语·宪问》有言"仁者必有勇",孔子把"勇"作为施"仁"的条件之一;《论语·阳货》有言"君子有勇而无义为乱","有勇而无义"是力勇,是鲁莽与残暴的表现;《论语·子罕》有言"知者不惑,仁者不忧,勇者不惧","不惧"指无所畏惧。从以上三种关于"勇"的论述中可以大致看出儒家伦理范畴的"勇敢"与"果断"是以"仁"与"义"为限定条件的。《中庸》中也将"知""义""勇"三者并举," 知、仁、勇三者,天下之达德也,所以行之者一也""好学近乎知,力行近乎仁,知耻近乎勇。知斯三者,则知所以修身"。"知耻近乎勇"是"知耻非勇,然足以起懦"③,是一种正身养气克服懦弱的工夫。荀子在孔子提出的"勇"的基础上对其进行了更进一步的阐发,"孔子观于东流之水""若有决行之,其应佚若声响,其赴百仞之谷无惧,似勇"(《荀子·宥坐》)。"勇"在此体现出"无惧"的主调。"君子之求利也略,其远害也早,其避辱也惧,其行道理也勇。"(《荀子·修身》)这具体说明了"行道理

---

① 王心敬:《丰川续编》卷二一《书感》,清康熙五十五年额伦特刻本。
② 许慎著:《说文解字》,第782页。
③ 朱熹:《四书章句集注·中庸章句》,第29页。

时要有"勇敢"的精神。"勇"德推而至极则是一种关乎生命的态度。"孟子曰：可以取，可以无取，取伤廉。可以与，可以无与，与伤惠。可以死，可以无死，死伤勇。"(《孟子·离娄下》)"可以死，可以无死""过死亦反害其勇，盖过犹不及之意也"①，意谓以死捍卫"勇"的价值尺度，不要做无谓的牺牲。

综上所述，"勇"在先秦儒家伦理中具有无惧、知耻、合义、达礼且好学的内涵，真正的"勇"德乃发乎于"仁"，"仁者必有勇"，对"勇"的伦理践行要持守中庸之道。

(二)"勇"的价值取向

地理环境的多样性决定了地域文化的多样性，地域文化的多样性决定了文学的多样性。中国古人也认为人们的风俗习惯乃至性格品质都与其所处的自然环境有着密切的关系。《礼记·王制》云："凡居民材，必因天地寒暖燥湿，广谷大川异制，民生其间者异俗。"这就把各地风俗之异与其自然地理风貌和气候联系起来。孔颖达在注解《中庸》时有关于"南方之强"与"北方之强"的论述："南方谓荆扬之南，其地多阳，阳气舒散，人情宽缓和柔""北方沙漠之地，其地多阴，阴气坚急，故人生刚猛，恒好斗争"。宋代庄绰则云："大抵人性类其土风。西北多山，故其人重厚朴鲁。荆扬多水，其人亦明慧文巧，而患在轻浅。"②在这些文献中可以看出古人认为西北风土造就了西北人"刚猛""好斗争"的性格，前文也引用过朱熹对关中人"尚气概，先勇力，忘生轻死"的评价。从儒家伦理"勇"的方面考察，关中人"刚毅果敢，为山东诸国所不及"③，"人质直而尚义"④，这些均符合先秦以来所形成的"勇"的伦理学含义。

由于先秦儒家对"勇"的伦理问题讨论不多，关学中的学者对此问题的探讨与先秦状况相似，他们对"勇"的探讨主要从三个方面展开：

其一，对"勇"在儒家伦理中的重要性给予肯定。吕大临认为"知、仁、勇三者，天下之达德，所以行之者一。一则诚也。止是诚实此三者，三者之外，更别无诚"⑤。将"知""仁""勇"三者并举作为儒家伦理的核心范畴在儒家比较少

---

① 朱熹：《四书章句集注·孟子·离娄下》，第296页。
② 庄绰：《鸡肋编》卷上，中华书局，1983，第11页。
③ 屈大均：《屈大均全集》第3册，欧初、王贵忱主编，李文约点校，人民文学出版社，1996，第62-63页。
④ 元好问：《元遗山先生全集》卷三七《送秦中诸人引》，读书山房刻本。
⑤ 吕大临等：《蓝田吕氏遗著辑校·东见录》，第505页。

见,但这足见吕大临对"勇"的重视。李二曲在吕大临的基础上扩大了与"勇"并举的儒家伦理范畴,"仁、知、信、直、勇、刚六者,莫非懿德,惟不好学,诸病随生,好处反成不好,甚矣人不可以不学也。学之如何?亦惟穷理以致其知而已。理明知致,而后施无不当"①,"勇"是不可或缺的伦理规范。

其二,"勇"的践行必须以"仁"与"义"作为前提条件,吕大临与李二曲二人的共同之处是都将"仁"与"勇"并举,他们与先秦儒家一样将"仁"视为"勇"的前提条件,关于这一点关中学人有更为具体的论述。吕大临有言"君子虽志于善,苟勇而无义,必有为乱之迹,如鬻拳兵谏之类"②,没有"义"的规范,"勇"将会带来兵乱和僭越;"有德者然后知德,故能言;尚辞者,德有所不察;仁者推爱,不勇则不至;尚勇者,爱有所不行"③,有"德"与"仁","勇"的践行就是一种自觉的行为。吕柟认为仁者必有勇,如"杀身成仁"④,仁者必须有践行"仁"的精神与勇气,甚至可以为"仁"而"殉道"。"勇"的原始概念与"气"的结合,说明人具有阳刚之气与浩然正气即能践行"勇","始廉而终污者,其廉亦谓之污利也。始公而终私者,其公亦谓之私名也。始刚而终懦弱者,其刚亦谓之懦血气也。不为利驱,不为名动,不为血气使,终始其道,动与天地合者,君子也"⑤,君子之"勇"遵循道义,能与天地合其德。

其三,"勇"的践行必须遵循"中庸"的原则。吕柟在讨论此问题时以子路为例。吕柟和门人讨论"知、仁、勇、艺"时告知门人子路知、仁不足而勇、艺有余。"子路为人粗俗直遂,未必'知、不欲、勇、艺'也,故兼四长而文之以礼乐,成人矣"⑥,子路刚强,不符合孔子所言"中立不倚""和而不流"的中庸原则⑦。李二曲同吕柟一样,告诫人们践行"勇"时要量力而行,不可逞匹夫之勇,"鸷虫攫搏,不程勇者;引重鼎,不程其力"(《礼记·儒行》)。

---

① 李颙:《二曲集》卷三十九《四书反身录·论语·阳货》,第503页。
② 吕大临等:《蓝田吕氏遗著辑校·论语解·阳货》,第465页。
③ 吕大临等:《蓝田吕氏遗著辑校·论语解·宪问》,第457页。
④ 吕柟:《泾野先生四书因问》卷四《论语·宪问篇》,收入《关学经典集成·吕柟卷一》,第195页。
⑤ 吕柟:《泾野子内篇》卷二《云槐精舍语》第一,第11页。
⑥ 吕柟:《泾野先生四书因问》卷四《论语·宪问篇》,收入《关学经典集成·吕柟卷一》,第197页。
⑦ 吕柟:《泾野先生四书因问》卷二《中庸》,收入《关学经典集成·吕柟卷一》,第28页。

以上三点是关学伦理关于"勇"的总体原则。

(三)勇担道义

明代皇帝高居于权力金字塔的顶端,对天下所有事务都拥有绝对的、最后的处置权。当时皇帝处理政务的方式主要有两种:一是召集臣僚,商议政务;二是颁布诏令,批阅章奏①。朱元璋曾这样论述君臣关系:"贤者辅君,则君德备倍焉。何哉?盖冢宰之职,出纳王命,若使出纳非宜,则君德亏矣;出纳合宜,则君德张矣。"②朱元璋所谈的是一种君主英明、臣属贤达的理想君臣关系,但实际上明代君主高高凌驾于臣属之上。方孝孺是明初少有的以"谏君"为臣职的人,他对臣职的看法是:"仕之道三,诚以格君,正以持身,仁以恤民。"③持身,实际是对臣属操守的要求,其内容是"格君"与"恤民"。明初就开始实行内阁制,内阁有相当的实权,隆庆年间,首辅高拱阐述阁臣的职责时说:"国朝设置阁臣,初止备问代言而已,后乃隆以穹阶,委以平章重务,是辅弼之臣也。辅弼之臣,上佐万几,无专职,而其职无所不兼。"④但内阁的权利一直受到皇帝的严格控制。明代中后期的几任皇帝(除过崇祯皇帝)都出现不同程度的怠政行为,导致国家行政运行机制出现问题,与此同时宦官对朝政的把控对内阁及朝臣形成巨大的威胁,甚至出现内阁向宦官屈服的局面。清初黄宗羲曾言:"奄宦之祸,历汉、唐、宋而相寻无已,然未有若有明之为烈也。汉、唐、宋有干与朝政之奄宦,无奉行奄宦之朝政。今夫宰相六部,朝政所自出也""天下之财赋,先内库而后太仓。天下之刑狱,先东厂而后法司。其他无不皆然。则是宰相六部,为奄宦奉行之员而已"⑤。综合以上材料可以看出,整个明代在政治上形成皇帝、阁臣、宦官之间的权力张力,他们之间存在非常复杂的权力博弈。明代皇帝与宦官集团发生矛盾与冲突,这就导致明代的臣属处于一种尴尬境地,一方面以臣道尽忠,一方面又遭到来自皇帝与宦官集团的打压与迫害,这一窘境几乎贯穿明王朝始终。关中士人之"勇"的伦理实践就是在这一背景下展开的。

吕柟中正德三年(1508)进士,赐进士第一,授翰林院修撰。状元及第,刘瑾

---

① 张显清、林金树:《明代政治史》,广西师范大学出版社,2003,第201页。
② 钱伯城、魏同贤等主编《全明文》卷四《中书左右丞相诰》,上海古籍出版社,1992,第41页。
③ 方孝孺:《逊志斋集》卷一《杂著·杂诫》,徐光大点校,宁波出版社,2000,第15页。
④ 高拱:《高文襄公集》卷三《纶扉外稿·披沥悃诚辞免恩命书》,明万历刻本。
⑤ 黄宗羲:《明夷待访录·奄宦上》,浙江古籍出版社,1985,第44页。

以同乡"欲致之,谢不往。又因西夏事,疏请帝入宫亲政事,潜消祸本,瑾恶其直,欲杀之,引疾去"①。此时刘瑾权势如日中天,面对刘瑾拉拢,吕柟不为所动,体现出君子之德。嘉靖三年(1524)四月,吕柟上疏自劾,因言辞关涉大礼,被逮入诏狱。不久出狱,谪为解州判官。吕柟入狱时间较短,在狱中写有《狱中次东郭杖后憩桑林韵》《杖回同东郭观桑椹》《谢诸公馈食狱中》《狱中酬溪田诸君六绝句》《气楼》等诗歌。从部分诗文可知,吕柟在狱中曾经受杖刑,但他受刑之后并未失志,虽然在《狱中次东郭杖后憩桑林韵》一诗中表达了"浮云蔽白日,屏翳不能开"的担忧,但是终究"风雨无心天自定,荣枯有数物皆然"。吕柟为"格君之非"的谏言是尽人臣之忠,体现出一种"勇"的无惧与担当。冯从吾在其《关学编》中对吕柟因上疏而下狱之事有如下记载:"甲申,(吕柟)奉修省诏,复以十三事上,言颇过切直。时东廓亦上封事,同下诏狱,一时直声震天下,人人有'真铁汉'之称。"②

韩邦奇也拒绝讨好刘瑾,《明儒言行录》载:"(韩邦奇)初举进士,值刘瑾乱政,朝士夺气。同年多往谒之,有约公者,卒不往,为时所重。"③正德九年(1514)韩邦奇的弟弟韩邦靖因进谏而下狱。韩邦奇在《闻舍弟下狱》中说"邸报封章事,敷陈与世违。怪来明主怒,原是小臣非。事业千年远,存亡一叶微。高堂双发白,如我只宜归"④,这首诗里分明有一种明主不明、存亡难料的意绪。正德十一年(1516)四月,时任浙江等处提刑按察使司佥事的韩邦奇上《苏民困以保安地方事》,谓严州、杭州军处,民贫地瘠,而镇守太监以进贡方物为名,搜刮民财,以致民不聊生,提出应体察民情,免除进贡。但上疏后被太监诬奏下狱。

清初遗民基于对前朝的眷恋与持守君臣之道,面对清廷的拉拢或胁迫往往表现出无惧生死的精神与气概,这也体现出儒家"勇"的伦理精神的一面。面对清廷的数次征召,李颙皆以疾辞,"康熙十二年,陕督鄂善以隐逸荐,有诏起之,固辞以疾。十八年,诏举博学鸿词,礼部以海内真儒为荐,大吏亲至其家促之

---

① 张廷玉等:《明史》卷二百八十二《儒林一》,第7243页。
② 冯从吾:《关学编(附续编)·泾野吕先生》,第43-44页。
③ 沈佳:《明儒言行录》卷四《韩邦奇苑洛先生恭简公》,收入《景印文渊阁四库全书》第458册,台湾商务印书馆,1986,第751页。
④ 韩邦奇:《苑洛集》卷十《闻舍弟下狱》,收入《关学经典集成·韩邦奇卷一》,第273页。

起,舁床至省。容绝粒六日,至拔刀自刺,大吏骇去,乃得予假治病""自是闭关不与人接,惟昆山顾炎武及同邑惠思诚至则款之"①。李因笃被荐就征,和李二曲话别,"见官吏汹汹,严若秋霜,恐先生坚执攖祸,劝先生赴都。一时缙绅爱先生者,咸以'明哲保身'为言,先生闭目不答,遂绝食""李太史(李因笃)为先生危甚,涕泣以劝,先生笑曰:'人生终有一死,惟患死不得所耳。今日乃吾死所也!'遂以后事为託"②。当李因笃劝说李二曲应诏时,顾炎武借用他人之言善意批评曰:"关中人述周制府之言曰:'天生自欲赴召可尔,又何力劝中孚,至述之利害?殆是蘧伯玉耻独为君子之意。'窃谓足下身蹑青云,当为保全故交之计,而必援之使同乎己,非败其晚节,则必夭折其天年。"③在此次博学鸿词征召过程中,二曲无惧生死的气概在遗民中产生了重大影响。

小 结

先秦所形成的伦理德目比较丰富,如"三纲"、"五伦"、"五常"、"五美"④、"九德"⑤等,其中的"三纲"与"五常"是其核心内容,是后世儒家伦理体系的纲领性德目。其中"仁"是孔子伦理思想的核心范畴,也是自孔子以后儒家伦理的核心范畴。"义"在孔子的伦理思想中也具有极其重要的地位,孔子言"君子之于天下也,无适也,无莫也,义之与比"(《论语·里仁》),孟子提出"居仁由义"(《孟子·尽心上》)。"礼"在先秦儒家看来不仅仅是君子的行为规范,更是圣王的治国之道,荀子甚至说"礼者,人道之极也"(《荀子·礼论》)。"孝"作为"德之本"与"教之由",是"至德要道"(《孝经·开宗明义》),涵盖了从家庭到社会诸多方面,是中华传统美德之一。"勇"在儒家伦理中既是"仁者"所具有的品德,又是需要有所约束的伦理行为:"仁者必有勇"(《论语·宪问》),"好勇

---

① 清代国史馆臣:《清史列传》卷六十六《儒林传》,第5246页。
② 李颙:《二曲集》卷五《历年纪略》,第58页。
③ 顾炎武:《顾亭林诗文集·顾亭林文集卷四·答李子德》,中华书局,1959,第76页。
④ "五美"参见《论语·尧曰》:"君子惠而不费,劳而不怨,欲而不贪,泰而不骄,威而不猛。"
⑤ 九德内容,说法不一。第一种为"忠、信、敬、刚、柔、和、固、贞、顺",参见《逸周书·常训》;第二种指"宽而栗,柔而立,愿而恭,乱而敬,扰而毅,直而温,简而廉,刚而塞,强而义",参见《尚书·皋陶谟》;第三种指"度、莫、明、类、长、君、顺、比、文",参见《左传·昭公二十八年》。

不好学,其蔽也乱"(《论语·阳货》)。儒家伦理的其他德目都围绕以上德目展开,这些伦理德目对维系2000余年中国传统社会的整体稳定发挥了极其重要的作用,时至今日它们仍然影响着中国人的伦理与道德规范。本章选取"仁""义""礼""孝""勇"作为关学伦理的德目,一方面基于这些德目的本根性地位,另一方面基于关中地区水深土厚的自然环境为这些德目的形成提供了得天独厚的自然与人文条件,关学学人深受这种环境的涵养与熏陶,所形成的伦理精神与气概既是儒家伦理的体现,同时也凸显了关学伦理的地域性特征。

第三章 关学伦理精神

关中地区在漫长的历史演进过程中形成具有地域特色的文化。关学中的伦理德目是儒家伦理德目的地域化发展,它与儒家的社会制度、器物、行为、观念等紧密相关,二者的关系是枝叶与树干的关系。关中的伦理精神是关中民众在长期社会生活与社会实践过程中积淀而成的整体伦理思想及伦理观念的总和,在关中具有广泛性与普遍性的伦理精神与气质。由于关中地区是中华文明的核心区之一,是中国儒家礼乐文明的发祥地,也是北宋理学开创者张载的故地,因此所形成的伦理精神与儒家伦理精神是个性与共性的关系,就其内容而言,包括人文精神、理性精神、实践精神、造道精神及超越精神等方面。

一、人文精神

在中西方文化中都有人文的概念,对人文概念的界定中西方都存在比较笼统模糊的特点。《周易·贲卦》中就有"刚柔交错,天文也。文明以止,人文也。观乎天文以察时变,观乎人文以化成天下",其中的人文指"人之文德之教"[1]、"人理之伦序"[2]、"国家的典章制度"[3]、"文章、礼仪"[4]。考察这些定义,可以看出,从广义的方面来看,广义的"人文"系指"典章制度、文章、礼仪",狭义的"人文"系指"人的伦理规范"。西方文化中的"人文"在《大英百科全书》中被定义为"高度重视人和人的价值的一种思想态度"[5]。从词源学角度考察,出

---

[1] 王弼:《周易正义》卷三《贲》,第105页。
[2] 程颢、程颐:《周易程氏传》卷二,收入《二程集》下册,第808页。
[3] 陈鼓应、赵建伟:《周易今注今译》,商务印书馆,2005,第213页。
[4] 黄寿祺、张善文:《周易译注》,上海古籍出版社,2001,第189页。
[5] *The New Encyclopaedia Britannica*: *Micropaedia Ready Reference*, 15th Edition (Encyclopaedia Britannica. Inc, 2002), Vol. 6, p. 138.

自德语①,但形成概念广为流传的则是 J. 布克哈特(J. Burckhardt)在《意大利文艺复兴时期的文化》中所言的"人的发现"与"自由人格"②。明清之际,中国社会出现从传统向近代转型的萌芽,开始孕育早期的启蒙思想,逐渐滋生出近代性质的人文主义精神,以黄宗羲、唐甄为代表的理学家从理学内部开始批判君主专制,肯定人的自然权利。其中黄宗羲指出:"有生之初,人各自私也,人各自利也,天下有公利而莫或兴之,有公害而莫或除之。有人者出,不以一己治之利为利,而使天下受其利,不以一己之害为害,而使天下释其害。此其人之勤劳,必千万于天下之人。夫以千万倍之勤劳而己又不享其利,必非天下之人情所欲居也。"③黄宗羲认为"自私自利"是人的本性,是人不可剥夺的自然权利,具有自然的合理性。鸦片战争之后,中国具有启蒙意识的理学家对传统文化的器物文化、制度文化及观念文化进行反思,严复把"鼓民力""开民智""新民德"作为中国改革的根本,其中又以"开民智"为重。"五四"运动期间,陈独秀提出"伦理的觉悟,为吾人最后觉悟之最后觉悟"④。改革开放后中国当代人文精神蓬勃发展,并针对"人文精神"展开了激烈讨论,最后形成三个层面的论述:第一,对于"人之异于禽兽",而为人所特有的文化教养的珍视;第二,对于建立在个体精神原则基础上的人的尊严、人的感性生活,特别是每一个人自由地运用其理性的权利的珍视;第三,对于建立在教养有素基础上的每一个人在情感和意志方面自由发展的珍视⑤。郭齐勇先生将中国人文精神的特点概括为不与宗教对立、不与自然对立、不与科学对立三个方面⑥。结合当代人们对人文精神的理

---

① "人文主义"(Humanism)一词本身,不论在古代世界或者文艺复兴时期都还没有出现。它是迟至1808年,才由一个德国教育家 F. J. 尼特哈默尔(F. J. Niethammer)在一次关于古代经典在中等教育中的地位的辩论中,最初用德文 Humanismus 杜撰的,后来由 G. 伏伊格特(G. Voigt)在1859年出版的一部著作中首先用于对文艺复兴的描写,书名是《古代经典的复活》,又名《人文主义的第一个世纪》,这比布克哈特的名作《意大利文艺复兴时期的文化》早一年。参见布洛克:《西方人文主义传统》,董乐山译,生活·读书·新知三联书店,1997,第5—6页。

② 其中"人的发现"是一个含义十分丰富的命题,其核心是一种"自由人格",布克哈特如此解释,人在"主观方面也相应地强调表现了他自己",所以"人成了精神的个体,并且也这样来认识自己"。参见布克哈特:《意大利文艺复兴时期的文化》,何新译,商务印书馆,1997,第125页。

③ 黄宗羲:《明夷待访录·原君》,第2页。

④ 任建树等编《陈独秀著作选》第1卷,上海人民出版社,1993,第179页。

⑤ 许苏民:《人文精神论》,湖北人民出版社,2000,第10页。

⑥ 郭齐勇:《中华人文精神的重建:以中国哲学为中心的思考》,北京师范大学出版社,2011,第6—7页。

解,本书将关中伦理的人文精神归纳为以下几个方面。

(一)文化教养

伦理的可能性、道德的可能性,是人性设定、人性研究所要解决的第一个问题[①],这个问题成立的前提是人的可教化性与文化教养的问题。人的可教化性在《中庸》首句"天命之谓性,率性之谓道,修道之谓教"即已言及,说明人具有与生俱来的沟通天道与人道的能力,具有与天道相沟通的能力,人可教化,子思自注言"自诚明谓之性,自明诚谓之教"。在儒家看来,人都有尊重伦理、道德的可能,都有成圣成贤的可能。《周易·系辞传下》亦说"天地各居上下之位,而圣人协助天地以成就其化育万物"。张载在《正蒙·诚明篇》中提出"天地设位,圣人成能"[②],"天地设位"仅仅是为人性与天地之性相通提供本体的依据,人性能真正与天地之性相通,必须经过"圣人能成"的示范与教化。张载更进一步提出"天资美不足为功,惟矫恶为善,矫惰为勤,方是为功。人必不能便无是心,须使思虑,但使常游心于义理之间。立本处以易简为是,接物处以时中为是,易简而天下之理得,时中则要博学素备"[③]。儒家人性论存在二律背反的现象:一方面,每个人都可以成圣成贤;另一方面,伦理的现实是非伦理,道德的现实性正在于现实中的非道德,正是因为社会中并不是每个人都是圣者、贤者,所以才需要伦理道德。人成为有教养的人,不仅是人性的"应然",而更重要的是要将这种"应然"变为"必然",这是伦理体系建立的前提条件,体现了中国文化的本性。天赋好不值得骄傲,只有矫正错误去向善,矫正懒惰而勤劳,才值得自豪。人在内心深处必须对此保持清醒,只有这样才能确保"天下之理得"。

冯从吾与李颙终生重视讲学,将讲学视为"正人心"的重要途径和手段。冯从吾讲学千言万语总不出"父子有亲、君臣有义、夫妇有别、长幼有序、朋友有信五句,及孝顺父母、尊敬长上、和睦乡里、教训子孙、各安生理、毋作非为六则"[④],这些内容涉及传统社会中伦理关系的所有内容,是对心性之学的具体落实。冯从吾之所以重视讲学,同人性好逸恶劳的弱点有关,"本易知、本易行,而人多不肯知、不肯行",而作为一个注重儒家伦理纲常的士人,冯从吾感到忧虑,"余言

---

① 樊浩:《中国伦理精神的现代构建》,第359页。
② 张载:《张载集·正蒙·诚明篇第六》,第21页。
③ 张载:《张载集·经学理窟·气质》,第271页。
④ 冯从吾:《冯少墟续集》卷一《都门语录自序》,收入《冯少吾集》,第470页。

滋俗,余心滋戚矣"①,因此全身心投入讲学过程中。李二曲认为"天下之大根本,莫过于人心;天下之大肯綮,莫过于提醒天下之人心。然欲醒人心,惟在明学术,此在今日为匡时第一要务"②,因此"不屑章句之学,以阐明学术,救正人心为己任"③。李二曲肯定人"五德具足,万善咸备""只因堕于习气,失却本色""有不仁、不义、不礼、不智、不信之行",因此需要"修","修者,修其所行也"④。这些都是确保人之为人的必要条件,能通过教养与教化来实现。

（二）人的尊严与权利

在中国传统文化中,天、地、人作为"三才"并生,"天"不过是人的理性和道德的化身。天人之间,人为主导,人是目的,"天"实际上成了人实现道德理想的手段。先秦天人关系中对人的尊严有充分的肯定,《周易》中即言"天行健,君子以自强不息;地势坤,君子以厚德载物"。"天行"无所谓"健"与否,"健"是人们赋予天的品德,君子则应是自强不息的践行者。东汉思想家仲长统就提出"人事为本,天道为末"的观点⑤,典型地反映了中国传统文化的人文主义精神。儒家伦理所涉及的内容规范了人类把握世界、超越自身、建立生活秩序与生命秩序的方式,体现出人类自身的尊严与价值。

张载的"横渠四句"彰显了人类主体的崇高与伟大,张载对"为天地立心"进行更进一步说明时言"天本无心,及其生成万物,则须归功于天,曰:此天地之仁也。仁人则须索做,始则须勉勉,终则复自然。人须常存此心"⑥。张载一方面言"天地之心"⑦,另一方面言"天本无心",似乎存在矛盾,仔细领会,实际二者并不矛盾:"天地之心"是说"天地生生之大德","为天地立心"体现的是人的道德价值,是为天下建立一套以仁、义、礼为核心的价值系统与文化系统⑧。

---

① 冯从吾:《冯少墟续集》卷二《正俗俗言自序》,收入《冯少吾集》,第501页。
② 李二曲:《二曲集》卷十二《匡时要务》,第104页。
③ 李二曲:《二曲集》卷四《靖江语要序》,第32页。
④ 李二曲:《二曲集》卷十《南行述》,第74页。
⑤ 参见仲长统:"故审我己善者,而不复恃天道,上也;疑我未善,引天道以自济者,其次也;不求诸己,而求诸天者,下愚之主也。"崔寔、仲长统:《政论·昌言》,孙启治译注,中华书局,2014,第283页。
⑥ 张载:《张载集·经学理窟·气质》,第266页。
⑦ "大抵言'天地之心'者,天地之大德曰生,则以生物为本者,乃天地之心也。""天地之心惟是生物。"参见《张载集·横渠易说·上经复卦》,第113页。
⑧ 林乐昌:《"为天地立心"——张载"四为句"新释》,《哲学研究》2009年第2期。

儒家对人的尊严的确立还通过人与禽兽的区别来彰显,孟子曾言"人之所以异于禽兽者几希;庶民去之,君子存之。舜明于庶物,察于人伦,由仁义行,非行仁义也"(《孟子·离娄下》),人之所以异于禽兽,在于人能够自觉地明人伦,遵照仁义行事。吕大临言"人之血气、嗜欲、视听、食息,与禽兽异者几希,特禽兽之言,与人异耳,然猩猩、鹦鹉亦或能之。是则所以贵于万物者,盖有理义存焉。圣人因理义之同然,而制为之礼,然后父子有亲,君臣有义,男女有别,人道所以立,而与天地参也"①,他认为从生物性的角度来看,人与动物在血气、嗜欲、视听、食息方面没有本质的区别,人之所以比动物高贵,具有尊严与价值,在于人的伦理观念及对这些观念的践行,使人类社会呈现出有意识的秩序性,彰显了人的独立性与自尊性。这种独立性不是独立于社会的个人意志,而是个人存在价值与社会价值的统一,是通过人的道德实践来体现的。

(三)宗教的情感

贺麟先生在对比中西文化时言道:"希腊精神注重自然,对物理的与审美的自然皆注重,故希腊是科学艺术的发祥地。希伯来精神注重神,亦即注重宗教价值。中国的儒家注重人伦,形成偏重道德生活的礼教,故与希腊精神和希伯来精神有不同之处。"②西方基督教伦理基于人与上帝、善与恶二元论,人的向善需要上帝的启示与接引才能完成,其目的是末世到上帝之城接受上帝审判,完成事功。中国儒家关注现实,强调通过个人的修为而使得天性与人性合一。这种比较结果大致不错。钱穆先生认为儒家不像一般宗教那样寻求现世或者来世的功利回报,故其道德实践与人格中,有一种更高层次的宗教精神③。先秦时期礼乐文化的创立并不企图消解一切神圣性,礼乐文化在理性化脱巫的同时,保留着神圣性与神圣感,使人对神圣性的需要在文明、教养、礼仪中仍得到体现④。

张载在解释《西铭》为何不言"天地"而言"乾坤"时说"不曰天地而乾坤云者,言其用也。乾坤亦何形? 犹言神也",这里强调乾坤生物之神妙难测,这种神妙难测体现在"乾之四德,终始万物,迎之不见其首,随之不见其后,然推本而

---

① 吕大临等:《蓝田吕氏遗著辑校·礼记解·曲礼上》,第192页。
② 贺麟:《文化与人生》,商务印书馆,2002,第53页。
③ 钱穆:《中国历史精神》,联经出版事业公司,1998,第150-151页。
④ 陈来:《古代宗教与伦理》,第12页。

言,当父母万物"①,他将成就万物的终极力量比拟为父母。张载赋予"神"与"父母万物"以超然、神秘与神圣性,劝诫人们应该像崇奉父母那样去侍奉上天。张载尽管没有赋予乾坤以人格神的特征,但对待乾坤充满了宗教般的情感。李二曲在《四书反身录》之《中庸》部分阐释"天命谓之性"时多引用《尚书》作为论据:"天与我此性,虚灵不昧,无须臾之少离;天昭鉴我此性,凛凛在上,无须臾之或离,虽欲不惧,其可得乎?'昊天曰明,及尔出王。昊天曰旦,及尔游衍'真无一时一刻而可忽。"②人性为天所赋是儒家人性论的主流,"昊天"高高在上,至高至大,至尊无上,人类以一种宗教般的推崇之情表达对"昊天"的敬畏。由于儒家所树立的"昊天"不似西方基督教的上帝对人类往往施加惩罚,因此人们对"昊天"的推崇少了许多恐惧感,多了许多人间的温情。

张载对祭祀之礼既有哲学的理性,又有宗教的感性,他在《太和篇》中言:"鬼神者,二气之良能也。圣者,至诚得天之谓;神者,太虚妙应之目。凡天地法象,皆神化之糟粕尔。"③张载视鬼神为阴阳二气相互感应并化生万物的灵性存在,而非是单纯的物质,鬼神因其灵性而能与人心有感通,为人与鬼神相交接找到了落脚点,也为以宗教般的情感进行祭祀进行了哲学的论证。张载重视儒家正统的祭祀,反对淫祀及怪妄,"祭社稷、五祀、百神者,以百神之功报天之德尔。故以天事鬼神,事之至也,理之尽也"④。上天是百神的主宰者,因为上天有仁德,按照很高的规格来祭祀报答百神就是报答上天。将对百神的祭祀延伸到对祖先的祭祀就是儒家伦理对家族绵延不绝的祈福与感恩,是对"百善孝为先""不孝有三,无后无大"的戒惧。吕大临认为祭天祭祖主要出于人道的考虑:"祀天,礼之至敬者也,然人道有所未尽,故从其祖配之。所谓配者,当于祭天礼成之后,迎祖尸,以人鬼之礼祭之,必配祭者,所以尽人道之至爱。"⑤"祭天"之敬,可以约束人的行为,培养人对天道的敬畏之心。尽管"祭祖"是"祭天"的配祭,但对普通民众来说其伦理价值更大,既有慎终追远之意,又能尽人仁爱之心,其着力点仍在人事。李二曲的父亲李可从于崇祯十五年(1642)随陕西总督汪乔年讨伐李自成农民起义战死河南襄城。康熙十年(1671),李二曲赴襄城招魂,

---

① 张载:《张载集·正蒙·大易篇第十四》,第50页。
② 李颙:《二曲集》卷三十《四书反身录·中庸》,第415页。
③ 张载:《张载集·正蒙·太和篇第一》,第9页。
④ 张载:《张载集·正蒙·王禘篇第十六》,第60页。
⑤ 吕大临等:《蓝田吕氏遗著辑校·蓝田礼记说》,第550页。

这件事在襄城引起轰动,士林为此次招魂撰写了大量的序跋与诗词,李二曲本人也写了情真意切、感人肺腑的祭文,表达孝子的哀思之情,并以虔诚之心举办了祭典仪式,这正如孔子所言"祭如在"(《论语·八佾》)。"祭如在"意谓祭祀祖先仿佛祖先就在眼前,"孝"在其中;"祭神如神在"意谓祭祀神明仿佛神明就在眼前,"敬"在其中,外在的祭祀意识与内在的诚敬之心同宗教情感有一定的相似之处。

二、理性精神

动物世界有本能的心理表现,诸如欢悦与愤怒。到了人类社会,这种心理演进为人的意识,在人的意识中又存在丰富的情感,这些情感中就包含了最基本的道德情感:善与恶。就此而言,人类的伦理是基于情感因素的规范体系,其原始阶段具有非理性的特征,但当这些情感因素外化成一系列信条并在行为中有意识地贯彻时,情感便升华为道德理性,形成一些具体的伦理规范与伦理体系。儒家的"己所不欲,勿施于人"(《论语·卫灵公》)就表现出基于个人情感好恶而形成的一种伦理规范原则。儒家的"三纲"与"五常"其实都是个体基于某种角色对"好恶"所作出的伦理规范约定,是系列伦理价值合乎理性的行为规范。韦伯对伦理理性的这一特点有清晰认识:"谁要无视可以预见的后果,他的行为服务于他对义务、尊严、美、宗教训示、孝顺,或者某一件'事'的重要性的信念,不管什么形式的,他坚信必须这样做,这就是纯粹的价值合乎理性的行为。"[①]从伦理原则肇始于情,到伦理理性对伦理本体的认知,由伦理理性的认知方式再到伦理理性的现实实践,构成了关学伦理原则理性精神的全部内容。

(一)"情"与"理"

情感是人最首要最基本的存在方式[②],《礼记·礼运》有言,"何为人情?喜怒哀惧爱恶欲,七者弗学而能",说明"情"是人与生俱来的生理表现。关于"情"的本体问题,《左传》言"民有好恶喜怒哀乐,生于六气",《孝经·援神契》言"性生于阳以礼执,情生于阴以系念"。这种说法仅仅是古代儒家对"情"本体所作的一种感性或猜测的理解,并未能真正从人类实践的角度去考察"情"的

---

① 马克斯·韦伯:《经济与社会》,约翰内斯·温克尔曼整理,林荣远译,商务印书馆,1997,第57页。
② 蒙培元:《情感与理性》,2009,第3页。

本体问题。儒家注重情感问题,侧重个体的生命关怀与道德的情感,并将情与知、意并论,情感与理性统一,建立起普遍有效的德性之学。"理"是儒学的重要范畴之一,《说文》言"理"为"治玉",《玉篇》言"理"为"正""性""文",《礼记》言"理"为"性""分"等。在伦理学层面,儒家将"理"视为"道",如程颐说"性即理也"①,强调了"理"的普遍性与必然性的伦理原则,"人只有个天理,却不能存得,更做甚人也?"②儒家强调用"理"去规范、限制"情",以避免"情"的泛滥。在儒家看来,"情"必须符合"中道"的原则,如《中庸》"喜怒哀乐之未发,谓之中;发而皆中节,谓之和"的说法。"和"是一种喜怒哀乐发而皆中节的情感状态,"中和"即是一种普遍性与必然性的伦理原则;"情"的表达一定要符合"礼"的规范,"变风发乎情,止乎礼义。发乎情,民之性也;止乎礼义,先王之泽也"(《毛诗序》),强调诗歌必须为政治教化服务,不能超出封建"礼义"所规定的伦理范畴,因此要求诗歌在抒发感情时,掌握一定尺度,符合"礼义",这样就形成了儒家基本的伦理规范。

关中理学家对《论语·阳货》中关于《诗经》兴、观、群、怨的"情"的表达方式给予肯定,张载言"《诗》可以兴,是起人之善意也,犹孔子所谓起予者是也。可以观人之得失,可以群聚也,盖不为邪所以可群聚。所以怨者,人情所不免,若不怨,则恩疏。虽则怨,然正于礼仪,所以怨者当理"③。首先张载肯定"怨"作为一种"情"的表达存在的合理性,它是"人情所不免",是维系宗法社会的一个必要条件,但"怨"必须"正于礼仪",应当"当理",即符合"中道"的原则及儒家其他的伦理原则。并且张载提出,《诗经》所"兴"的功能是为了"起人之善意"。吕大临对这一问题的阐释与张载有大致相同的取向:"'兴'者,起志意。'观'者,察事变。群居相语,以诗则情易达;有怨于人,以诗则意不迫。其为言也,婉而有激,功而能反,所以事父与君,尽之矣。"④吕大临认为诗是人的情感表达的载体,有了诗这种载体,人的情感能得以宣泄与表达。"怨"作为情感表达的一种方式,以诗的形式进行表达,其形式为"不迫""婉而有激""功而能返",

---

① 程颢、程颐:《河南程氏遗书》卷二十二上《伊川先生语》八上,收入《二程集》上册,第292页。
② 程颢、程颐:《河南程氏遗书》卷十八《伊川先生语》四,收入《二程集》上册,第214页。
③ 朱熹:《论孟精义》卷九,收入《朱子全书》第13册,第577页。
④ 吕大临等:《蓝田吕氏遗著辑校·论语解·阳货》,第464页。

"不迫"是情感表达有度,即"不过",也"不及"。由于"兴""观""怨"是在"群"的范围内展开,所以可以"事亲",可以"事君"。另外实现"情"的"中道"也需要注意"过而不及",张载提出"慎喜怒,此只矫其末而不知治其本,宜矫轻警惰。若天祺,气重也,亦有矫情过实处"①,为了实现"情"符合"中道",过分压抑情感,使之不能完满表达,则无法达到"兴"的目的,正确的做法是"矫轻警惰",即在情感表达之前对所要表达的情感进行处理,使之符合"中道"的原则,这样所要纠正的就是没有限制的自然之情。这一观点其实反映出"情"与"理"相互结合的必要性:既反对否定情感表达的"禁欲主义",又反对无理性、无节制的情感宣泄,反映出关学伦理精神的理性精神。

在儒家伦理学体系中,同"情"紧密相连的是"欲",但"情"不等同"欲"。"欲"不是个体一己的欲望、需要、要求、利益,而是在此基础上自己在与他人的交往、联系、沟通、会聚中所产生、形成和发展的心理状态和境界②。儒家的礼乐文化强调人的感性生命、生活、生存,肯定人的正常自然情欲,力图在"情欲"与"天理"之间寻求一种平衡。张载作为理学家,并不是一个禁欲主义者,他肯定作为饮食男女之"欲"的合理性③,但针对过度的欲望追求提出"寡欲","仁之难成久矣,人人失其所好,盖人人有利欲之心,与学正相背驰,故学者要寡欲"④,"不以嗜欲累其心,不以小害大"⑤,"利欲"与"嗜欲"都已超出正常饮食男女的欲望,与"天理"相背离,需要"克己要当以理义战退私己"⑥。张载在"人欲"与"天理"之间保持一个适度的张力,既保证了儒家伦理中"理"的必然性,又肯定现实生活中人正常的"欲"的合理性,是其伦理理性的体现。清初的王弘撰更加清晰地肯定"人欲"的合理性,"夫人之有欲,固出于天,盖有必然而不容已,且有当然而不可易者。于其所不容己者,而皆合乎当然之则,夫安往而非善乎?惟其恣情纵欲而不知反,斯为恶尔。先儒多以去人欲、遏人欲为言,盖所以防其流者不得不严,但语意似乎偏重。夫欲与喜怒哀乐皆性之所有者,喜怒哀乐又可去乎?"⑦王弘撰经历了晚明与清初,对明中期以来商品经济发展所引发的时人

---

① 张载:《张载集·经学理窟·气质》,第271页。
② 李泽厚:《论语今读》,生活·读书·新知三联书店,2012,第598页。
③ "饮食男女皆性也,是乌可灭?"参见《张载集·正蒙·乾称篇第一》,第63页。
④ 张载:《张载集·经学理窟·学大原上》,第281页。
⑤ 张载:《张载集·正蒙·诚明篇第六》,第22页。
⑥ 张载:《张载集·横渠易说·下经·大壮》,第130页。
⑦ 王弘撰:《山志》初集卷六《罗文庄论欲》,第158-159页。

思想观念的嬗变有深刻的体会,他提出"人欲"的合理性有其时代背景,但更能体现出王弘撰在对待"人欲"方面的理性态度。晚清刘古愚经历了近代社会转型,目睹了西方商业文明给社会发展所带来的巨大促进作用,他从商品流通、互通有无的角度说明"物欲"存在的合理性:"物产不通,即风气不开,风气不开,即为洪荒,有人物如无人物,风俗固纯朴,亦何用圣人修德为哉?以德为人物,此语极精。人,有欲者也;物,欲所寄也。人物能来,通商也。千古之治,由商而开,由人之欲物也。故《易》叙黄帝、尧、舜之治,在为市后。"①关中学者的"物欲"观及其演进体现了关学伦理的理性精神。

(二)"性"与"知"

在中国哲学中致知(认识)过程离不开心之"思","虚以生其明,思以穷其隐,所谓致知也"②,"思"具体地呈现了理性的品格。伦理认知是伦理领域更为内在的认识论问题,认识主体是具体存在的人,人的特点在于以思想或反省为媒介,亦即有所思而为,真正自由的道德行为,就是"自觉是理智的品格,自愿是意志的品格"③。伦理的认知并非仅仅是一种对象性的辨析,作为实践理性领域中的过程,伦理认知与伦理自我认同、价值关怀、人生追求等方面直接相关。缺乏理智的辨析往往无法对善恶作出判断,若没有趋善的意向,"知善"的过程则将失去内在的动力,而在"知善""知恶"的过程中,伦理判断和情感认同具有同步性的特征,二者不可分离。

在伦理学层面,广博的知识价值不在于仅仅满足伦理主体的思辨兴趣,而是与人的"身心性命"有关,是在"博识"的基础上对伦理自我行为进行践约,从而实现儒家所提倡的"君子博学于文,约之以礼"的理念。儒家对"德性之知"与"闻见之知"所作的区分,成为确立儒学经验的普遍法则。相较而言,"德性之知"比"闻见之知"更为根本,程颐曾说:"闻见之知,非德性之知。物交物则知之,非内也:今之所谓博物多能者是也。德性之知,不假闻见。"④张载进一步对"德性之知"和"闻见之知"作了区分,认为"诚明所知乃天德良知,非闻见小知

---

① 刘光蕡:《刘光蕡集·烟霞草堂遗书·〈史记〉货殖列传注》,第509-510页。
② 王夫之:《尚书引义》卷三《说命中二》,王孝鱼点校,中华书局,1962,第66页。
③ 冯契:《人的自由和真善美》,华东师范大学出版社,1996,第222页。
④ 程颢、程颐:《河南程氏遗书》卷二十五《伊川先生语》十一,收入《二程集》上册,第317页。

而已"①。"闻见之知"相当于感性认识,具有一定的局限性,"今盈天地之间者皆物也,如只据己之见闻,所接几何,安能尽天下之物"②,但其又不可或缺,"耳目不得则是木石,要他便合得内外之道,若不闻不见又何验"③。如何完善"知",张载以"德性之知"对其进行补充。要实现"德性之知"就要"尽心","尽心"要通过"大其心"④、"立心"、"存心"的工夫来实现,不管是"闻见之知",还是"德行之知",张载都坚持了理性的原则,但这种理性的原则同现代理性认识不同,其间充满了道德的实践因素,具有伦理的价值与意义,这即是张载所言"耳目虽为性累,然合内外之德,知其为启之要也"⑤。吕柟的"天理"观承接朱子理学,然而又有所突破。所谓承接,是指吕柟在学问宗旨上,恪守程朱格物致知之学,并将其作为首要的修身工夫加以笃实践行。黄宗羲对此有所总结:"先生之学,以格物为穷理,及先知而后行,皆是儒生所习闻。而先生所谓穷理,不是泛常不切于身,只在语默作止处验之;所谓知者,即从闻见之知,以通德性之知,但事事不放过耳。"⑥

李二曲作为心学家其求学之道的基石为求心,因此其工夫的立足处为"心"与"性",他对于博文约礼的解释和先儒相较稍有差异。在孔子那里"博学于文"主要指对典籍与历史的学习,"约之于礼"主要指对礼仪与道德的实践;王阳明则视其为一特定的存天理的活动⑦。李二曲对"博文约礼"的释读在一定程度上超越了孔子与王阳明:

> "文"者,果何所指?必何如而后为"博文"、为"约理"耶?曰:身心性命之道,粲然见于语默动作、人伦日用之常,及先觉之所发明,皆"文"也;莫不有当然之则焉,皆"礼"也。从而潜心默会,一一析其当

---

① 张载:《张载集·正蒙·诚明篇第六》,第20页。
② 张载:《张载集·张子语录·语录下》,第333页。
③ 张载:《张载集·张子语录·语录上》,第313页。
④ "心大则百物皆通,心小则百物皆病","心大"是对"感性认知之心"的无限扩充,使其能同"天地之心"合一,参见《张载集·经学理窟·气质》,第269页;"立心"即是"中正之心","极其大而后中可求,止其中而后可有",参见《张载集·正蒙·中正篇第八》,第28页;"养心"即孔子所言"四毋"(毋意、毋必、毋固、毋我),"天理一贯,则毋意、必、固、我之凿。意、必、固、我,一物存焉,非诚也;四者尽去,则直养而无害",达到"万物皆备于我"的"体道"境界,参见《张载集·正蒙·中正篇第八》,第28页。
⑤ 张载:《张载集·正蒙·大心篇第七》,第25页。
⑥ 黄宗羲:《明儒学案》卷八《河东学案下》,第138页
⑦ 陈来:《有无之境:王阳明哲学的精神》,北京大学出版社,2006,第263页。

然之谓"博";随所博而反躬实践之谓"约"。①

在李二曲看来,"博文"之"文"实际就是人道,这和先秦儒家的"百姓日用"之说相符,《周易·系辞传上》曰:"一阴一阳之谓道。继之者善也,成之者性也。仁者见之谓之仁,知者见之谓之知,百姓日用而不知,故君子之道鲜矣。"《中庸》则有"夫妇之愚,可以与知焉,及其至也,虽圣人亦有所不知焉"等提法。这一传统体现出圣学与百姓修己之道之间的联系:"道"虽具有先验性,但不具有超验性,它只有通过世俗的道德经验和道德实践得以体现并彰显其价值。这种复合"道"的具体的道德实践就是"文",同时这种道德实践经验的总结也是"文",后者主要指儒家的一些经典。"博文"之工夫就是对儒家经典的"心领神会"及实际的道德践履。对"约礼"的诠释二曲较前贤走得更远,"约"除却具有"约束"的意蕴外,还有理性的"反思"与"反思"后的"躬行"。

同张载一样,李二曲对于过多获取感性知识或无关身心的知识持否定态度,他试图在"博文"与"约礼"之间寻求一种平衡,最终通过"博文"与"约礼"的工夫达到对"道"的体认,进而避免由于博之于学而不约之以礼所造成的弊端,"博识以养心,犹饮食以养身,多饮多食,物而不化,养身者反有以害身;多闻多识,物而不化,养心者反有以害心。饮食能化,愈多愈好;博识能化,愈博愈妙。盖并包无遗,方有以贯,苟所识弗博,虽欲贯,无由贯"②。李二曲此处强调博识的道德属性而排斥过多的感性知识,博学的知识必须有益于身心,必须与上达的一贯之道有内在的关联性和一致性,否则会产生"食古不化"的弊病。这样一来"博学"与"约礼"就变为由后者统摄前者的"止于至善"的工夫。

(三)"推天道"与"明人事"

李泽厚先生在其1980年发表的《孔子再评价》一文中将"实践理性"视为整个中华文化心理的重要民族特征之一,它首先是一种理性精神或理性态度。这种理性具有极端重视现实实践的特点。即它不在理论上去探求讨论、争辩难以解决的哲学课题,并认为不必要去进行这种纯思辨的抽象,而是关注在现实生活中如何妥善地处理它们③。李泽厚先生在1993年的一次访谈中重新解释了这个问题。鉴于"实践理性"与康德"实践理性"、杜威"实用主义"的异同,李泽

---

① 李颙:《二曲集》卷三十五《四书反身录·论语·子罕》,第469页。
② 李颙:《二曲集》卷三十九《四书反身录·论语·卫灵公》,第496页。
③ 李泽厚:《孔子再评价》,《中国社会科学》1980年第2期。

厚将"实践理性"改为"实用理性"[1]。可以看出,"实用理性"包含了逻辑思维、现实实践、伦理价值三个方面的因素。《周易》这一特征的表现具有典型性。四库馆臣在《四库全书总目》中将《周易》视为"推天道以明人事之书"[2],体现出《周易》"实用理性"的特征。

《周易·系辞传下》指出《周易》产生下的肇始阶段:"古者包牺氏之王天下也,仰则观象于天,俯则观法于地,观鸟兽之文与地之宜,近取诸身,远取诸物,于是始作八卦,以通神明之德,以类万物之情。"其中的"观"与"取"是一种具体社会生活实践("观"与"取"也包含诸如归纳、演绎等思维活动),"通"与"类"属于典型的理性思维活动,但这种理性思维活动包含伦理观念的内容:"神明之德"与"万物之情"。冯契先生对"通"有深刻理解,他认为"通"就是会通,融会贯通。认识自然界、人类社会的秩序,要求把握其无所不包的道,也就是贯穿于自然、人生之中"无不通也、无不由也"的道,并要求会通天人、物我达到与天地合其德,获得真正的自由。同"通"相近的还有"穷",冯契先生将"穷"界定为"探究第一因和最高境界,即探究宇宙万物的第一因、自由因是什么,宇宙的演变、人类的进化要达到何等最高境界,也就是终极关怀是什么的问题"[3]。"推天道以明人事"中的"推"与"明"与冯契先生所言的"通"与"穷"意义相近。殷周之际的礼乐文明开启了使"天"的观念逐渐摆脱旧有的宗教神学束缚而向理性化的认知转变的过程,这种转变的最终结果就是将具"理"之"道"作为根本的属性赋之于"天",使"天"的宗教神性逐渐弱化,使其成为一个容摄万物且可以通过特定方式加以体认的终极实在,这个终极实在通过圣人的"推"与"明"达到沟通天人、开物成务的目的。"推"与"明"就内容而言,是天道生生不已之大德、人道之纲常与礼教;"推"与"明"就形式而言,即是"穷"与"通"。

张载将"穷"与"通""化""明""诚"等视为"推天道以明人事"的主要手段。"诚"是张载贯通"天""人",充实"性与天道"内涵的根本范畴。"诚"是《中庸》的核心范畴,"诚者,天之道也。诚者,人之道也","诚"是天道的内涵,人能使

---

[1] 在儒家思想中,这种肯定现实生活的世界观所关注的是伦理实践,并与伦理实践紧密相连。离开了伦理实践,这种世界观或生活态度便无意义。不过,实用理性并不只是伦理实践,它也同思辨的思维模式形成对照。在这一方面,实用理性同杜威的实用主义也有着某些相似性:实用理性也将有用性作为真理的标准,认定真理在于其功用、效果。参见李泽厚:《实用理性与乐感文化》,生活·读书·新知三联书店,2008,第246页。

[2] 永瑢、纪昀等:《四库全书总目》卷一《经部·易类一》,第1页。

[3] 冯契:《认识世界和认识自己》,华东师范大学出版社,1996,第413页。

天道之"诚"贯穿于人道。张载扩充《中庸》"诚"之内涵,提出"仁人孝子所以事天诚身,不过不已于仁孝而已,故君子诚之为贵"①。张载将伦理本体"天德良知"与"仁人孝子"的"仁孝"通过"诚"来贯通,实现天道与人伦的合一。张载在讨论"诚"的时候,提出"自诚明"与"自明诚"的差异,"自诚明者,先尽性以至于穷理也,谓先自其性理会来,以至穷理;自明诚者,先穷理以至于尽性也,谓先从学问理会,以推达于天性也"②。"自诚明"系指人之"至善"的本然属性、先天主体意识的自觉,"自明诚"系指人的主观学习、体察天道,前者大致属于"上学"的工夫,具有一定的先验性,后者属于"下达"的工夫,具有经验性。"明"即是李泽厚先生所谓的"实用理性",它包括"穷""理会""推达"等环节,以完成由人道到天道的贯通。除此之外,张载还用"化"与"通"来说明这个问题:"化之实何施?《中庸》曰'至诚为能化',《孟子》曰'大而化之',皆以其德合阴阳,与天地同流而无不通也。"③"化"与"神"在张载的思想中往往并用:"神,天德;化,天道。德,其体,道,其用,一于气而已。"④"神"与"化"虽是从体用方面言天道,但其间人的"知"也是一个重要环节,"至诚,天性也;不息,天命也。人能至诚则性尽而神可穷矣,不息则命行而化可知矣。学未至知化,非真得也"⑤。"穷""知"实现了人对"天道"伦理价值的体悟,"行"将其落实于现实生活。张载还强调了"圣人"在"推天道以明人事"中的重要作用,"天惟运动一气,鼓万物而生,无心以恤物。圣人则有忧患,不得似天。天地设位,圣人成能。圣人主天地之物,又智周乎万物而道济天下,必也为之经营"⑥,圣人"忧患""智""济""经营"即是"推天道以明人事",是具有价值理性的实践活动。

三、实践精神

孔子自创立儒学之初就表现出注重实践的特点。李泽厚说:"《论语》中多有这种平淡而真确的生活格言,而为黑格尔嘲笑为不够哲学,殊不知这正是中

---

① 张载:《张载集·正蒙·诚明篇第六》,第21页。
② 张载:《张载集·张子语录·语录下》,第330页。
③ 张载:《张载集·横渠易说·系辞下》,第219页。
④ 张载:《张载集·正蒙·神化篇第四》,第15页。
⑤ 张载:《张载集·正蒙·乾称篇第十七》,第63页。
⑥ 张载:《张载集·横渠易说·系辞上》,第185页。

国实用理性的精神所在。它必须体现在许多'以实事程实功'的实践行为和日常生活中,而不求如何高妙抽象的思辨体系,因为那并不解决生活中的具体问题和现实疑难。理论毕竟是灰色的,而现实之树常青。"①体现儒家伦理道德具有实践操作性的重要典籍是《大学》。《大学》的三纲八目以道德为安身立命、治国安邦的根本,它把人类的一切活动都赋予了道德的意义,所以从一定的意义上说,它所讲的实践,主要是道德实践。《中庸》提出"博学之,审问之,慎思之,明辨之,笃行之"五种治学方法,此五种方法并不是平行的项目,而是呈现出次第性,前四项以思维活动为主,后一项以具体实践为主。如果从伦理学的角度考察,前四者注重内在德行的涵养,后一项注重德行的具体实践。儒家的价值都不尚"托之空言"而强调"见之行事",换句话说,儒家的价值必求在"人伦日用"中得以实现,而不能仅止于成为一套学院式的道德说教或宗教哲学②。中西方文化对这一点都非常重视,亚里士多德说:"在行为上公正便成为公正的人,在行为上节制便成为节制的人。如果不去这样做,一个人就永远无望成为一个好人。"③《尚书·说命》中说"非知之艰,行之惟艰"。所以儒家学说教人要注重践行而切忌空谈。儒家内在的道德实践,总是归结于人伦。而落到现实上的成就,大体是从三个方面发展,一为家庭,二为政治(国家),三为"教化"(社会)④。《明儒学案》中所言"关学世有渊源,皆以躬行礼教为本"⑤成为关学注重礼教传统与道德践履的至理名言。自张载至晚清的贺瑞麟、牛兆濂皆重视礼教,使礼教传统成为关学及关学伦理的主要特征,本部分从个人修身、家庭尽伦、国家敬事、社会教化四个方面来讨论关学伦理精神的实践问题。

(一)个人修身

"修身"是儒家伦理"八目"的第一目,修身的主体是作为社会个体的人,是社会最基本的"细胞"。作为社会基层单位的家庭,就是由具体的个体组成,因此无论从家庭单位,还是整体社会,个体的道德修养和伦理规范至关重要,在《大学》中就已明示这一点:"自天子以至于庶人,一是皆以修身为本。"在先秦

---

① 李泽厚:《论语今读》,安徽文艺出版社,1998,第364页。
② 余英时:《现代儒学论》,上海人民出版社,1998,"序"第5页。
③ 亚里士多德:《尼各马可伦理学》,第42页。
④ 李维武编《徐复观文集》第二卷《儒家思想与人文世界》,湖北人民出版社,2009,第31页。
⑤ 黄宗羲:《明儒学案·师说》,第11页。

儒家看来,博学是修身的基础,反思是修身的中介,笃行是修身的关键。学、思、行构成了修身的基本路径。

以"为学"个体的修身工夫为基点向下落实便是具有现实性的身体、人伦、社会和国家,向上超越则是内在之心性和外在之天道的"本体"。孔子本人对"学"极其重视,他谦卑地指出"十室之邑,必有忠信如丘者焉,不如丘之好学也"(《论语·公冶长》),《论语》的首章即是《学而》,"学而时习之,不亦说乎?"。《荀子》三十二篇,首篇为《劝学》,"君子曰:学不可以已"。孔子与荀子基本代表了儒家对待"学"的态度。儒家之所以重视学,在于儒家的理性精神和实践精神,因为儒家获取知识的途径基本否定了神启,并提出知识获取的三种途径:"生而知之者,上也;学而知之者,次也;困而学之,又其次也;困而不学,民斯为下矣。"(《论语·季氏》)"生而知之者"是圣人,"困而知之者"是被动学习者,常人是"学而知之者"。关于学习的内容,孔子的规定也为后世儒家所尊:"好仁不好学,其蔽也愚;好知不好学,其蔽也荡;好信不好学,其蔽也贼;好直不好学,其蔽也绞;好勇不好学,其蔽也乱;好刚不好学,其蔽也狂。"(《论语·阳货》)仁、知、信、直、勇、刚是先秦儒家伦理的主要德目。"思"和"学"在儒家文化中紧密相连,孔子说"学而不思则罔,思而不学则殆"(《论语·为政》),"思"是解决迷茫与疑惑的为学枢纽。"思"的主要形式是"反思","吾日三省吾身:为人谋而不忠乎?与朋友交而不信乎?传不习乎"(《论语·学而》)。有了"学"与"思"的内容与结果,"行"就是对这些内容与结果的具体落实。

在有限的有关张载行止的记载中其好学的形象比较鲜明,在隐居横渠期间"终日危坐一室,左右简编,俯而读,仰而思,有得则识之,或中夜起坐,取烛以书,其志道精思,未始须臾息,亦未尝须臾忘也。学者有问,多告以知礼成性变化气质之道,学必如圣人而后已,闻者莫不动心有进"[①]。从学习的内容来看,以"礼"为主,这同张载重视"德行之知"的为学旨趣相符。张载之所以艰苦力学,同其宏远的学术抱负及勇于造道的精神有关。吕氏兄弟笃学好问,师事张载更能体现出关学学人的好学精神。吕大忠年龄与张载相仿,《关学编》载吕大忠"为人质直,不妄语,动有法度",倾慕张载礼教之学,虚心投到张载门下,张载去世后,又投到年龄比自己小的二程兄弟门下,伊川称其"老而好学,理会直是到底"[②]。吕大钧与张载为同科进士,"及闻先生(张载)学,于是心悦诚服,宾宾然

---

① 吕大临等:《蓝田吕氏遗著辑校·横渠先生行状》,第588页。
② 冯从吾:《关学编(附续编)》卷一《进伯吕先生》,第8页。

执弟子礼,叩请无倦,究而益亲,自是学者粲然知所向矣"①。明代的周小泉是军户出身,"年二十岁听人讲《大学》首章,愤然感动始知读书问字""遂殚力就学,究同五经,笃信力行,慨然以程朱自任"②。李二曲艰苦力学,受到顾炎武称赞:"艰苦力学,无师而成,吾不如李中孚。"③李二曲之为学,"幼无师承,故早岁无不驰骋于三教九流。自十七岁后,则天道王德,源源本本,由宋、唐直溯孔孟"④。这些关学学者好学笃行,卓然独立,成为一代硕儒。

反思往往伴随着"迁善改过"。晚明的王徵在"会通儒耶"的过程中如诸多明代士人一样,面临儒家伦理与天主教教义之间的冲突。先秦儒家文化建立在以血缘为基础的宗法之上,因此极其重视家族血缘的接续问题,而王徵正好面临子嗣不继的问题。王徵在洗礼之前未纳妾,但不幸幼子夭折,按照古代中国社会的伦理规范,通过娶妾的方式来延续子嗣是可供选择的一种途径。然而按照天主教教义,纳妾违背教义,这样在王徵身上便出现了身份分裂的问题。在家庭的巨大压力下,王徵纳申氏为妾以续香火(约1623—1624年广平任上,时年王徵五十三岁左右),这一违背天主教教义的行为使王徵饱受煎熬,这一点在王徵写于崇祯九年(1636)的《祈请解罪启稿》中有深切的体现:"自是以后,极知罪犯深重,数请解罪于诸铎德,咸曰'非去犯罪之端,罪难解也'。"⑤后来王徵请求妾改嫁,遭到妻妾一致反对,让王徵一直感到自己"守诚不坚",悔恨终身。悔过自新说是李二曲工夫论的基石,其建立在对现实人性所进行的分析之上:人性具有先验的善性,但后天的习性对先验的人性本有之善具有一定的侵蚀,这即是恶的来源。悔过自新就是克除人欲之私,使先验的善性在人心能够呈现。李二曲强调悔过自新的工夫应从日用常行着手,随事磨炼。由于处于明清之际,面临明亡清兴,中原板荡,李二曲认为明学术、正人心是挽救社会危亡的有效手段,因此在顺治十二年(1655),焚烧自己苦心撰写的《帝学宏纲》《经筵僭拟》《经世蠡测》《时务急著》,"独以明学术,正人心,继往开来为己任"⑥。李二曲焚书是经过认真反思的结果,因为在清初遗民的眼里,明亡就是亡天下,他

---

① 冯从吾:《关学编(附续编)》卷三《小泉周先生》,第30-31页
② 同上。
③ 顾炎武:《顾亭林诗文集》卷六《广师》,第134页
④ 冯从吾:《关学编(附续编)·二曲李先生卷一》,第86-87页。
⑤ 王徵:《王徵集》卷十一《祈请解罪启稿》,林乐昌编校,西北大学出版社,2015,第236页。
⑥ 李颙:《二曲集·鳌屋李徵君二曲先生墓表》,第606页。

们无意与清朝统治者合作。李二曲反思明亡原因,认为是人心散乱所导致,"若夫今日,吾人通病在于昧义命,鲜羞恶,而礼义廉耻之大闲多荡而不可问"①,"所习惟在于辞章,所志惟在于名利"②。因此将自己的使命放在学术的传承与人心的救治方面,这对他来说是不得已的选择。

先秦儒家道德的实践性,更多地体现在道德修养的具体实践活动中,强调学、思、知、行并重。孔子曾言"听其言而观其行",孟子言"万物皆备于我矣,反身而诚,乐莫大焉。强恕而行,求仁莫近焉"(《孟子·尽心上》)。儒家个人的修身行为其实就是根据儒家伦理原则对自身行为进行检点与约束,是一种显之于心、见之于行的道德实践活动,其主要表现形式就是德行的涵养。《吕氏乡约》中的"过失相规"可以视为对个体修身的具体规定,其中列出六项"犯义之过"、四项"犯约之过"、五项"不修之过"③。这些行为都是作为伦理个体所禁止的行为,克服这些行为就是修身的实践。可以说《吕氏乡约》是蓝田四吕对关学伦理实践进行身体力行的典范之作,吕大钧有言"明善至学,性之所得者,尽之于心;心之所知者,践之于身"④。

治学的关键就在于通过个人的切身践行达至内心的安宁。李二曲注重静坐的个人修养方式,这种工夫一方面是内心不受外物纷扰,使心体保持"虚明寂定",同时也是一种"反观"的工夫,主张"动""静"相宜,强调道德主体通过静默返照的修养工夫使心体之本然朗现,进而达到天理流行、浑然与物同体的精神境界。顺治十四年(1657)夏秋之交,李二曲患病静摄,深有感于"默坐澄心"之说:"于是一味切己自反,以心观心。久之,觉灵机天趣,流盎满前,彻首彻尾,本自光明。太息曰:'学,所以明性而已,性明则见道,道见则心化,心化则物理俱融。跃鱼飞鸢,莫非天机;易简广大,本无欠缺;守约施博,无俟外索。'"⑤"性明则见道,道见则心化",指心发用后对"道"的体认,此心此时已成为天地万物的主体,形体与万物的对立、主体与客体的对立已经消弭,"心化则物理俱融",

---

① 李颙:《二曲集》卷十《南行述》,第76页。
② 李颙:《二曲集》卷十二《匡时要务》,第105页。
③ "犯义之过":一曰酗博斗讼、二曰行止逾违、三曰行不恭逊、四曰言不忠信、五曰造言诬毁、六曰营私太甚;"犯约之过":一曰德业不相劝、二曰过失不相规、三曰礼俗不相成、四曰患难不相恤;"不修之过":一曰交非其人、二曰游戏怠惰、三曰动作无仪、四曰临事不恪、五曰用度不节。参见《蓝田吕氏遗著辑校·吕氏乡约·乡仪》,第563页。
④ 吕大临等:《蓝田吕氏遗著辑校·附录·宋文鉴吕和叔墓表》,第611页。
⑤ 李颙:《二曲集》卷四十五《历年纪略》,第562页。

性体朗显,"跃鱼飞鸢,莫非天机",万物浑然一体,宇宙生命充满了意义,人亦从中体验到天理流行的乐趣,这种境界既体现了"心"与"性"的和谐之美,也体现了人与自然的和谐之美。

(二)家庭尽伦

儒家所提出的五伦,有三伦是家庭范围,所以"尽伦"首先是要把家庭变为一个道德实践的自然团体①。"家庭尽伦"其实就是八目中的"齐家"。中国古代社会是建立在血缘家族基础之上的。对任何个人而言,家庭都是他首先要面对的微型社会。儒家家庭伦理主要包含三个方面的内容:父子、夫妇、长幼。其中夫妇之间的伦理关系最为重要,"君子之道,造端乎夫妇"(《中庸》),除夫妇(男女)关系之外,父母与子女之间、子女(兄弟姐妹)之间的孝-悌伦理又构成了中国儒家代际间与代际内亲属关系的另外两个伦理原则:"君子务本,本立而道生""孝悌也者,其为仁之本","孝"是针对父母与子女之间所形成的伦理关系而言,"悌"是针对兄弟姐妹之间的伦理关系而言。家庭伦理是更大范围的社会伦理之原型与象征,家庭伦理的外延就是国家伦理。孟子说"天下之本在国,国之本在家,家之本在身"(《孟子·离娄上》),家庭是介于个人与国家之间的中间场域,"孝乎惟孝,友于兄弟,施于有政",这表明在儒家看来"齐家"作为一种家庭政治具有一定的公共性,是微缩的国家政治。

关中地区保留着传统的聚族而居的儒家传统,形成许多世家大族。蓝田吕氏祖籍河南汲郡,其祖上可上溯至五代时期的"三院吕氏",为当时望族。后周之后,汲郡吕氏未有功名卓著者,直至"三吕"祖父吕通家族才开始复振。吕通官至太常博士,赠兵部侍郎②,官衔并不是非常显赫,吕通去世后"三吕"的父亲将其葬于蓝田,其后"三吕"家族世居蓝田。吕大忠有兄弟六人,名声较广者有吕大忠(1020—1100?)、吕大防(1027—1097)、吕大钧(1031—1082)和吕大临(1040—1093)。吕大防为皇祐元年(1049)进士,吕大忠与张载之弟张戬为皇祐五年(1053)同科进士,吕大钧与张载为嘉祐二年(1057)同科进士。吕大临"居父丧,衰麻葬礼,一本于礼"③,以尽仁人孝思之情。吕大防长吕大临十四岁,较吕大临晚逝四年,在吕大防为吕大临所撰写的《祭文》中言"吾十有四年而子始

---

① 李维武编《徐复观文集》第二卷《儒家思想与人文世界》,第31页。
② 吕大临等:《蓝田吕氏遗著辑校·附录·宋文鉴吕和叔墓表》,第611页。
③ 脱脱等:《宋史》卷三百四十《吕大防传》,第10847页。

生。其幼也,吾抚之;其长也,吾诲之。以至宦学之成,莫不见其始终。于其亡也。得无恸乎!得无恸乎!"①,显示出吕氏兄弟长幼有序、兄友弟恭的伦理精神。韩邦奇和韩邦靖二人同举正德三年(1508)进士,时称"朝邑二韩",《关学编》载:"汝庆(韩邦靖)父子兄弟以学问相为师友。"②韩邦靖矜名节,"然孝悌友恭为切至,事莲峰先生(邦靖父)及阎恭人(邦靖母)终身不违颜色",莲峰先生生病,"汤药必亲尝,起居必亲扶掖,昼或忘食,夜不解衣"③。"(韩邦靖)事伯兄县令君邦彦,及苑洛子,及处其弟国子君邦翊,极兄弟骨肉之爱,有朋友忠告之益"④,"抚弟监生邦诩,情文俱尽"⑤。韩邦奇与韩邦靖兄弟二人并称"二韩",是兄友弟恭的典型。"(韩邦奇)与弟邦靖同举进士,交相砥砺,爱靖切至。公疾于庐几一载,靖侍侧,未尝少离。饮食必亲奉,汤药必分饮。乡人为立孝悌碑。后靖病亟,公日恸,不解衣、不滋味者二月余,形目瘁。靖譬晓之,公泣曰:'吾弟忆东坡诗乎?来生之因尚当同兄弟也。'及靖卒,公废寝食,哭绝衰绖,蔬食祥而勿懈。樊恕夫曰:'自有兄弟以来,中间道德之高,功业相映亦多矣。至相爱之深,相信之笃,所见之同如公兄弟,可谓旷世少有。'"⑥韩氏家族由父慈子孝、兄友弟恭推演出朋友有义,加上夫义妇顺,就构成了古代农业文明背景下关学家庭伦常的基本准则。

(三)国家敬事

儒学不只是一种单纯的哲学,而是一套全面安排人间秩序的思想体系,从个人自生至死的整个历程,到家、国、天下的构成,都在儒学的范围之内。在两千多年中,通过政治、社会、经济、教育种种制度的建立,儒学已一步步融入百姓的日常生活的每一个角落⑦。《大学》言"欲治其国者,先齐其家",说明齐家是治国的前提和基础,但道德的完善不能仅仅局限于独善自身,还应该"兼善天下"。儒家伦理学中修身与处世往往是统一的,"得志,泽加于民;不得志,修身

---

① 吕大临等:《蓝田吕氏遗著辑校·附录·祭文》,第617页。
② 冯从吾:《关学编(附续编)》卷四《苑洛韩先生》,第51页。
③ 韩邦奇:《苑洛集》卷八《韩邦靖传》,收入《关学经典集成·韩邦奇卷一》,第220页。
④ 王九思:《渼陂集》卷十三《明故朝列大夫山西等处承宣布政司左参议五泉韩子墓志铭》,伟文图书出版社有限公司,1976,第490页。
⑤ 韩邦奇:《苑洛集》卷八《韩邦靖传》,收入《关学经典集成·韩邦奇卷一》,第221页。
⑥ 沈佳:《名儒言行录》卷四《韩邦奇苑洛先生恭简公》,商务印书馆,1982,第752页。
⑦ 余英时:《现代儒学论》,第230页。

见于世。穷则独善其身,达则兼善天下"(《孟子·尽心上》),主张以积极的态度关心现实,投身于现实,在现实中实现自己的理想抱负。孔子在《论语·尧曰》中提出"尊五美,屏四恶"的为政手段,为后世国家治理提供了思想资源①。"五美"在儒家伦理体系中有大致相近的对应德目:"惠而不费"对应"惠爱";"劳而不怨"对应"勤敏";"欲而不贪,泰而不骄"对应"恭敬";"威而不猛"对应"宽厚";"慢令致期谓之贼"对应"守信"②。这些德目是儒家所认可的君臣共同遵循的仁政原则。

嘉靖三年(1524),吕柟以十三事自呈,上疏世宗劝他勤学以实行新政,被治罪下狱,不久被贬谪到解州(今山西运城市盐湖区解州镇),任当地判官。吕柟在任期间救济穷困民众,了解到当地丁徭赋税倍重于其他地方,乃屡次恳告上级减轻赋税,额外分派一概省去。年余,解州百姓衣食丰足,生活逐渐得以改善。吕柟离任解州之时,"士民无虑千数,哭送河干。去后,州人为之立碑塑像,以志不忘云"③。韩邦奇与韩邦靖兄弟二人并称"二韩",有政声。正德五年(1510),韩邦靖赴浙江行抽分之职,抽分为司利之职,官员为获取税利,对竹木成器征收重税,增加百姓负担,韩邦靖到任后,减轻货物税负,导致所征税收未能达到要求被弹劾,幸得宰事知情留任。嘉靖元年(1522),世宗即位,韩邦靖起擢山西布政司左参议,分守大同,韩邦靖单身之任,"不挟童仆,精白展布,知无不为",到任后"革奸弊,恤民隐,轻徭薄敛,讼狱平允,权豪敛迹"④。次年由于疾作,韩邦靖上书乞休,归乡之日,"军民遮留道上以万计,号泣不忍舍去,五泉子(韩邦靖)亦为之泣下"。韩邦靖为官一任,造福一方,为百姓所爱戴,为同僚所钦佩,王九思称其为"全德之士"⑤。正德九年(1514),韩邦奇"迁浙江佥事,

---

① 《论语·尧曰》记载:"子张问于孔子曰:'何如斯可以从政矣?'子曰:'尊五美,屏四恶,斯可以从政矣。'子张曰'何谓五美?'子曰:'君子惠而不费,劳而不怨,欲而不贪,泰而不骄,威而不猛。'子张曰:'何谓惠而不费?'子曰'因民之所利而利之,斯不亦惠而不费乎?择可劳而劳之,又谁怨?欲仁而得仁,又焉贪?君子无众寡,无大小,无敢慢,斯不亦泰而不骄乎?君子正其衣冠,尊其瞻视,俨然人望而畏之,斯不亦威而不猛乎?'子张曰'何谓四恶?'子曰:'不教而杀谓之虐,不戒视成谓之暴,慢令致期谓之贼,犹之与人也,出纳之吝谓之有司。'"
② 黎红雷:《"恭宽信敏惠":儒家治国理政思想的现代启示》,《孔子研究》2015年第3期。
③ 李贽:《续藏书》卷二十二《理学名臣·吕文简公》,中华书局,1959,第492页。
④ 韩邦奇:《苑洛集》卷八《韩邦靖传》,收入《关学经典集成·韩邦奇卷一》,第216页。
⑤ 王九思:《渼陂集》卷十三《明故朝列大夫山西等处承宣布政司左参议五泉韩子墓志铭》,第490页。

辖杭、严二府①"。韩邦奇到浙江上任后,勤于政务,成绩斐然。《朝邑县志》载:"所莅疏冤雪枉、抑强扶弱、除贪奖廉、节财爱民,而不畏权要,不惮险难,尤人所不及它。"②《朝邑县志》又记载了韩邦奇在浙江任职期间惠及民生的举措:"浙无巡抚统摄,故赋役独称烦费。邦奇理其事,驰张裁割,身当怨劳,厘为四科。事从节缩,法严不费。公不费供,私不厉民。岁省以百万计。"③韩邦奇此举厉行清政、惠泽后人。

（四）社会教化

传统儒家文化的主要特征之一就是政教的不可分离性,"仕而优则学,学而优则仕"(《论语·子张》)是儒家知识分子奉行的人生价值之一。这里所"学"的内容不是简单的文化知识,更重要的是学习儒家的伦理原则。朱熹的《论语集注》中有言"仕与学理同而事异""仕而学,则所以资其仕者益深;学而仕,则所以验其学者益广"④,在这一原则下,孔子提出"士不可以不弘毅,任重而道远。仁以为己任,不亦重乎？死而后已,不亦远乎"(《论语·泰伯》)。"弘道"即是对儒家礼教的传播与践行。儒家士人的这种责任感与使命感要求他们必须具有相应的道德水准与弘道的恒心与毅力。为政的儒家士人将修身成德与德政紧密联系,并且教化普通民众,这样就形成"得君行道"与"觉民行道"两条"弘道"的路径,并试图通过这两条路径完善君德与教化民众。儒家又始终秉持"人皆可以为尧舜""涂之人可以为禹""愚夫愚妇与圣贤皆可与知"的道德信念,以"先知觉后知""先觉觉后觉"的教化理念来推动平民社会的道德教化,致力于引领平民世界的价值,稳定社会秩序。

张载主张恢复三代,主张"善政"与"德政"。吕大临在《横渠先生行状》中记载了王安石与张载讨论变法的情形,张载提出"朝廷将大有为,天下之士愿与下风。若与人为善,则孰敢不尽"。由于张载与王安石在新法内容及推行方式方面有分歧,最终导致两人政见不一。张载为政时间不长,及第之后曾担任祁州（今河北安国）司法参军、云岩（今陕西宜川）县令等职级比较低微的地方官员。在担任云岩县令期间,他以道德教化、整治风俗为首要任务,每逢月吉之

---

① 张廷玉等:《明史》卷二百一《列传》卷八十九,第5318页。
② 韩邦奇:《朝邑县志》卷四,金嘉琰、朱廷模修,钱玷纂,清乾隆年间刻本。
③ 同上。
④ 朱熹:《四书章句集注·论语集注·子张》,第190页。

日,必定准备酒食,召集乡里的老人于县衙,举行"乡饮酒礼",问询民间疾苦,探讨如何训诫子弟等,使人知敬老事长之义①。

吕柟被贬谪至解州任判官时,以弘道变俗为己任,创建解梁书院,选拔民间秀俊弟子入书院学习,"又令诸父老讲行太祖皇帝教文及蓝田吕氏《乡约》《文公家礼》。又以《小学》之道养蒙于中。有孝子、义士、节妇,咸遵奉诏旨,题表其门"②。凡冠、婚、丧、祭,使百姓皆能尊闻而知行等。当地民风民俗因此趋善而大为改观。嘉靖十四年(1535),吕柟五十六岁,升任北京国子监祭酒,愈发以身作则、躬身垂范、循循诱导,让国子监生"每月习礼二次,每日歌《诗》一次"③,于是"国子诸生自是知所检束,而弦歌之声,礼让之俗,洋洋于京师首善之地矣"④。

李二曲作为未仕的士人,讲学的目的是化民成俗。康熙十二年(1673)李二曲在关中书院讲学,"公与抚军藩臬以下,抱关击柝以上,及德绅、名贤、进士、举贡、文学、子衿之众,环阶席而侍听者几千人。先生立有'学规''会约',约束礼仪,整肃身心。三月之内,一再举行,鼓荡摩厉,士习丕变"⑤。李二曲为关中书院撰写的《会约》规范了书院的教学,对讲会的日期、规程、仪式等均作了详细的规定,"使一人之行修,移之于一家,一家之行修,移之于乡党郡邑,则三秦之风俗成,人材出矣"⑥,使关中书院已绝之讲会复振。

传统儒家强调"经师不如人师""言教不如身教",千言万语无非是要我们把做人的道理融入"日用常行"之中。关学伦理敦本尚实、经世致用的实践精神自张载以后被关中士人所继承,关中学人以"为学"个体的修身工夫为基点向现实落实为个人修身、家庭和睦、国家治理,成为践行儒家内圣外王价值理念的具体表现。

四、造道精神

"变易"与"日新"是中国文化精神的核心内容,作为"群经之首,大道之源"

---

① 吕大临等:《蓝田吕氏遗著辑校·横渠先生行状》,第587页。
② 吕柟:《泾野子内篇》附录三《南京礼部右侍郎泾野吕先生墓志铭》,第322页。
③ 吕柟:《泾野子内篇》卷二十四《太学语》第三十二,第253页。
④ 薛应旂:《方山薛先生全集》卷二四《泾野先生传》,北京大学图书馆馆藏明嘉靖刻本。
⑤ 李颙:《二曲集》附录三《历年纪略》,第667页。
⑥ 李颙:《二曲集》卷十三《关中书院会约序》,第110页。

的《周易》就是"变易"思维的集中体现:"易穷则变,变则通,通则久。是以自天佑之,吉无不利""《易》之为书也不可远,为道也屡迁,变动不居,周流六虚,上下无常,刚柔相易,不可为典要,唯变所适"(《周易·系辞传下》)。"易"就是随时随地遵循道的原则并进行适时变易,即朱子所言"易,变易也,随时变易以从道也。易也,时也,道也,皆一也"①。在中国传统文化的人文精神视野中,"变易"的动力来自阴阳、乾坤的对立与转化,即张载所解释的"有象斯有对,对必反其为;有反斯有仇,仇必和而解"②。自然与人事都遵循"变易"的原则,生生不息。"变易"的结果就是"日新","苟日新,日日新,又日新"(《礼记·大学》),周而复始,没有穷尽,且同天地生生大德一样,具有伦理的属性③。"日新"的人文精神体现在"周虽旧邦,其命维新"(《诗经·大雅·文王》)的观念中。

马克思说"真正的哲学都是自己时代精神的精华"④,时代具有流动的一维性与现实的关怀性特征,每个时代的哲学都是同所在时代的"时"与"道"相符。中华文明经历五千年的历史沧桑,形成自己独特的话语系统与精神风貌。以"变易"与"日新"的视角审视中国哲学,呈现出三个方面的特点:一是核心话题随时代精神的进步而转向,不存在千年不变的哲学问题;二是人文语境随民族精神及生命智慧的觉悟而转移,没有永恒不变的哲学范畴;三是诠释文本随主体精神及其自由创造的选择而转换,没有放之四海而皆准的真理文本⑤。它一直与时俱进,不断创新。关中地区是中华文明的发源地之一,在中国哲学的创新与发展方面具有非常重要的地位。明代的冯从吾在其所编的《关学编》的"序言"中就指出这一点:"我关中自古称理学之邦,文、武、周公不可尚已,有宋横渠张先生崛起郿邑,倡明斯学,皋比勇撤,圣道中天。"⑥张载对儒学理论的创新体现出关学"勇于造道"的精神,这一精神也是关学伦理精神的一个方面。

(一) 开创理学

吕大临在《横渠先生行状》中对张载对道学的贡献进行了评价,称之"其自

---

① 陈俊民校订《朱子文集》第三十九卷《答范伯崇书五》,第1669页。
② 张载:《张载集·正蒙·太和篇第一》,第10页。
③ 《周易·系辞传上》曰"日新之谓盛德"。
④ 马克思:《第179号"科伦日报"社论》,载中共中央马克思恩格斯列宁斯大林著作编译局编译《马克思恩格斯全集》第一卷,人民出版社,1956,第121页。
⑤ 张立文:《中国哲学的创新与和合学的使命》,《中国人民大学学报》2003年第3期。
⑥ 冯从吾:《关学编(附续编)·关学编自序》,第1页。

得之者,穷神化,一天人,立大本,斥异学,自孟子以来,未之有也"①。从学术背景来看,张载的思想秉持"斥异学"的观点,所谓"异学"系指佛老思想。佛老思想自魏晋以来在儒家士人团体中的影响日益扩大,到唐代引起韩愈等儒家士人的排佛运动。韩愈在《论佛骨表》中言"夫佛本夷狄之人,与中国语言不通,衣服殊制,口不言先王之法言,身不服先王之法服,不知君臣之义、父子之情"②,从儒家礼教的立场对佛教进行批判,并进一步要求朝廷"人其人,火其书,庐其居"③,韩愈的排佛立场无疑是激烈的。鉴于李唐王朝对佛老思想的推崇、士大夫对佛老思想的钟爱,韩愈的排佛运动在思想界并未从根本上动摇佛老思想的地位,当然儒家士人排佛的立场并未动摇,一直延续到宋初。宋初三帝"致于隆平",依然承唐之旧,推行"三教"并存。宋太祖与宋太宗推崇道教,致使关中道教一度兴盛。宋真宗在沿袭乃祖尊崇道家思想之余,同时追封孔子为"至圣文宣王",作《崇儒论》。在佛教方面,真宗广建禅寺,新制《圣教序》,编修《大中祥符法宝录》,御制《崇释论》,刊正、撰序并颁行《景德传灯录》,使唐以来"三教合一"达到一个新高潮,引发儒家士人对佛老思想的反击,张载就是这些士人中的典型。在张载弟子范育为张载《正蒙》所撰写的序言中对这一文化背景有精练的总结:"自孔孟没,学绝道丧千有余年,处士横议,异端间作,若浮屠老子之书,天下共传,与'六经'并行。而其徒侈其说,以为大道精微之理,儒家之所不能谈,必取吾书为正。世之儒者亦自许曰:'吾之"六经"未尝语也,孔孟未尝及也',从而信其书,宗其道,天下靡然同风,无数置疑于其间,况能奋一朝之辩,而与之较是非曲直乎哉!"④面临日益流行的佛老思想,儒家理论自身的缺陷一览无余。张载从维系儒家道统的立场出发,从理论上对佛老思想进行反击,显示出"造道"的精神,成为理学的开拓者和奠基人,成为二程思想的直接先驱⑤。

张载的理论创新的核心概念是"太虚""天地之性-气质之性""德性之知-闻见之知""心统性情""民胞物与"等,这些范畴开创了儒学发展的新纪元,为宋明理学的发展奠定了坚实的基础。"太虚"概念的提出破除了佛老思想

---

① 张载:《张载集·附录·横渠先生行状》,第383页。
② 马其昶:《韩昌黎文集校注》卷六《论佛骨表》,马茂元整理,上海古籍出版社,1986,第615-616页。
③ 马其昶:《韩昌黎文集校注》卷一《原道》,第19页。
④ 张载:《张载集·正蒙·范育序》,第4-5页。
⑤ 丁为祥:《虚气相即:张载哲学体系及其定位》,人民出版社,2000,第45页。

所导致的"有无为二""体用殊绝"的弊端。在《正蒙篇》《横渠易说》《张载语录》中关于太虚与气、人、道的关系的论述大致完成了这一学术使命。"太虚不能无气,气不能不聚而为万物,万物不能不散而为太虚"①,"太虚即气"回应了佛教"人生虚幻"与道家"无中生有"的观念。"虚者天地之祖,天地从虚中来"②,从宇宙论方面论证了宇宙万物的出处。"天惟运动一气,鼓万物而生"③,阐明宇宙万物运行的机制。"虚者,仁之原,忠恕者与仁俱生,礼义者仁之用"④,从伦理本体论层面阐明道德人伦的依据。在"太虚即气"的基础上张载提出"天地之性"与"气质之性"的分殊,这虽然引发后人对张载性学是一元论还是二元论的讨论,但张载立论的主旨在于价值导向:天性与人性的同一,"性者万物之一源,非有我之得私也"⑤,"君子所性,与天地同流异行而已焉"⑥。张载"天地之性"与"气质之性"的观点,突破了孟子人性之"善"的先验性,在"气"中寻求"性"的本原,虽未能真正解决"性"的本体论问题,但为"性"的本体论探索提供了新的思路。张载所提出的"德性之知"与"闻见之知"在当代中国哲学学术界引发争论,许多学者简单地将其理解为"理性认识"与"感性认识",这其实远未认识到张载关于这一问题的奥义。韦政通在其主编的《中国哲学辞典大全》"德性之知"条目下解释说:"张载在这里所要说明的问题主要是圣人何以能超越自我而与天地万物为一体。其关键即在于心不为感官(见闻)所限而别具一种更高的抽象认知的能力。由于他把这一高级智能看成人的道德观念的来源,因此称之为'德性所知'。"⑦韦政通先生无疑领悟到张载论述这一问题的实质,"德性之知"不是理性思维而是一种认知能力,是张载为体悟仁孝的天人合一境界所寻求的本体论论证。"心通性情"是张载提出,被朱子发扬的一个理学概念,"心统性情者也。有形则有体,有性则有情。发于性则见于情,发于情则见于色,以类而应也"⑧,张载提出"心统性情"是基于对"心"之功能的认知,

---

① 张载:《张载集·正蒙·太和篇第一》,第7页。
② 张载:《张载集·张子语录·语录中》,第326页。
③ 张载:《张载集·横渠易说·系辞上》,第185页。
④ 张载:《张载集·张子语录·语录中》,第325页。
⑤ 张载:《张载集·正蒙·诚明篇第六》,第21页。
⑥ 同上书,第23页。
⑦ 韦政通主编《中国哲学辞典大全》,世界图书出版公司,1989,第711页。
⑧ 张载:《张载集·拾遗·性理拾遗》,第374页。

"合性与知觉,有心之名"①。"知觉",主要指人的意识活动及其能力。但张载并非仅以知觉为心,而是认为知觉与性结合在一起才构成心。张载虽然对"心统性情"未能进行深入探讨,但这一概念启发了朱子,使得"心统性情"成为朱子理学的核心概念之一。"民胞物与"是张载的《西铭》中提出的一个概念,《西铭》是张载继《横渠易说》之后为针砭时弊而作的哲学论纲。"民胞物与"从宇宙论、人性论、政治论三个层次彰显了张载的理学旨趣,反映出张载对儒家理想人格与大同世界的理解,史称其"言纯而思备"②,"深发圣人之微意"③,"辟佛、老之邪迷,挽人心之横流,真孟子以后所未有也"④。

张载以上思想,是北宋"庆历之际,学统四起"⑤的时代产物,张载之学是"苦心得之,乃是致曲,与伊川异"⑥,张载是关中学人的典范,作为理学的奠基者与关学的开创者,其勇于"造道"的学术气魄值得所有学人学习。

(二) 重构关学

朱元璋虽起布衣,但对儒学持有尊崇态度,《明史·儒林传》序谓:"明太祖起布衣,定天下。当干戈抢攘之时,所至征召耆儒,讲论道德,修明治术,兴起教化,焕乎成一代之宏规。"⑦洪武十七年(1384),朱元璋令礼部颁科举成式,在考试内容方面规定初场试"四书"义三道,每道二百字以上;经义四道,每道三百字以上。"四书"以朱子的《四书集注》为参考。应答科考经义、《诗经》的文本依据以朱子的《诗集传》为主,《易经》的文本依据为程朱的解释,《尚书》的解释参考蔡沈的注解和古时注疏,《春秋》参考左氏、公羊、谷梁三传并辅之以胡安国、张洽的注解,《礼记》则以古时注疏为本。明成祖崇儒的一个重要举措是编撰和颁布《五经大全》《四书大全》《性理大全》。经过明初二帝的崇儒政策,程朱理学成为当时最主要的思想,地位日隆。河东薛瑄对朱子思想在此时的地位有如下描述:"自考亭以还,斯道已大明,无烦著作,直须躬行耳。"⑧清初黄宗羲在

---

① 张载:《张载集·正蒙·太和篇第一》,第9页。
② 程颢、程颐:《河南程氏粹言》卷一《论书篇》,收入《二程集》下册,第1203页。
③ 同上书,第1202页。
④ 王夫之:《张子正蒙注》卷九《乾称篇上》,第314页。
⑤ 黄宗羲:《宋元学案》卷六《士刘诸儒学案》,第251页。
⑥ 黄宗羲:《宋元学案》卷十八《横渠学案》下,第773页。
⑦ 张廷玉等:《明史》卷二八二《儒林传》,第7221页。
⑧ 张廷玉等:《明史》卷二八二《薛瑄传》,第7229页。

《明儒学案·姚江学案》"小序"中对这一既定的历史事实进行了明确表述："有明学术，从前习熟先儒之成说，未尝反身理会，推见至隐，所谓'此亦一述朱，彼亦一述朱'耳。"①此时的学术事实是：朱子学思想逐渐僵化，科举制度引发士子注重口耳记诵而忽略身体力行，理学有必要从内部进行自我反思与革新。

吕柟本人是程朱理学忠实的继承者，曾梦见程颢与吕祖谦，并向其问学请益②，《明史》言吕柟"独守程、朱不变"③。吕柟身处明代中期思想发生巨大转型的时期，一方面程朱理学作为官方钦定的主导思想日益僵化；另一方面在理学内部进行自我革新的阳明心学的影响日益扩大。在这种背景下吕柟并非一味追随程朱理学，而是呈现出反思程朱理学、道继横渠、融摄阳明心学的学术取向④。关于吕柟思想对前贤的超越，吕柟门人及后来的学子都有肯定，"多扩前贤所未发"⑤，"语学者安贫立志，而括之于慎独，六经四子探订精确，皆体验自得，有前贤所未发者"⑥，这里面就有吕柟对"理气"关系问题的讨论。吕柟首先对朱子理气观提出了质疑与批评，认为"朱子谓'气以成形而理亦赋'，还未尽善"⑦，质疑朱熹"说理生气恐未稳"，认为朱熹主张"理在天地及气流行之先，恐未然"，批评朱熹"以太极为理，动静为气，恐涉支离"⑧。提出"天命只是个气，非气则理无所寻着，言气则理自在其中"⑨。这种理气观发展了张载的理气论，提出"言气则理在其中"的理气一元论观点，纠正了朱子析理气为二的弊端。针对弘治、正德年间出现的"论笃易与，躬行难得"的士风⑩，特别强调躬行的重要性，主张从日用伦常做"下学"的工夫，吕柟的"新仁学"思想在这种理论框架下逐渐形成。

吕柟提出"天下之道，只有个仁与不仁而已"⑪，"故今之学者必先学人"⑫，

---

① 黄宗羲：《明儒学案》卷十《姚江学案》，第178页。
② 吕柟：《泾野先生别集》卷五《拜横渠祠》，清道光庚子三原李锡龄校刊本。
③ 张廷玉等：《明史》卷二八二《吕柟传》，第7244页。
④ 陈俊民：《张载哲学思想及关学学派》，第46-47页。
⑤ 吕柟：《泾野子内篇·序》，第9页。
⑥ 邓元锡：《皇明书》卷三十七《吕柟》，北京大学图书馆藏明万历刻本。
⑦ 吕柟：《泾野子内篇》卷十六《鹫峰东所语》第二十一，第155-156页。
⑧ 吕柟：《宋四子抄释·朱子抄释卷二》，第361页。
⑨ 吕柟：《泾野先生四书因问》卷二《中庸》，收入《关学经典集成·吕柟卷一》，第21页。
⑩ 吕柟：《泾野子内篇》附录一《题泾野先生语录》，第302页。
⑪ 吕柟：《泾野子内篇》卷二十《太常南所语》第二十七，第205页
⑫ 同上书，第202页。

"天地之所以为天地,只是一个至公至仁"①。所谓"至公至仁"就是"天地之气,生物则均"②,"凡万物生生之理,即是天地生生之理"③。其结论是"天下之道皆尽于仁,仁之性尽于孝悌","而孝悌则所以行仁之本也",即"仁之本"也,而非程朱所谓"行仁自孝悌始,孝悌是仁之事"④,如此吕柟形成其"新仁学"逻辑体系。吕柟将孝悌视为"行仁之本"与朱子认为"孝悌是仁之事"的差别是儒家"仁学"理论的一个新突破。吕柟通过"理气一元"论与"新仁学"体系,完成了关学的重构,对关学在金元之后的中兴有造道之功。

(三)会通中西

中国传统社会自晚明开始出现社会转型的萌芽,至晚清开启了近代化的历程,在此期间"西学东渐"对中国社会发展产生了重要影响。尤其是1840年鸦片战争之后西方列强对中国的掠夺与欺压,引发了中国传统社会的解体。在这一过程中西方基督教思想与西方近现代伦理思想逐渐传入中国,中国儒家士人对传入的"西学"进行批判与选择,出现了中西方伦理思想的汇通。

我们研究晚明士人的伦理意识的变化首先要厘定晚明的界限。"晚明"一词的应用范围并无规范的界定,有指嘉靖至明末的⑤,也有以万历为界的⑥,也有以成化、弘治为分水岭⑦。本文拟采取第三种界定,把晚明的研究范围放在成化、弘治以后,即15世纪后半叶到17世纪前半叶近200年的时间内。在这一时期中国出现了从传统社会向近代社会转型的趋势,从某种程度上说,这是中国传统社会最重要的转型⑧,后人在论述这段历史时说:"明祚之亡,基于嘉靖,成于万历,天启不过扬其焰耳!"⑨这一时期的经济、社会、政治、习俗的变化对社会思想和文化艺术产生了重要影响。这一时期西方传教士传播的基督教

---

① 吕柟:《泾野子内篇》卷十九《鹫峰东所语》第二十四,第190页。
② 吕柟:《泾野子内篇》卷一《云槐精舍语》第一,第1页。
③ 吕柟:《泾野子内篇》卷十五《鹫峰东所语》第二十,第145页。
④ 吕柟:《泾野先生四书因问》卷三《论语·学而篇》,收入《关学经典集成·吕柟卷一》,第54页。
⑤ 张显清:《晚明社会的时代特点》,《河南师范大学学报》2005年第6期。
⑥ 周明初:《晚明士人心态及文学个案》,东方出版社,1997,第1页。
⑦ 万明:《晚明社会变迁研究》,商务印书馆,2005,第2页。
⑧ 同上书,第9页。
⑨ 沈家本:《历代刑法考·刑法分考十四》,邓经元、骈宇骞点校,中华书局,1985,第375页。

对儒家士人产生一定影响,出现了一批会通中西的学者,其中关中的王徵是主要代表人物之一。他将基督教教义中的"上帝""善"等概念与中国的"天""善"进行对比与比附,形成了伦理思想的新形态。

王徵的思想比较杂驳,在崇祯元年(1628),58岁的王徵在扬州府推官任上撰写完成了《畏天爱人极论》,这篇文章讲述了王徵先信佛教后转信道教、孔孟之学,最终皈依天主教的思想历程。《畏天爱人极论》以语录体阐述了王徵对天主教教义的理解,大要为一论"天命之出于天主",二论"天主惟一,其教无二,三教无法代替",三论"天堂地狱之说",四论"来世之利害",五论"灵魂不灭之理",六论"畏天爱人的修道工夫",最终"问客"受王徵思想感悟,表示已剖"心疑","明论照然,钦崇一主",心悦诚服,称王徵"为真善学圣贤人矣",并愿"于异日斋沐再叩,相与尽穷西儒未尽之奥旨"①。王徵在书中引用了大量其他著作。例如,王徵在论述"畏天""天命"等命题时,引用了不少儒家经典,包括《论语》《孟子》《尚书》等。此外,王徵还引用了传教士的宣教作品,包括西班牙传教士庞迪我的《七克》,意大利传教士利玛窦的《天主实义》和《畸人十篇》等。在天命观方面,王徵赋予儒家"天命"以基督教含义,"怀刑者不但畏世主之赏罚,实以畏天主之赏罚。而怀天刑之念,正其'畏天命'之实功耳"②。儒家对"天"的态度在孔子时期已经奠定了基础,"未能事人,焉能事鬼"(《论语·先进》),"敬鬼神而远之"(《论语·雍也》),因此儒家对"天"没有明确赋予人格神的特点,而采取一种模糊的态度,而王徵的"畏天"之说,显然赋予"天"以人格神的特点,同基督教教义合流。在人伦方面王徵对父子、君臣关系作出符合基督教教义的解释,"夫人知事其父母,而不知天主之为大父母。人知国家有正统,而不知天主统天为大正统也。不事亲不可为子,不识正统不可为臣,不事天主不可为人"③,王徵没有否定儒家的忠孝观念,但将人伦的最终归宿置于"天主"。通观《畏天爱人极论》,儒家经典与基督教经典是王徵理论的思想基础,反映出王徵中西汇通的学术取与以及王徵会通儒家与基督教的信仰追求。

面对西方列强的欺压,许多活跃于思想界的新人物对传统文化进行了批判反思,开始改变以往轻视实用科学和技艺的态度,积极主张学习和引进西方先进科技。这就是19世纪后半叶到20世纪前20年,中国思想文化界对"科学"

---

① 王徵:《王徵集》卷八《畏天爱人极论》,第155–181页。
② 王徵:《王徵集》卷八《畏天爱人极论》,第160页。
③ 同上书,第164页。

和"人"的介绍和鼓吹。在科学主义方面,从对西方科学技术的引进,到对西方科学思想、科学方法的器重;在人文主义方面,有康有为的"人的近代化"、章太炎的"人论"、孙中山的"三民主义",五四运动更是扯起了"科学"与"民主"的大旗。科技与人文在这一阶段展开了"拉锯战"。关中的刘古愚目睹了中国社会所发生的剧烈变化,萌生了学习西方的念头,成为晚清思想界具有一定影响力的人物,同康有为并称为"南康北刘"。

刘古愚在肯定儒家三纲五常的基础上对男女平等问题进行论述,在其《王安石变法论》一文中,刘古愚一方面对西方平等观念提出批评,另一方面对男女接受教育的机会平等予以肯定:"西人平等之说,原以坏吾三纲,万不可从。此中国他日胜五大洲之本,当力持之。然其说有可参者。夫妇不可平等,阴必统于阳,家必统于夫也。男女则可平等,人之视其子女必本同,阴阳之义也。故未婚嫁以前,则男先女而下女;既婚娶以后,则女顺男而从男,皆经义也。男女平等,专指父母爱子女、教之之心而言,何异于经义?"①尽管刘古愚对传统男尊女卑持肯定态度,但"父母爱子女、教之之心而言"有利于提高女子在家庭中的地位,倡导女子应接受教育,这在当时的社会背景下具有一定的思想超前性。对于"君天下"导致的君权无限,刘古愚建议采纳西方民权的优越性对君权予以限制:"泰西视法律为至尊、至重,无论为君为民,凡有血气者莫不受制于其下。民有犯者则法官罚之,君有犯者,法官亦得称天祖之法以罚之,周公所制之谥法是也。以故君民常懔懔焉,惟恐或犯,而不敢不敬厥职。"②刘古愚肯定君民之间的伦常,但认为在法律层面,君民应该平等,法律具有至高无上的权利,国家的君主应该依法行事。对于《礼运》中的"大同"思想刘古愚有新的理解:"'朋友者财相让而不争,义相劝而不忌',故子路、颜渊之愿,皆所适于大同之路也。一人与一人为友,相人偶之义也;天下人与天下人为友,则大同矣。故朋友之义,在中国为相人偶,在西国为平等。相人偶,大同之始;平等,大同之终也。"③传统伦理中要求朋友应讲"信",朋友之间人格平等,不相互矜夸,刘古愚以西方"人人平等"的原则,试图将儒家的朋友关系中的"信"普及全人类,这是对传统社会中人格平等思想的现代发挥。

儒家把握超越的方式与基督教完全不同:基督教一定要把宗教的活动与俗

---

① 刘光蕡:《刘光蕡集·烟霞草堂文集卷五·复孙介眉邑令书》,第138页。
② 刘光蕡:《刘光蕡集·烟霞草堂遗书·立政臆解》,第313页。
③ 刘光蕡:《刘光蕡集·烟霞草堂遗书·<论语>时习录》,第459页。

世的活动分开,儒家却认为俗世的活动就充满了神圣性;基督教要仰仗对于基督的信仰、通过"他力"才能够得到救赎,儒家的圣人则只是以身教来形成一种启发,让人通过"自力"就可以找到自我的实现。《中庸》讲天地参,与孟子的精神也是完全一致的①。晚明以来关中儒者尽管对西学抱有融会贯通的学术胸怀,但其思想的根底仍以儒家为主,他们站在一个新的历史高度审视人类的不同文明,试图汲取不同文明中的优秀成果,为人类的发展提供新的思路,体现出他们超前的视野。

五、超越精神

儒家尽管主张理性地生活,但未曾放弃超越的精神,从先秦儒家提出"天命"到"宋儒"提出的境界,无不体现出儒家自我超越的伦理生活。对于儒者而言,对天命的省思和追寻是其毕生的事业,孔子开辟了超越的内在转向之路,却并没有放弃超越的外向路径。他的超越既存在内在面向,更存在外在面向;他心中的道德意识越提升,则对于天命的信仰就越发坚定,二者构成的是正相关关系②。中国儒家提倡个体由"自我"向"真我"超越。所谓"真我",不是(或主要不是)指感性具体的自我,而是自我的潜在本质或"形上本体"。这种潜在本质不是心理学上所说的"潜能",而是形而上的存在。实现"真我",就是实现自我超越,做一个真正的"人"③。冯友兰先生提出的天地境界的概念④,体现出儒家超越性"终极关怀"的一面。关学伦理精神的超越性亦从以上三个方面展开:对"天命"的超越,对"自我"的超越,通过"觉解"达到天地境界。

(一)对"天命"的超越

中国的儒家传统,都完全相信并竭力论证存在着一种不仅超越人类个体而且也超越人类总体的"天意""上帝"或"理性",正是它们制定了人类(当然更包括个体)所必须服从的道德律令或伦理规则。这种道德律令是一种"心理"结构,它并非经验科学的实证研究,而是一种哲学假设⑤。"上天"作为道德创造的根源以及生活意义和终极的自我转变的根源,突出地贯穿于整个儒学传统之

---

① 刘述先:《儒家思想开拓的尝试》,第86页。
② 赵法生:《儒家超越思想的起源》,"代序"第14页。
③ 蒙培元:《中国传统哲学思维方式》,浙江人民出版社,1993,第77页。
④ 冯友兰:《新原人》,生活·读书·新知三联书店,2007,第154页。
⑤ 李泽厚:《伦理学纲要》,第14页。

中。先秦儒家所确立的文化的人文性与理性的底色,通过"天道""性命""修教"等环节,以及对人心中伟大力量的发现,寻求一种"遥契至上天命"的最高祈向,形成对具有人格神特征的"天命"的超越,构建了儒家有别于基督教的"人神关系",形成新型的"合一"的"天人"关系。在先秦儒家经典中,孔子提出"畏天命,畏大人,畏圣人之言"(《论语·季氏》),"子罕言利,与命,与仁"(《论语·子罕》),孔子言命,意蕴深远。"天命""大人""圣人之言"虽然不是平等关系,但孔子赋予"大人"与"圣人之言"崇高的地位,避免了"天命"对"人力"的彻底消解。"仁"的先验性和超越性即为天道,与下学上达的道德实践和超越性的天命与天道相通,因此孔子感叹"知我者其天乎"(《论语·宪问》)。孔子对天道与天命的超越,具有一定的宗教意味,但践行"仁"的理念则落实于现实的生活境遇。天的要求是主体之性的要求,对"仁"作出决定的是人而不是"天","我欲仁,斯仁至矣""为仁由己,而由人乎哉"(《论语·颜渊》)。孟子提出在理解层面上通过"尽心""知性"以"知天",在修养层面上"存心""养性"以"事天","天"被内向收摄于"性"乃至于"心"之中。《中庸》开篇提出"天命之谓性",又通过"参天地""赞化育"的方式论及"天地之道",这些都是对宗教"天命"的超越。这样的自我就是一个向上的、充满进取心的、自强不息的自我,一个以"日新"为"盛德"的强者形象①,彰显了人的自我力量。

张载"为天地立心,为生民立命"体现了其对"天命"的超越精神,张载的天道论主要源于《周易》和《中庸》。张载使用"天"一词,明显体现了太虚本体的三层意蕴:天是昊天元气②,是天性物性③,是万物之本原④。尽管张载从"太虚"规定了天的一些属性,但作为一个儒者,他并未否认天所具有的"神性","'帝臣不蔽',言桀有罪,己不敢违天纵赦;既已克之,今天下莫非上帝之臣,善恶皆

---

① 唐文明:《与命与仁:原始儒家伦理精神与现代性问题》,第209页。
② "由太虚,有天之名",参见《张载集·正蒙·太和篇第一》,第9页;"太虚者,天之实也。万物取足于太虚,人亦出于太虚,太虚者心之实",参见《张载集·张子语录·语录中》,第324页。
③ "气块然太虚,升降飞扬,未尝止息。《易》所谓'氤氲',庄子所谓'生物以息相吹'、'野马'者欤!此虚实、动静之机,阴阳、刚柔之始。浮而上者阳之清,降而下者阴之浊。其感通聚散,为风雨,为雪霜,万品之流形,山川之融结,糟粕煨烬,无非教也",参见《张载集·正蒙·太和篇第一》,第8页。
④ "天之生物也有序,物之既形也有秩",参见《张载集·正蒙·动物篇》,第19页;"天地生万物,所受虽不同,皆无须臾之不感,所谓性即天道也",参见《张载集·正蒙·乾称篇第十七》,第63页。

不可掩,惟帝择而命之,己不敢不听"①,"天"具有赏善惩恶的意志与能力。张载作为一个儒者,立足于现实社会,因此强调"人"的意识与意志,"天之知物不以耳目心思,然知之之理过于耳目心思。天视听以民,明威以民,故《诗》、《书》所谓帝天之命,主于民心而已焉"②,"天无心,心都在人之心。一人私见固不足尽,至于众人之心同一则却是义理,总之则却是天。故曰天曰帝者,皆民之情然"③。这种天人关系境界下,人与天是融为一体的,天即宇宙是澄明的,它就是真,就是善,为人的伦理提供本体依据,但"天"与人不是隔绝的,生活在现实生活的人通过情感的理解,将自己视为"天"的代言人,能自觉依据天道而行"人事",使"天心"与"人心"合一。另外张载将客观的"天命"进行了道德化的处理,将个体人置于天命之上,形成对"天命"的超越:"德不胜气,性命于气;德胜其气,性命于德。穷理尽性,则性天德,命天理,气之不可变者,独死生修夭而已。故论死生则曰'有命',以言其气也;语富贵则曰'在天',以言其理也。"④"德不胜气",人便为气禀所拘,不能摆脱由气禀带来的先天之病;"德胜其气",人就能成为一个自觉的主体,通过一番修德进业的工夫体认来超越"天命"。

吕大临的《易章句》所作的解释主要在经而不在传,因此对《系辞》《说卦》《象》的解释较少,且主要关注其中的人道论意义。与张载不同,吕大临的道学义理架构更多建立在《孟子》与《中庸》的基础之上,实质在于性(命)论,而不在天(道)论,"盖中者,天道也、天德也,降而在人,人禀而受之,是之谓性。《书》曰:'惟皇上帝,降衷于下民。'《传》曰:'民受天地之中以生。'此人性所以必善,故曰'天命之谓性'"⑤。天道是人所遵循的道德原则的本原,人可以依据自身的理性与意志,明察人伦物理,合内外之道。吕大临又从"本末"的角度,强调人在沟通天人中的主导地位,"知天下皆吾体也,则不得不以吾身为本,以天下为末;知尽性者,必以明明德于天下为主,则不得不以致知为始,以明明德于天下为终。知此,则可以进道,故曰近。德至此,则与道为一,夫何远近之有哉?"⑥"明明德"是对至善天道的领悟,"以致知为始""以天下为终"都是向现实人的

---

① 张载:《张载集·正蒙·作者篇第十》,第38页。
② 张载:《张载集·正蒙·天道篇第三》,第14页。
③ 张载:《张载集·经学理窟·诗书》,第256页。
④ 张载:《张载集·正蒙·诚明篇第六》,第23页。
⑤ 吕大临等:《蓝田吕氏遗著辑校·礼记解·中庸》,第271页。
⑥ 吕大临等:《蓝田吕氏遗著辑校·礼记解·大学》,第372页。

层面展开,天道不是与人隔绝或遥不可及,它就存在于现实世界的方方面面。另外,吕大临将"诚"的工夫作为沟通天人的"中介","天之道虚而诚"①。"虚而诚"是天道的本体属性,"虚"即张载所言"太虚无形"之意,"诚"指天道的实在性:"故诚者,天之道,性之者也;诚之者,人之道,反之者也。圣人之于天道,性之者也;贤者之于天道,反之者也。性之者,成性而与天无间者也,天即圣人,圣人即天,从心所欲,由仁义行也;出于自然,从容不迫,不待乎思勉而后中也。反之者,求复乎性而未至。虽诚而犹杂之伪,虽行而未能无息,则善不可不思而择,德不可不勉而执,不如是,犹不足以至乎诚矣。"②"圣人"与"天道"同一,"贤人"需要通过"反"的工夫,勤恳地达到对天道的领悟,"圣人"与"贤人"都是人世间能超越天道者。

(二) 自我超越

儒家精神,是超越而内在的理性主义。其在内在的方面肯定了个体;在超越的方面肯定了全体。全体表现于个体之中,无另一悬空的全体。每一个体涵融全体而圆满俱足,无所亏欠,所以个体之本身即是目的,而非以另一东西为目的③。儒家从孔子开始就非常重视个人的笃行,"刚、毅、木、讷近仁"(《论语·子路》),"能行五者于天下为仁矣"(《论语·阳货》),五者为恭、宽、信、敏、慧,皆属实践范畴。孔子的道德实践具有明显的自反性特征,往往以自反思维来指导道德实践。孔子所言的"古之学者为己,今之学者为人"(《论语·宪问》),表现出现实的伦理主义与道德修养的自觉,即"为仁由己,而由人乎哉"(《论语·颜渊》),"自反"与"自觉"的工夫都是个体对自我的超越。"慎独"之说,《大学》《中庸》都有表述。《大学》传文释《诚意章》云"所谓诚其意者,毋自欺也。如恶恶臭,如好好色,此之谓自谦,故君子必慎其独也"。《中庸》首章第二句有云"戒慎乎其所不睹,恐惧乎其所不闻。莫见乎隐,莫显乎微,故君子慎其独也"。"慎独"作为一种伦理实践的"自反"与"自觉"工夫为宋明儒家所重视。

吕大临提出"君子贵乎反本",以"反本"的工夫达到人对"本心"至善的领悟,"君子贵乎反本。君子之道,深厚悠远而有本""故君子之学,将以求其本

---

① 吕大临等:《蓝田吕氏遗著辑校·孟子解》,第477页。
② 吕大临等:《蓝田吕氏遗著辑校·礼记解·中庸》,第295-296页。
③ 李维武编《徐复观文集》第二卷《儒家思想与人文世界》,湖北人民出版社,2002,第69页。

心"①。"本心"是"情之未发"的状态,"本心原无过与不及",具有"中和"之性②。"本心"为人生来具有,但本心之"中和"仅仅是"人心"潜在的状态,"人心"会因现实的洗染而面临失去"本心"的危险,"习善则成善,习恶则成恶,性本相近而习相远"③。鉴于"本心"具有失却的潜在危险,君子重视反乎其身所具有的"本心"。吕大临提出"居人""由义"的伦理践履,完成"反本",不断超越自我,进而达到人道合乎"本心"的目的。

李二曲承袭阳明"合本体工夫而一"之说,强调二者的统一性,其"格物致知"说与"慎独"说都是基于"致良知""止于至善"的为学工夫,其"格物致知"同"慎独"一样是一种向内的意向性活动,通过对先验良知的情感体验,进而达到"穷理"的伦理境界。李二曲对"慎独"之工夫的理解也是基于对"已发"和"未发"的阐释,且把"慎独"之"独"释为"良知":"各人一念之灵明是也,天地之所以与我者,与之以此也。此为仁义之根,万善之源,彻始彻终,彻内彻外,更无他作主,惟此作主。'慎'之云者,朝乾夕惕,时时畏敬,不使一毫牵于情感,滞于名义,以至人事之得失,境遇之须逆,造次颠沛,生死患难,咸湛湛澄澄,内外罔间,而不为所转,夫是之谓慎。"④"独"是本体,是"慎独""自反"与"自觉"的工夫;"独"既是"慎"的前提,又是"慎"的最终指向和目标。李二曲所言本体即"良知",此"良知"为天命之所赋,即"各人心中之一念惺惺者是也",是人之所以为人的本然依据,"慎"的工夫就是为了涵养、保持这一天赋之"人性"。由微而知显,掌握了上面的道理,就可以进入圣人高尚的道德境界和天人合一的至善之境。

(三)天地境界

儒家主张超越"天命",在日常的生活场景通过超越自我而达到一种精神境界,这种精神境界被儒家称之为"天地境界"。天地境界的个体既是道德的,又是审美的,儒家企慕的圣人气象即是这种境界的体现,自先秦至明清,儒家知识分子对这种境界的向往和践履主要是以"曾点之志"与"孔颜之乐"作为动力源泉。

---

① 吕大临等:《蓝田吕氏遗著辑校·中庸解》,第493页。
② 同上,第481页。
③ 吕大临等:《蓝田吕氏遗著辑校·孟子解·告子章句上》,第478页。
④ 李颙:《二曲集》卷三十《四书反身录·中庸》,第415-416页。

"曾点之志"虽所受到宋明诸儒的推崇,但其间诸儒亦有微词。朱熹觉察到"曾点之志"缺乏下学的积累和体认工夫,他说:"曾点见处极高,只是工夫疏略。"①他又批评道:"曾点意思与庄周相似,只不致如此跌荡。"②二曲在其论学中对"孔颜之乐"赞许甚多,但对"曾点之志"的态度同朱子相似,在推崇"曾点之志"所达到的境界之时,亦有所保留,他说:"曾点素位而行,不作未来之想,悠然自得,心上何等干净,气象何等从容。有曾点之胸次,而兼三子之长,德与才始全,斯出与处,无往不可,而后天下之事,无不可为。"③。

　　李二曲自幼家贫,与母亲相依为命,但其求道之心未尝稍懈。"贫莫贫于'箪瓢陋巷',夫不有颜路在耶?而颜子无营无欲,恬然安之,所谓以善养,不以禄养也。"④常人也"发愤忘食,乐以忘忧",但其"发愤忘食"并非为了"修道修业",而是为了获得名利甘旨,其所获之乐是物欲满足的快感,绝非超越物我之私、与天理同流为一的自由之乐。圣人和常人所忧之事与所乐之事有若天壤。由是观之,"孔颜之乐"并不在于让人内心如何快活,而意在如何做工夫。发愤忘食的明道修业工夫愈详密,愈有助于"真乐"境界的形成。从这个立场上看,把"发愤忘食"视为"真乐"的障碍,只是表明工夫还未到,发愤忘食就包含了自身的目的,就是寻求"真乐"的道德人格和精神境界。

　　李二曲的境界哲学中敬畏与洒脱的双重气象形成协调互补的格局,他把"曾点气象"理解为"人欲尽处,天理流行"的理想境界。李二曲艰苦力学,以醇儒气象显闻于当世,在其著述和问答中绝少徜徉山水、俯溪云的意境;他虽少谈在自然境界中体验这种气象,但其返本工夫所达到的境界实际和"曾点之志"所呈现的"天理流行"的境界完全一致。《历年纪略》载:"(顺治十四年丁酉)夏秋之交,患病静摄,深有感于'默坐澄心'之说,于是一味切己自反,以心观心。久之,觉灵机天趣,流盎满前,彻首彻尾,本自光明。太息曰:'学,所以明性而已,性明则见道,道见则心化,心化则物理俱融。跃鱼飞鸢,莫非天机;易简广大,本无欠缺;守约施博,无俟外索。"⑤"默坐澄心"的目的是"体认天理",天理不在身外,而在自心,在静坐中体验未发气象和浑然和乐的气象。当"性明见道""心物

---

① 黎靖德编《朱子语类》卷四十《论语·先进篇下》,第1027页。
② 同上。
③ 李颙:《二曲集》卷三十六《四书反身录·论语·先进》,第480页。
④ 李颙:《二曲集》卷三十三《四书反身录·论语·雍也》,第449页。
⑤ 李颙:《二曲集》卷四十五《历年纪略》,第562页。

俱融"时,内心不夹杂任何成见,开通明达,洞晓事理,这是一种物我两忘、天人一体、超然物外的自由之境。李二曲所讲的直觉体验,是体现其"静"的修为工夫而不是佛老的枯静,是一种自然生意与大化流行的新境界。

关学伦理的超越精神是关学学者自我意识对伦理世界的维护,它建立在心与身之间的互动关系之上,具有伦理自觉的个体通过对天道性命的肯定与体认,肯定伦理世界的神圣性。作为理性的个体通过教养、内在的道德修养可以观照本善的道德本原,并能够主动规范自己的行为,最终达到"穷理尽性以至于命"的天地境界。

小 结

就整体而言,儒家学说主要是围绕伦理问题展开,因此儒家的伦理精神与儒家精神具有重合性的一面。关学是宋明清时期在关中形成的具有地域特色的理学学派,它是中国儒学在关中地区的发展,因此具有儒家思想及宋明理学的共性,但又有关中的地域性特色。自传说中的伏羲画八卦、文王增补八卦,到周公制礼作乐、张载开创关学,贯穿着人文的精神与理性的精神,同西方的宗教文化与宗教传统形成鲜明对比。尤其是关学中的礼教传统相较古代中国其他地区更为明显,这一方面源自关中农耕文明的厚重性,另一方面同关中政治、经济、文化自安史之乱后的封闭性有关,形成了黄宗羲所言的"关学世有渊源,皆以躬行礼教为本"的传统。张载开宗立派,吕柟与王阳明讲学"中分其盛,一时笃行自好之士,多出先生之门"[①],再到清初"海内三大儒"之一的李二曲[②],他们在理学方面提出重要命题,在伦理实践方面也堪称楷模,在他们的身上所形成的关学的造道精神与实践精神甚为明显。另外张载提出的"民胞物与"思想、吕柟的"新仁学"、李二曲的"悔过自新"思想所达到的"天地境界"与"万物一体"思想就有明显的伦理超越精神。

---

① 黄宗羲:《明儒学案》,第11页。
② 关于明清之际海内三大儒所指何人历来有两种说法:其一是指孙夏峰、黄梨洲、李二曲,如全祖望之《二曲先生窆石文》曰:"当时是,北方则孙先生夏峰,南方则黄先生梨洲,西方则先生(二曲),时论以为三大儒。"参见《二曲集》附录二《二曲先生窆石文》,第614页;其二为20世纪20年代章炳麟在《重刊船山遗书序》中提出:"明末三大儒,曰顾宁人、黄太冲、王而农,皆以遗献自树其学。"参见《船山全书》第16册,岳麓书社,2011,第441页,这是现在比较流行的说法。

第四章 关学伦理的践行

关学,是由北宋理学家张载创建、于明清发生学派分化并向近代转型的关中地域理学形态①。世人皆知,张子之学"以立礼为本","尊礼贵德",平生用心莫过于"复三代之礼"②。横渠之学特重尊礼复礼,他一生为官、讲学的不同时期都以礼立教,以复兴三代之礼为理想,发展了传统儒家伦理中的礼学思想。二程兄弟有言"子厚以礼教学者,最善,使学者先有所据守"③。这就从为学之方上肯定了张载关学伦理思想以礼教人的宗旨,对关学"以礼立教"的伦理思想予以肯定。张载是宋明理学家中率先从为学之方的角度对"礼"予以高度重视,提倡以礼修身的理学思想家,他的理论区别于二程洛学以居敬穷理为主的道德修养工夫。张载死后其弟子也都继承了横渠礼学的伦理思想特质,以礼立教、尊礼贵德是关学伦理思想的核心精神。北宋以后,关中士人儒者纷纷以亲身躬行的方式践行张载开创的以礼立教的关学伦理精神。

一、以礼立教

(一)礼之源

天道性命相贯通是宋明理学的哲学特质之一。与先秦两汉的伦理思想不同,受佛道思想发展的影响,宋代以后中国的伦理思想家们开始把伦理道德本体化,即不仅把人类的伦理道德看成是人为的社会规范,而且还把其看成是宇宙的本体④。本体论为伦理学提供普遍性的前提,伦理学为本体论提供具体性的验证。⑤ 中国传统伦理思想发展到宋明时期的本体化主要体现为形而上化、

---

① 林乐昌:《论"关学"概念的结构特征与方法意义》,《中国哲学史》2013年第1期。
② 陈俊民:《张载哲学思想及关学学派》,第130页。
③ 程颢、程颐:《河南程氏遗书》卷二上《二先生语》,收入《二程集》上册,第23页。
④ 焦国成:《传统伦理及其现代价值》,教育科学出版社,2000,第21页。
⑤ 张岱年:《中国伦理思想研究》,第139页。

理论化转向。牟宗三先生以"天道性命相贯通"独标横渠之学,认为横渠作品中有若干语句表现此观念最为恰当①。因此,贯通"性与天道"是关学宗师张载论礼有别于先秦儒家之处。

据记载,《横渠张氏祭仪》《三家冠婚丧祭礼》《礼乐说》等都是张载论礼的著作,只是这些著作已经散佚于不同时期。现存《张载集》中《正蒙》《经学理窟》等分别记录了张载以尊礼贵德为主的伦理思想。张载首先反对"礼出于人"的根源说,"礼不必皆出于人,至如无人,天地之礼自然而有,何假于人?天之生物便有尊卑大小之象,人顺之而已,此所以为礼也。学者有专以礼出于人,而不知礼本天之自然。"②他主张从天之自然的角度论述礼之根源,天生万物则尊卑大小自然有定,人虽然是万物之灵,却也只是万物其中之一,礼并不出于人而源于天。张载的思想里,天代表的是太虚,太虚无形无象,其体为神,其用为气化之道③。这样张载在建构自己的理学思想的基础上直接从太虚本体的角度论述礼之根源。"横渠张氏曰:'太虚即礼之大一也。大者,大之一也,极之谓也。礼非出于人,虽无人,礼固自然而有,何假于人?今天之生万物,其尊卑小大,自有礼之象,人顺之而已,此所以为礼。或者专以礼出于人,而不知礼本天之自然。"④太虚本体这一"天之自然"便是礼之根源处,这就将礼与天道本体和宇宙秩序联系起来,赋予其天道本体的超越性地位,使得人道秩序上升为天道秩序。张载从性与天道相贯通的本体论高度论述礼的根源。礼源自太虚这一天道本体,是宇宙天地万物伦理道德生活的秩序和规则。另外张载还从其他角度对礼之源处有所论述,他认为礼出于性、出于理,其原在心,它既是天地之德亦是圣人之成法。"礼所以持性,盖本出于性,持性,反本也。"⑤"礼即天地之德也。"⑥"盖礼之原在心,礼者圣人之成法也,除了礼天下更无道矣。"⑦"盖礼者理也,须是学穷理,礼则所以行其义,知理则能制礼,然则礼出于理之后。"⑧由此可见张

---

① 牟宗三:《心体与性体》第一册,联经出版事业公司,2003,第437页。
② 张载:《张载集·经学理窟·礼乐》,第264页。
③ 李晓春:《张载哲学与中国古代思维方式研究》,中华书局,2012,第197页。
④ 卫湜:《礼记集说》卷五十八,收入《景印文渊阁四库全书》第117册,台湾商务印书馆,1983,第216页。
⑤ 张载:《张载集·经学理窟·礼乐》,第264页。
⑥ 同上。
⑦ 同上。
⑧ 张载:《张载集·张子语录·语录下》,第327页。

载认为社会生活中人的道德心、道德情感也是礼的来源。但他从心、性、理的角度论述礼之根源时更多是从人的角度立论的,强调礼对于人反本持性、穷理行义的重要作用。人伦之礼是人对作为天地之德的礼的践行,人间礼法是天地自然之理的体现。所以张载从天地之德与圣人之成法两个层面论述礼之根源,他将以"太虚"为核心的天道本体确立为礼的终极根源,这也奠定了关学以礼本于天道自然为主的伦理思想特质①。

北宋以后关学这一单一、独立的地域理学学派的发展随着张载逝去、门人四散而有了新的变化。明清关学出现了学派分化,关中学人在继承张载之学的基础上,开始出现融摄程朱理学与阳明心学的发展趋向,这就使得关学学派出现多元化特征,同时关学发展也自然表现出了融通诸脉的特点。然而在礼学思想方面,关学学者却一直都继承、发展着张载以太虚本体论礼之根源于天的伦理思想。如明代关学代表人物马理就认为:"若曰万物资始乃统天,固为元矣。其在人则为好生而恶杀之仁,凡义礼智之德皆从此出,实万善之长也。"②三原马理继承了张载的礼学思想,提出礼是天之自然的秩序;人之好生恶杀的仁义礼智的道德也是人禀受天之自然之礼的体现,这就再一次确认了礼的崇高地位。

宋代以前,儒学伦理思想从人的角度论礼,或认为礼是君子的行为准则,或认为礼具有使人各守其分以"别贵贱""定尊卑"的社会作用。礼本于天道自然是关学伦理的礼学思想有别于传统儒家之处,这是宋明以来儒家伦理思想本体化发展的体现;也是北宋以后关学面对释道思想大行天下,儒家纲常伦理遭到破坏,欲以礼为教重振传统儒家伦理思想以回应佛道挑战的体现;更是关学在北宋时期对如何平治天下、安顿社会与如何成就自我这些问题的伦理回答。经过历代关学学者的发展与传承,礼源于天与笃志好礼、躬行礼教成为关学伦理思想的鲜明特质,这也是关学学人上承周秦汉唐礼学思想,重视礼教,以礼收摄人心、敦风化俗的体现。以"太虚本体"为核心的天之自然的礼之源处开启了此后关学伦理思想以礼以成德、礼以化俗为主要方面的伦理实践。

(二)礼以成德

德性的获得是实践的问题,所以德性的教化必须有实践可以遵循的道路或

---

① 关于张载对礼之根源的论述,也可参见林乐昌的《张载礼学论纲》(《哲学研究》2007年第12期)。

② 马理:《马理集·周易赞义卷一·乾卦》,第12页。

途径。这条道路或途径的起点必须是足够清楚,并且是我们容易做得到的①。对中国人而言,合理的言行和知行活动,必须合乎"礼"②。道德问题不仅是认识问题,更是行动的问题,因而古代思想家重视言行相符。在伦理学说的范围内,提出任何主张,必须有一定的行动与之相应,否则就是欺人之谈,毫无价值③。以礼立教这一关学伦理精神的践行就体现在以"知礼成性,变化气质"为主的道德修养实践活动中。"知礼成性、变化气质"是张载关学伦理思想的核心,它能够高度概括关学以礼教人以成就德性的伦理实践活动。在张载这里,知礼、行礼的道德实践是人变化气质以追求完满德性可以遵循的道路和途径。横渠殁后,其亲炙弟子吕大临所著的《横渠先生行状》明确记载了北宋时期关学以"知礼成性、变化气质"为主的伦理实践:"学者有问,每多告以知礼成性、变化气质之道,学必如圣人而后已,闻者莫不动心有进。"④伦理学家不管认为性善还是性恶,最后得出的结论都是每个人都有实践伦理的可能、践行道德的可能,都有成圣成贤的可能⑤。以"知礼成性、变化气质"为主的道德实践活动是横渠充分肯定人的伦理可能、以礼教人最重要的为学之方,也是关学伦理思想以礼成德的核心精神。

张载生活的北宋时期,长安曾作为周秦汉唐之都的繁华已然不再。失去了全国经济、政治、文化中心地位的关中,曾经在周秦汉唐儒家文化深刻熏陶之下所积淀的以雅正为特点的民风民俗也已经发生变化。佛道思想的强势发展冲击了以往关中所秉持的传统儒家礼教的人伦规范,社会的公共秩序与民风民俗早已不复周秦汉唐之旧序,昔日辉煌不复再现。另外北宋时期关中地区成为西北边防之地,人们普遍不安于礼,个人道德生活失序的同时社会人文风俗中的礼也逐渐缺失。正如文献记载所言:"古者惟国家则有有司,士庶人皆子弟执事。又古人于孩提时已教之礼,今世学不讲,男女从幼便骄惰坏了,到长益凶狠,只为未尝为子弟之事,则于其亲已有物我,不肯屈下,病根常在。"⑥有鉴于这一世学不讲、礼教废弛、男女骄惰凶狠的社会现状,张载艰苦力学,继承周秦汉

---

① 廖申白:《伦理学概论》,北京师范大学出版社,2009,第144页。
② 杨国荣:《哲学的视域》,第191页。
③ 张岱年:《中国伦理思想研究》,第6页。
④ 张载:《张载集·附录·吕大临横渠先生行状》,第383页。
⑤ 樊浩:《中国伦理精神的现代构建》,第359页。
⑥ 张载:《张载集·经学理窟·学大原上》,第280-281页。

唐儒学思想,在为官讲学期间竭力推崇古礼,希望通过复三代之礼的伦理道德教化活动以改变关中人不安于礼的道德生活现状,改变关中士人学子的精神风貌,改良社会秩序,促进社会公共秩序的良性发展。

  儒家努力将伦理的生活,也就是践履"礼"之规范的生活赋予全体大众,就是因为在儒家看来,合乎伦理、道德的生活就是对人性的实现、提高和完善,如同"绘事后素",是每个人迫切需要和应该得到的①。张载建立了以"礼"为核心的关学伦理道德价值规范,为关中士人学子提供了道德修养之方。所谓"知礼成性"是让学者通过学习礼的知识,理解礼的本质,培养自己遵循外在伦理规范(礼)的自觉,以完善自己的德性②。"知礼"要以"观礼""学礼"为先,"学者且须观礼,盖礼者滋养人德性,又使人有常业,守得定,又可学便可行,又可集得义。养浩然之气须是集义,集义然后可以得浩然之气。严正刚大,必须得礼上下达。义者,克己也"③。礼能够滋养人的德性,具有切实可行之处,观礼、学礼的伦理行为是人集义养气以变化气质的道德修养之道。知以积德,礼以久行;知需用心,行需用气。所谓"知礼成性"是对道德实践之身心双重动力的重视,其目的是成性、成德。正如"性"是合天人之道的枢纽性环节,"成性"既不可能脱离天的自然理则,同时也不可能脱离人的道德修养工夫④。张载所倡导之古礼,是周秦汉唐以来儒家文化创造发展的结果,体现了人们具有深厚的历史文化积淀的伦理道德生活。观礼、学礼以知礼要从童蒙学子孩提之时开始,从洒扫应对入手,以日用伦常中的生活行为促成个体道德修养的提升。这种礼乐制度虽具有一种使人迁善的强大力量,但这种力量不是一种完全由外在打入的刚性的力量,而是一种基于人类本性建立起来的使人性能调适上遂的柔性的力量;这种力量能使人在不感到有强力压迫的情况下自发地遵守礼制的规定,并知道自己不是在被动地服从外在制度条例,而是在积极地通过循礼守制实现自己的生命价值,完善自己的道德⑤。儒家的伦理学,明显地不限于道德行为,而关注德行、人格和实践工夫⑥。礼以成德的个体道德修养路是在遵从礼制、行礼

---

① 崔大华:《儒学引论》,第809页。
② 林乐昌:《张载关学学风特质——兼论张载关学学风的现代意义》,《陕西师范大学学报(哲学社会科学版)》2002年第3期。
③ 张载:《张载集·经学理窟·学大原上》,第279页。
④ 邸利平:《道由中出:吕大临的道学阐释》,第222页。
⑤ 蒋庆:《政治儒学》,福建教育出版社,2014,第85页。
⑥ 陈来:《儒学美德论》,第293-294页。

的道德实践中去完成,逐渐成就个人的道德修养,这主要体现在以礼约身,使举止合宜得体、行为端庄恭敬两个方面。人可以凭借礼教磨炼意志、规范行为①。这是人们以内在道德之心的自觉、自律促发、生成外在行为举止得体、端庄恭敬,以实现内外兼修的道德生活的体现。

以礼成德体现了人德性修养的提升过程和目标,是人德性生命的完满发展,是礼仪规则对人约束的结果。以礼成德中的"礼"包括礼制和礼仪规范两部分。行为是个体道德的外部表现,也是形成道德关系、道德价值的客观基础②。人们通过理解、遵从礼制的道德践履行为,使自己动容周旋之间的行为举止都符合礼,拥有虔敬的态度、道德情感和价值品质,则自然德性生命获得完满发展,人的气质逐渐得到改变。这是贯穿于人们日用伦常之间的工夫实践。"事父母'先意承志',故能辨志意之异,然后能教人。"③忠君孝亲、恭而有礼、敬而无失,言行始终合一,在家事父事兄,以恭敬之心行有礼之事,这就是以礼成德的过程和体现。张载关学这一以礼成德的道德实践活动是对孔子主张通过下学上达以恢复西周礼乐制度的继承,使得儒家的礼学教育在北宋时期再一次不流于空洞的行为规范,而是融合人的精神生命培养、德性发展于其中。正所谓"礼所以持性,盖本出于性,持性,反本也。凡未成性,须礼以持之,能守礼已不畔道矣"④。"修持之道,既须虚心,又须得礼,内外发明,此合内外之道也。"⑤于此可见,关学伦理以礼立教、礼以成德的道德修养之方是一个内外兼修的过程。在这个过程中人要能够虚其心,细心观礼、学礼以知礼,在道德自觉的前提下,将知礼主动转化为行礼,在知中行,在行中知,以行为举止符合礼为目标,实现个人道德生活的完满发展。张载所言的礼不仅是日用伦常的行为体现,更是一种学问道德,所以礼是修身进德之根本。如何以礼修身以成就完满的德性?张载认为这就需要做到"至诚"。"诚"是中国伦理思想发展到宋明时期具有超越性和现实性的伦理概念。张载的关学伦理思想也是通过苦读《中庸》而来,"诚"在张载的伦理思想中是兼具形而上超越性与形而下个人修养的道德要求,是礼以成德道德实践的德性修养目标之一。

---

① 贺麟:《文化与人生》,第8页。
② 王育殊:《道德的哲学真义》,第3页。
③ 张载:《张载集·正蒙·有德篇第十二》,第45页。
④ 张载:《张载集·经学理窟·礼乐》,第264页。
⑤ 张载:《张载集·经学理窟·气质》,第270页。

张载关学礼以成德的伦理道德实践在北宋时期以超越的天道本体为依据，兼具内在超越性与现实可行性的双重特点，"礼"还存在于自我实现之中①，从某种意义上说"礼"的真正含义是内省的自律②。礼以成德最终体现在知礼成性、变化气质的为学工夫中，这是对个人具体情欲的安顿，是在将人的情欲与理性和谐统一的过程中建立起来的人在日常生活中的中道。以礼成德的伦理行动、道德实践活动也是人的道德本心对太虚本体的体会，体现着人内在的道德实践能力。宋明理学的贡献在于建立个体自觉的伦理主体性③。礼以成德通过对人的道德知觉能力的强化，基于道德自觉，使人能够明其当然而行其当然，以完美的道德行为改善德行，促进人的德性生活的改变，这恰恰体现了关学伦理思想对个体自觉的道德主体性的强调以及德智双修的理论旨趣和伦理生活追求。道德的主体性即人在道德活动中的自主、自决、自控的属性和功能，突出表现为意志的特征和行为的特征，这就是意志自律④。观礼、知礼、行礼将基于道德自觉之上的道德知识与道德实践联结起来，将成就德行这一内涵的当然之则与普遍规范的具体道德行为与成就德性相关联，实现了人作为理性存在的普遍规定，彰显了人的道德责任和伦理使命，确立了关学伦理的内在精神和价值取向。

吕大临是张载的亲炙弟子，虽然他的思想随张载逝去而出现了由关入洛的转变，但是他始终坚持以礼成德的伦理思想观点，并著有《礼记解》一书阐发他的礼学思想。吕大临《礼记解》有言："温故知新，将以进吾知也；敦厚崇礼，将以实吾行也。知崇礼卑，至于成性，则道义皆从此出矣。"⑤在知礼行礼的过程中，内外交养，在敦敦下学中上达礼之本，自然能逐渐变化气质，以德行合礼而促进德性发展。

北宋以后，关学伦理思想的发展经历了金元时期的式微之状，到了明代礼以成德的思想内涵也逐渐发生了变化。三原学派王承裕就重视以礼教人，他主张教育要以礼为主："自始学好礼，终身由之，故教人以礼为先。凡弟子家冠婚

---

① 杜维明：《人性与自我修养》，胡军、于民雄译，中国和平出版社，1988，第14页。
② 同上书，第21页。
③ 李泽厚：《中国古代思想史论》，第220页。
④ 王育殊：《道德的哲学真义》，第39页。
⑤ 吕大临等：《蓝田吕氏遗著辑校·礼记解·中庸》，第304页。

丧祭,必令率礼而行。"①王承裕还刊布了《吕氏乡约》教导乡人平日里行为皆要合礼,以此来敦化风俗。到明代中叶,关中理学家吕柟上承周张程朱之学,搜集整理了张载遗著,从而重构、中兴了关学伦理思想。这主要体现在其对关学伦理礼以成德思想的发展。吕柟继承张载关学"躬行礼教"的伦理思想,他在为官期间曾上书皇帝,劝世宗兴"大礼","约之以礼"是他为书院学子提出的为学良方。在阳明心学风行天下之时,通过礼以成德的躬行践履,吕柟主张在礼乐教化中逐渐进道,强调先知后行、知指导行,这是他对当时阳明心学重知而遗行弊病的补偏救弊。然而,与张载关学礼以成德的道德践履活动是通过改变德行而促进德性发展以变化气质不同,吕柟思想中礼以成德的伦理实践不再体现出偏重德性生命完满发展的趋向,而体现出强调以行为符合礼制规范为目标、关注躬行践履和以下学为主的特点,这也是吕柟之学以穷理实践为主的体现之一。由此可见从北宋到明代,礼以成德的关学伦理思想实现了从本体论证到伦理规范的转变。

关学以礼成德的伦理实践是一种美德伦理,这种美德伦理使人成为卓越的、有品格的人,包含着对人是什么与人应当是什么的理性思考,是人的伦理行动的体现。礼以成德蕴含着反躬责己的修身工夫,这种伦理实践活动更多地偏向个人德性的养成,使人真正成为道德存在。张载关学这种以礼立教、恢复三代之礼的道德伦理实践,在北宋时期有效革除了当时人们不安于礼,释道之流俗瓦解儒家伦理的弊病,使得关中地区尊礼崇礼蔚然成风,极大地提升和改善了关中士人学子的精神生活,使其朝着文明化的方向发展。同时这也是关学以礼维护社会伦理道德秩序,以回应佛道思想挑战,保证儒家伦理思想主导地位的体现。

(三)礼以化俗

照儒家看,修养为一切之根本,社会之兴衰治乱均以道德之兴废为转移②。在北宋儒学复兴的过程中贯穿着建立合理的社会秩序这样一条内在的线索,而社会秩序在儒学当中的资源就是礼,因此范仲淹说"天下之制存乎礼"③。宋代学者重视礼学,其实也是他们实现社会政治理想的一种体现。儒家直接以维护

---

① 冯从吾:《关学编(附续编)》卷三《平川王先生》,第37页。
② 汤一介:《儒学十论及外五篇》,北京大学出版社,2009,第77页。
③ 刘丰:《北宋礼学研究》,第10页。

礼的社会秩序为己任,并作为个体人格与个体道德的最高价值,可以说,它是以积极的方式维护现有的秩序①。在横渠期间,张载还对古代的礼仪典章进行了深入研究,并亲自倡导古礼的恢复和践行,他希望以此在关中重建、维护合理的社会秩序以促进人们道德生活的良性发展。张载看到当时的礼仪法度特别是婚丧祭祀的仪式"用流俗节序,燕亵不严",决心对古代礼法进行深入研究,并要求全家和弟子们根据古礼行事②。因此,区别于洛学、闽学,"躬行礼教"是北宋至清末关学发展所形成的伦理思想特质。关学的宗风可以用"躬行礼教,崇真尚实,重视践履,崇尚气节"来概括③。礼教是关学伦理思想家们以积极的方式维护现有社会秩序的方式,重礼教是关学伦理思想的核心精神之一。社会秩序的维持不是依靠制度,而是依靠道德教养,这就需要礼节的渐习渐养,使生命个体的习性在潜移默化中得到约束和提升④。躬行礼教的思想特质是一代代关中学人始终坚持以礼约束和提升人们日用伦常的生活行为、教化乡党的体现;是他们改良社会风俗、调整个人德性与社会德性的关系、建设公共社会美德的体现。

治世安人是伦理道德思想的现实应用⑤。基于自己的哲学探索和政治思考,张载认为,"礼"是宇宙法则和社会政治秩序的集中表征,实现社会教化的根本途径就是知礼、学礼、践礼⑥。张载注重推行儒家的道德伦理,以复古礼为目标,通过加强民间儒学教育来改变地方风俗。他也曾入朝为官,在担任丹州云岩县令期间,"政事大抵以敦本善俗为先……使人知养老事长之义,因问民间疾苦及告所以训戒子弟之意"⑦。他很重视在民间推行古礼,当时丧葬无法,"丧惟致隆三年,自期以下,未始有衰麻之变,祭先之礼,一用流俗节序,燕衰不严",先生"继遭期功之丧,始治丧服,轻重如礼;家祭始行四时之荐,曲尽诚洁。闻者始或疑笑,终乃信而从之,一变从古者甚众,皆先生倡之"⑧。吕大临《横渠先生行状》中的这一记载为我们展现了张载推行礼教,治丧服、定祭时,以古礼改变

---

① 樊浩:《中国伦理精神的现代构建》,第77页。
② 方光华、曹振明:《张载思想研究》,西北大学出版社,2015,第14页。
③ 刘学智:《关学思想史》,西北大学出版社,2015,第18页。
④ 邸利平:《道由中出:吕大临的道学阐释》,第234页。
⑤ 焦国成:《中国伦理学通论》上册,山西教育出版社,1997,第13页。
⑥ 方光华、曹振明:《张载思想研究》,第183页。
⑦ 张载:《张载集·附录·吕大临横渠先生行状》,第382页。
⑧ 同上书,第383页。

"丧葬无法"的事实。以礼化民易俗是张载教化民众、治理社会的一种方式。

礼意味着在社会的、道德的,甚或是宗教环境中的行为规范和准则①。吕氏兄弟继承了张载躬行礼教的伦理思想,他们精于礼学,以古礼研究名扬四方,秉承着"德业相劝、过失相规、礼俗相交、患难相恤"的宗旨,他们共同编修了中国历史上第一部成文乡约,即《吕氏乡约》。吕大钧研究古代井田、兵制、礼仪,将古礼付诸实践。吕大临学习三代遗文旧制,并积极施行。他死后有人作挽联"曲礼三千目,躬行四十年"②以悼念之。《吕氏乡约》以"德业相劝,过失相规,礼俗相交,患难相恤"四个纲目约束乡党邻里关系,并处理相关事务,是关学在关中地区推行礼仪教化、敦化民俗的重要成果,显示出关学注重从社会层面推行改革的尝试,正是在这几年间,四吕与张载在关中东西呼应,共同塑造了关学"尊礼贵德"的学风③。吕氏兄弟以礼化俗的这些行为影响深远,《吕氏乡约》也成为关中地区人们的行为规范。

金元时期关学发展式微,然而此时奉天高陵之学的代表人物"关西夫子"杨奂再一次继承了关学躬行礼教的伦理思想传统,他重视礼的制度规定及对礼的践行。丰元关学学者同恕同样重视礼的实践,处事以符合礼仪为准,处理冠婚丧祭之事皆以符合礼制要求为标准。

明代以后,王承裕将蓝田吕氏兄弟所编写的《吕氏乡约》予以刊行,以礼的实践教化乡人。在他的极力推行之下,"冠婚丧祭必率礼而行,三原士风民俗为之一变"④。同时,王承裕的学生马理受其师推崇礼教实践的影响,论礼更注重礼在社会教化中所具有的辨上下贵贱、定民志、稳定社会秩序、移风易俗的作用。在关中乡民因遭遇饥荒而散乱失序时,他以《吕氏乡约》淑世教化,约束乡民,使当时的乡风民俗逐渐恢复到文明有序的状态。张载主张执礼的过程中要懂得变通,"时中之义甚大,须是精义入神以致用,始得观其会通以行其典礼,此方是真义理也……君子要多识前言往行以畜其德者,以其看前言往行熟,则自能比物丑类,亦能见得时中。礼亦有不须变者,如天叙天秩之类,时中者不谓此。"⑤马理继承了张载"执礼要懂得时中"的伦理思想主张,他也强调执礼过程

---

① 杜维明:《人性与自我修养》,第4页。
② 黎靖德编《朱子语类》卷一百一《程子门人》,第2561页。
③ 邱利平:《道由中出:吕大临的道学阐释》,第42页
④ 黄宗羲:《明儒学案》卷九《康僖王平川先生承裕》,第164页。
⑤ 张载:《张载集·张子语录·语录下》,第328页。

中通权达变的重要性,正所谓"礼之变,经而权,皆所遇观其会通,以行其典礼者也"①。

明代中期,马理的好友吕柟搜集整理张载的著作,继承张载的思想进而重构了关学。在四进四退的为官与讲学期间他始终坚持推行礼教,注重发挥礼教所具有的提升个人修养、改善社会教化的作用。礼本身是一套规范体系,即生活规范体系,如言语、容貌、行为在特定活动中的标准②。持礼、守礼是吕柟伦理思想所推崇的修身工夫。和张载一样他认为学礼是人身心有所持守之处,他重视对礼的学习,主张用礼来规范日用伦常中的行为。这些都体现在《泾野先生礼问》一书有关冠婚丧祭之礼等的问答中。除这些理论探讨之外,谪判解州期间,吕柟在解梁书院曾选拔民间子弟进入书院学习,讲读礼论、歌诗习礼。他在解州积极推行《吕氏乡约》《朱子家礼》,为当地人提供了一套文明的礼仪行为规范,建构了相应的礼制,劝导解州百姓遵守、践行礼制规范。张载主张通过"知礼成性、变化气质"以实现礼以成德的伦理思想,这是人在道德本心自觉的作用下,以内在道德自律促发外在的道德行为,以德行完满德性的行为,是一种内外双向作用下以自律为特点,以实现性与天道相贯通的德性修养过程。吕柟以礼化俗的伦理实践虽然继承了张载躬行礼教、复三代之礼的礼学思想特征,却已然失去张载关学伦理思想中的形而上追求和超越性依据,实现了从道德自律向道德他律的转变。以礼化俗的伦理道德践行活动更多的是以礼制、乡约的形式对经验世界中人的行为的一种外在规范,实现了个人道德修养从以德性为主到以德行为主的转变。吕柟以礼化俗的伦理思想体现出鲜明的经验性与现实性。在个人德性与社会德性方面,吕柟更注重培养人们的社会德性,重视社会公共美德与社会公共秩序的建设。

到了清代,关学以礼立教的伦理实践还一直在关中延续。独行君子李柏继承张载躬行礼教的关学伦理思想,侍奉母亲尤重孝道。王心敬也接续横渠"知礼成性变化气质"的主张,认为人要学道、修道就必须言行合礼,他还编订儒家"三礼"并著有《丰川家礼》等礼学著作以立家礼,教化家人与百姓。

关学自创立以来就始终以"躬行礼教"著称,也以此区别于洛学,"躬行礼教"亦成为关中理学家面对佛老思想挑战以重振儒学的重要理论贡献。以礼立教是关学伦理精神实践化的主要体现之一,在这一道德实践中蕴含着个人德性

---

① 马理:《马理集·溪田文集卷四·与吕泾野书》,第319页。
② 陈来:《儒学美德论》,第94页。

生命的培养、个人德性与社会德性的协调、社会公共秩序的建立,以及对美好生活的追求。

二、尽心知性

心性论是儒家伦理思想的一个核心论域。中国传统伦理思想发展到宋明时期,以心性论为主的儒家伦理发展趋于成熟,这一点在关学伦理思想中尤其特别。关学创始人张载于北宋之初率先开创了以"合性与知觉,有心之名"与"天地之性、气质之性"为主的心性论。在张载性与天道合一的心性论思想中,尽心知性便成为关学伦理思想的道德修养工夫和践行工夫,塑造着此后关中学人的道德生活。尽心知性是关学伦理思想中人们的行为以自身为目的而具有意义与价值的道德实践活动,它只关心行为对主体的意义与价值,在这个过程中人的德性得到完满发展、主体性得到充分体现。

"尽心知性"语出《孟子·尽心上》,孟子曰:"尽其心者,知其性也。知其性,则知天矣。存其心,养其性,所以事天也。"(《孟子·尽心上》)历来儒者学人特别是宋儒在儒学复兴运动背景下对《孟子》一书中所提到的"尽心知性"有不同解读,他们大多认为这是孟子所提出的以反省内心、修养善性为主的道德修养方法。唐末以来,在儒释道三教融通的趋势下,随着儒学复兴运动的兴起,以心性论为主的儒家伦理思想迅速发展,张载于北宋五子中率先建构了自己独特的心性论,尽心知性以工夫论的形式成为关学伦理思想中最重要的道德实践之方。

(一)大心体物、心能尽性

就内容而言,新儒家的"道德形而上学"实际上就是宋明理学的"心性之学"。他们认为,儒家的心性之学不仅说明了伦理道德的内在根据,而且指出了一条达到宇宙本体、实现"天人合一"的正确道路,是一条道德超越之路[1]。横渠四句"为天地立心,为生民立命,为往圣继绝学,为万世开太平"举世皆知。张载以心为主,为人们确立了以善为核心的道德价值系统和道德超越之路。心性论是张载伦理思想中联结天人、贯通性与天道的独特之处。张载的关学伦理思想以大心体物的工夫实践为尽心知性工夫,心因其哲学本体论中的太虚而存在,"太虚者,心之实也"。心统摄性与知,以大心为主的工夫实践指向性善论。

---

[1] 樊浩:《中国伦理精神的现代构建》,第138页。

中国古代的人性论在其主流上基本上是道德性的认知,即它主要是道德人性论①。宋儒通过"心性之学",上连天道,下接伦常,以反击释老,指出"释氏追求寂灭,老氏企求长生",都违反了人性和天道②。宋明理学是由先验的"天理""天地之性"主宰经验的"人欲""气质之性"以完成伦理行为③。张载《正蒙》中曾言:"合性与知觉,有心之名。"④心兼具道德价值论和认识论双重特点,既具有道德心的意蕴,又具有认知心的意蕴;但是认知心感外物而服务于道德心,张载伦理思想中"心"的意蕴更多是以道德心为主。他继承孟子尽心知性知天的修养工夫论,出入佛老,认为心源自太虚本体,认知心是"小心",它服从服务于道德心,心能知性尽性,心又统摄性情。

人性本善,人性之中具有一切道德的要素,这是中国伦理一以贯之的传统,人性是道德超越、道德实践的内在根据,比康德的"绝对命令"与"善良意志"的预设更为严整,因为它已经不是"公设"而是"真实"⑤。张载以"天地之性"肯定人性之善的绝对性,他在天地之性、气质之性的性二元论视域下提出了以大心为主的道德修养工夫,这成为张载独特的伦理道德实践观。实践大心的道德修养工夫,首先在于意识到"心能尽性,人能弘道也。性不知检其心,非道弘人也"⑥。借由心的道德作用扩充、实现自己的善性以弘道。认识到道德心的这一作用,接下来就需要做大心的工夫实践。具体而言,"大其心则能体天下之物,物有未体,则心为有外。世人之心,止于闻见之狭。圣人尽性,不以见闻梏其心,其视天下无一物非我,孟子谓尽心则知性知天以此"⑦。道德心是太虚本体妙应万物而成形过程中下落到人心的体现,人有道德心,扩充道德心的伦理实践活动是人通过道德修养逐渐超越感性认知层面而直接沟通万物本体的体现。在大其心的伦理工夫实践中,心具有太虚本体的神用功能,人要在日用伦常的道德实践中发挥太虚本体赋予人心之实的这一作用,以获得良知。儒者固然可以通过内在的心性去体贴证知天命和天道,但楚河汉界永远存在。对儒者而

---

① 陈少峰:《中国伦理学史》上册,"导论"第13页。
② 李泽厚:《中国古代思想史论》,第225页。
③ 同上书,第228-229页。
④ 张载:《张载集·正蒙·太和篇第一》,第9页。
⑤ 樊浩:《中国伦理精神的现代构建》,第138页。
⑥ 张载:《张载集·正蒙·诚明篇第六》,第22页。
⑦ 张载:《张载集·正蒙·大心篇第七》,第24页。

言,对天命的省思和追寻是其毕生的事业,只有进行时没有完成时①。所以张载注重穷理尽性以至于命的工夫实践积累。儒家心性之学是"为己之学""内圣之学""成德之学""立人极之学",其目的是通过个体生命的道德修养成德成圣上达天德而为一立人极之人,以实现个体生命的终极意义与价值②。"大其心"便是北宋时期张载为人们所确立的实现个人生命价值以成圣的道德修养工夫。

大心以体天下之物的工夫实践并不否认见闻之知与德性之知,主张超越见闻之知对人的道德心的限制和桎梏,以德性之知尽心知性,实现体天下万物、与万物为一体的道德境界。张载之学以《周易》为宗,以《中庸》为体,以孔孟为法。超越见闻之知以大心的过程,具体而言还得从张载对《中庸》的理解说起。《中庸》有"自诚明,谓之性;自明诚,谓之教。诚则明矣,明则诚矣"的说法,自诚明、自明诚是《中庸》里提到的两条道德修养路径。张载认为大心的伦理实践工夫就是"自明诚,谓之教"的过程。"诚明所知乃天德良知,非闻见小知而已。"③"自明诚,由穷理而尽性也;自诚明,由尽性而穷理也。"④"须知自诚明与自明诚者有异。自诚明者,先尽性以至于穷理也,谓先自其性理会来,以至穷理;自明诚者,先穷理以至于尽性也,谓先从学问理会,以推达于天性也。某自是以仲尼为学而知者,某今亦窃希于明诚,所以勉勉安于不退。"⑤张载明确区分了大心的修养工夫中自明诚与自诚明两条道德修养路径,并提出了以明诚为主的大心工夫,具体言之就是以穷理为先,见物而对物条分缕析产生见闻之知,见物多而逐渐类推,在穷理的工夫实践中逐渐开显自己的道德本心,以道德心知性、尽性。在反躬内省的道德实践工夫中,扩充自身本有的"天德良知",由见闻之知促发德性之知,通过穷理尽心知性以尽性的工夫积累,以大心的方式超越见闻之知的桎梏,超越感性认知而达到"天德良知",从而尽心知性以尽性。这就是张载以自明诚为方法的大心体物、尽性知性的伦理工夫实践过程。道德的自律意谓道德主体之自我立法⑥。儒家的德性不是天生的美德,而是后天形成的德性的累积,通过努力修为而得。外在的教化并不保证人能够向善和择善,

---

① 赵法生:《儒家超越思想的起源》,"代序"第14页。
② 蒋庆:《政治哲学》,第203页。
③ 张载:《张载集·正蒙·诚明篇第六》,第20页。
④ 同上书,第21页。
⑤ 张载:《张载集·张子语录·语录下》,第330页。
⑥ 李明辉:《四端与七情:关于道德情感的比较哲学探讨》,华东师范大学出版社,2008,第275页。

只有内心的意念发动向善,并让意念持续实化为善性,德行方能建立,德性方能彰显①。因此,张载所提出的大心体物、尽心知性的工夫是一个融感性认知活动与道德创造活动于一体的伦理实践活动,这一道德修养工夫彰显了个体的道德自觉,是人发挥主观能动性的道德自律过程。

(二)反求赤子之心与知本养心

吕大临是张载的亲炙弟子,张载死后他曾由关入洛,所以其伦理思想既有关学特征也体现出洛学的特点。吕大临继承了其师张载大心体物的伦理实践工夫并对其予以发展。

与张载继承孟子尽心知性的工夫,从太虚本体的角度理解心不同,吕大临继承《孟子》"不失本心"的观点,他从天道本体的角度以体用言心,认为赤子之心就是人的道德心、价值心、天德良心。赤子之心未发为体,已发为用,未发是赤子之心未曾感物而动的本然状态,他结合《中庸》,以"中"贯通伦理实践的全过程,认为"中"首先是心未感物而动时纯一无伪的状态。"窃谓未发之前,心体昭昭具在,已发乃心之用也。"②吕大临在与程颐往来辩论的过程中,以赤子之心有体有用的能动性确立了人的道德心,通过对《中庸》的重新理解而表现出重视践履的思想特点,这就以"赤子之心"为自己伦理思想中的道德实践先行立论。"人心至灵,一萌于思,善与不善,莫不知之。"③赤子之心能知善知恶,在感物而动时能作出相应的道德判断。在大临看来,心不但是生命主体自觉的基础,而且有着道德价值内涵,因而既可上达"性与天道",也可下达于"四端""五伦"和礼乐教化。在他对"心"之内涵的理解中形成了对"心"之全方位的理解,呈现出心在实然世界和本然世界中的现实功能和价值意义④。

吕大临继承孟子"本心"的观点以及张载大心体物的伦理思想,以赤子之心标示人的道德本心。相应地,尽心知性的伦理实践在吕大临这里就体现为反求诸己、克己复礼的道德践履工夫和过程。克己复礼是吕大临立足于关中隆礼重礼的伦理思想传统,在人应当尊礼守礼以实现社会道德生活有序化、文明化的这样一种现实伦理道德生活中,以礼为现实的道德规范约束人的行为,使其在

---

① 温海明:《儒家实意伦理学》,中国人民大学出版社,2014年,第2页
② 程颢、程颐:《河南程氏文集》卷九《与吕大临论中书》,收入《二程集》上册,第608页。
③ 吕大临等:《蓝田吕氏遗著辑校·中庸解》,第481页。
④ 邸利平:《道由中出:吕大临的道学阐释》,第155页。

动容周旋之间的道德实践活动中始终保持无过无不及的"中"的状态,从而保持自己纯一无伪的赤子之心。大临有言:"性与天道,本无有异,但人虽受天地之中以生,而梏于蕞然之形体,常有私意小知挠乎其间,故与天地不相似,所发遂至于出入不齐而不中节,如使所得于天者不丧,则何患不中节乎?"①人因形体之桎梏,道德心受私意小知困扰而无法达到与万物为一的境界。吕大临重视礼学、精研古礼,克己复礼就是以礼这一外在行为制度、行为规范约束人们的行为举止,使之无过无不及,以行为的中道去除内心的私心杂念,去除人因形体而产生的私意对道德心的障蔽,这是以"中"统摄知行,通过保持中道以追求内在道德心的澄明为目的的伦理实践工夫,也是吕大临在张载去世以后继承其大心体物、尽心知性的伦理实践工夫,融合关洛、感通物我,在重礼学的实行过程中以求"中"的方式实现尽心知性,建构自己伦理思想的集中体现。

反求诸己的道德践履工夫在道德实践过程中就是保持赤子之心作为道德心纯然无杂的状态,并以此道德心主导伦理生活中的道德实践活动,使人在现实生活的道德实践中一方面能够始终保持自己的道德心不丧失,另一方面又能在自身所具有的道德心的主导下,使自己的道德行为、道德生活呈现出合理有序的状态,以实现人的道德自由,达到与天地万物为一体的精神境界。反求诸己的道德践履工夫体现在吕大临与程颐有关"中"的书信讨论之中。吕氏认为"中"即性,它是道之所由出,也是心未发之前的一种本然状态。具体言之这种本然状态是赤子之心不偏不倚、无过无不及的状态。这样在吕大临这里,"中"既是未发之道德本心,也是反求诸己、以求未发之道德心的工夫实践。以求中工夫而保持赤子之心的中道状态,不丧失本心是吕大临伦理思想的坚定追求,也是其伦理实践活动中始终坚持的道德原则和实践规范。这是吕大临对张载大心体物以尽心知性伦理思想的进一步发展,体现出融合关学、洛学伦理思想的特点。

张载死后部分弟子由关入洛,他们的伦理思想逐渐出现兼具关洛的双重特点。李复一直恪守着张载开创的关学道统,他继承发展了张载尽心知性的伦理观,建构了自己的善本养心说。李复的善本养心说继承了张载天地之性、气质之性二元化之下的性善论,他认为善本养心首先要识得本性之善,这是知善本的体现,也是养心的关键和前提。知得善本,便要养心,养心的道德修养工夫首

---

① 吕大临等:《蓝田吕氏遗著辑校·礼记解·中庸》,第271页。

先要在内心自觉的状态下自省以检视内心,反省自己的行为是否符合礼制等行为准则的要求。在感知自己的善心之后,养心过程中还要注意做到"虚一而静",保持心灵宁静、精神专一,在这样一种状态之下,在耳目闻见中心有所得,从而实现了然自悟。这就是李复提出的以知本养心为主而尽道极理的伦理道德修养之方。

(三)存心与诚敬工夫

经历了金元时期的式微,明代以后关学伦理尽心知性的践行工夫随着伦理思想整体的发展而有了新的变化。明代中期,关中大儒薛敬之之学在继承关学的同时又融合了程朱理学中的伦理思想,从而开辟出了一条以"存心"为目的,以"求静力行"为工夫的伦理道德实践之路。此后到晚明时期关西夫子冯从吾又以诚敬工夫体心,救正阳明心学之弊,开创了关学伦理思想以心为主,于日用伦常中事事检点,将存养与省察结合起来以恢复本心的伦理实践方法。薛敬之和冯从吾二人的存心说、诚敬工夫是对关学伦理思想以尽性知性践行工夫的发展,也是明代以后程朱理学逐渐僵化、阳明心学风行之际关学伦理思想发展的独特体现。

薛敬之生活在明代中期,此时程朱理学由于官方化而逐渐僵化,但是薛敬之依然非常推崇程朱理学,将其视为开发人之心智以通往先秦孔孟伦理思想之门户。但是与此同时,他又对当时士人仅将程朱之学看作口耳记诵以求取功名的工具之学嗤之以鼻,他以亲身实践圣贤之言进而反求诸己的方式践行着孔孟以来的伦理思想,形成了自己存心以尽性知性的伦理实践工夫。

薛敬之虽重视程朱理学,但是在哲学思想的理气关系之外,他更重视心性论并对其反复参究。在道德修养工夫方面他继承了孟子尽心知性知天的伦理思想,同时作为关中大儒他继承了张载的"心统性情"说,提出了"心"为太极并将性、情皆归于气进而直接以心统摄性与气的伦理思想。他认为心是"善之渊","性"分天地之性与气质之性,天地之性是人纯善无恶的本然之性;气质之性是在人禀气而生的过程中产生的,气质之性有善有恶。这就确认了心的重要地位,充分肯定了人的道德本心及其对情感、形体的约束与控制功能,体现出重视心性的伦理思想特点。由此他提出了存心的伦理道德实践工夫,"存心"首先要"识心",以心主气,用自己的道德本心约束由气而产生的情欲,如此工夫实践方有入手处。识心之外须养心,养得心则天理渊澄而理与善皆能浑然而发。因此,心是万善之最初渊源,养心工夫首先是于静中默默涵养此心;心所具有的善之渊源这一道德价值在应事接物过程中得以呈现出来,体现为求仁的工夫实践。具体言之,存心就意味着在日用伦常的应事接物过程中时刻省察心的变化,使其不因感外物而有所驰,以心定而实现不放心,依托存心以逐渐返归自己至善的天地之性。薛敬之这种静中存养的养心工夫是一种收敛工夫,收敛的养心工夫不仅仅只停留在人的精神、意志方面,而且还需要辅之以应事接物的道德实践,在日用伦常的应事接物中以伦理实践尽伦成物、尽心知性。关学素以"躬行礼教"著称,薛敬之作为明代关中大儒,其尽心知性的伦理践行工夫也具有重视躬行的思想趋向,他的存心工夫体现出注重"事上力行"的特点。

晚明关学大儒冯从吾将明代关学发展推向第二个高峰,他以"本体工夫合一"的方式批评了阳明学四句教中"无善无恶心之体"的观点,认为这种观点违背了孟子所提出的性善论,流入了佛老之学以一切为"无心"的思想理论中。他会通朱子学和阳明学从而完成了关学发展的心学化转向。冯从吾的伦理思想在尽心知性的道德践履工夫方面体现出以静为主、动静交相为用的特点。

冯从吾首先认为心性之学是孔孟相传之学,人在伦理生活中的道德修养工夫从根本上说就是涵养心体以恢复本心的工夫实践活动。人人都有自己的道德心,这一道德心是日用伦常、动静语默之间的仁义之心,是孟子所言"乍见孺子入井"的怵惕恻隐之心,所以人人都应该向内追求自己的道德本心,而不应该忘本求末、务外遗内,于日用常行之外悬空去求仁义之心。"'人皆有不忍人之心'一章,正是孟子'道性善'。盖当时管、晏功利浸淫人心已久,故人人都去假仁假义,所以认做性恶,所以有杞柳湍水之议。孟子只说仁义原是大家性中生来有的,何必去假?如不信是性中生来有的,何不于'乍见孺子入井'之时去验一验,既验得'怵惕恻隐之心'是人人有的,则仁是人人生来有的,不必去假。"[①]冯从吾认为道德心具有自觉能力而本然为善;道德心之发用如同桃仁杏仁一般,能够生出枝叶花实,且有无穷生意于其间。道德心并非因其本体地位而游离于日用伦常的生活之外,相反它正是在日常生活的纲常伦理之中体现出来。冯从吾提道:"圣贤论心,不外纲常伦理,出处辞受、动静语默。于此件件透彻,步步踏实,才见真心,才是真正学问。得力处在此,用力处亦在此。"[②]道德心超越具体现实的感性存在而具有永恒性、超越性,是道德价值的根源。冯从吾从本体的角度确立了道德心作为心性本体的地位,以此驳斥、修正、批判了阳明学

---

① 冯从吾:《冯少墟集》卷三《疑思录》,收入《冯从吾集》,第102页。
② 冯从吾:《冯少墟集》卷一《辨学录》,收入《冯从吾集》,第54页。

四句教中"无善无恶心之体"的论断。就性而言，冯从吾继承张载的性二元论，认为"性"具有二元化特点，可以分为义理之性与气质之性，为学的关键就在于知性，知得善性，便能率性而为，在践行过程中成就自身的德性。同时他还吸收了朱熹心统性情的心性论思想，认为心、性、情三者统一，"不知心所具之生理为性，非心外别有性可对言也。性不可见而见之于情，如孩提知爱，稍长知敬，情也。而必有所以能知爱能知敬者，性也①"。言心则工夫有所着落，亦有下手处；圣贤学问只落实在"心"上，要在心上用功。基于此伦理心性观，冯从吾主张心即体、性即体，要以善心善性的本体为主，明其本体而于本原处用力，率性而为，不离日用而事事检点。于至善的道德心之本源处立论是冯从吾辩驳阳明心学的体现，也是他儒佛之辨的出发点。无论是把善心作为根源性的存在，还是从性善的角度对心作善的规定，都是要确立善心作为心性本体的地位，这在冯从吾生活的时代有着特殊的意义，这是针对王学末流以"无善无恶"作为心之体，从而使善的道德原则松解、伦理纲常混乱的社会现实而发的②。

立足于自己的善心说，确立道德心的本体地位之后，冯从吾提出了自己的伦理道德修养工夫，也即戒慎恐惧、静坐以体验未发气象的静时工夫和慎独、诚意、存养与省察相结合的动时工夫，这是一种真修、实修工夫。本体与工夫合一是冯从吾伦理思想的鲜明特色，善心即是本体，指导着以工夫实践为主的道德践履活动，这即是"识得本体，然后可做工夫，做得工夫，然后可复本体"。有关未发已发，冯从吾表现出重视未发的思想趋向，未发与已发截然分明却又一以贯之。体验未发本是朱熹的老师李侗所倡导的道德修养工夫，然而与之不同的是冯从吾认为未发之时也有真机流行，未发只是一念未起之时，体验未发是于虚无之中保持此心的"常惺惺"状态，讨得心体的湛然虚明之象。冯从吾喜欢静坐工夫，但是在他这里静坐不是如佛道一般的参禅打坐，静坐服务于涵养善心，在静坐之时能收敛身心。慎独、诚意、省察的动时工夫，在冯从吾这里就体现为已发之处的工夫，体现在日用常行的生活之中。须于事上点检，克去私欲，以求合于善性，合于善心之本体。"慎独"更多是说于人所不知而己所独知之地，能够省察以使思虑不执着于一边，免得陷入空疏支离。"诚意""省察"是一念方动之后的工夫。冯从吾认为："道体原是圆满，不分动静。静时乃道之根本，方动时乃道之机括，动时乃道之发用。学者必静时根本处得力，方动机括处点检，

---

① 冯从吾:《冯少墟集》卷十五《复性堂记》，收入《冯从吾集》，第274页。
② 何睿洁:《冯从吾评传》，西北大学出版社，2014，第90页。

动时发用处停当,一切合道,然后谓之不离。然必在静时根本处预先得力,方动机括处再一点检,然后动时发用处才得停当,故特举不睹不闻与独处言之,此先天之学,而后天自不待言。"①冯从吾虽提出了静时工夫与动时工夫,然而于此段引文可见他以"道之根本"标示静时工夫之重要,强调要于静时这一根本处着力用工夫。

冯从吾关学伦理思想中的尽心知性工夫采取动静交相为用且以静为主的方式,体现出融合程朱理学、阳明心学又继承张载关学尽心知性工夫实践的特点,体现出关学伦理思想中道德修养工夫以"主静"为特点、重心性涵养的方向。

(四)主敬存诚以尽心知性

关学伦理自张载开创尽心知性的道德践履工夫以来,发展至清代,有王建常以"主敬存诚"之工夫实践对其予以继承和发展。

明清鼎革之际,阳明心学因阳儒阴释、蹈于虚空之流弊而遭到顾炎武等人的质疑与批判。关学伦理思想的发展也从冯从吾开始出现心学化趋向,而到清代依然有关中大儒恪守着张载开创的关学传统。在尽心知性的伦理实践工夫方面,王建常仰慕张载,他继承了关学宗师张载心统性情、大心体物的伦理思想,同时融合程朱心性之学,形成了自己主敬存诚以尽心知性的伦理实践工夫。

王建常从善心、善性的观点出发,提出了以存养、主敬、静坐、存诚为主的道德修养工夫论。张载提出了"心统性情"的观点,王建常认为"心为一身之主,以提万事纲"②。心是人躯壳的主宰,王建常以心统一了宋明儒学中的道心人心之辨,认为人心、道心只是一个心,道心通过人心而显现。在此基础上认为"心统性情"可以理解为心涵盖性情与心主宰性情两个方面。就涵盖义而言,性是心之体,情是心之发用,心贯乎性情之发展始终。他说:"未动为性,已动为情,心则贯乎动静而无不在焉。"③知得心才能明得性、情,心主宰着性与情。心善性善而圆满自足,人的道德修养工夫首先要以存心养性为主,王建常所著的《复斋录》有言曰:"夫子言心,操则存,舍则亡,出入无时莫知其去向者,只要见得这是个最难把捉的物事,不可顷刻而失其养也。"④这就强调了存心的重要性,也明确

---

① 冯从吾:《冯少墟集》卷十五《答杨原忠运长》,收入《冯从吾集》,第287页。
② 王建常:《王建常集·复斋录卷一》,第230页。
③ 王建常:《王建常集·复斋录卷二》,第255页。
④ 王建常:《王建常集·复斋录卷一》,第230页。

了存心之难行处。针对如何存心养性王建常也提出了自己的观点,他认为:"须是涵养此心,未应物时,湛然虚静,如鉴空衡平。到得应物时,方不差错,当喜而喜,当怒而怒,当忧而忧,当惧而惧,恰好而已,更无过当。"①所以涵养此心以存心养性就是使情感的发用合理有序,无过无不及而保持中道。另外,读书思考、窒欲、持公都是存心养性切实可行的具体方式。关于如何保证存心养性伦理践行工夫的切实可行,王建常吸收了程朱理学"主一无适之谓敬"的观点,提出了"主敬"的道德修养之方以保证存心养性的修养工夫能一以贯之。他说:"敬者,所以提撕此心,使常惺惺,乃心之主宰而圣学所以贯动静、彻始终者也。"②所以存养心性的过程中要始终以"主敬"的方式提撕此心,使心不外驰而能自作主宰。"主敬"与"主静"是宋明以来伦理思想发展过程中形成的两种道德修养之方,王建常于"主敬"之外还提出了静坐的伦理践行工夫,以静坐辅助"主敬"工夫,静坐更多是针对人心之躁而言,通过静坐以摒除思虑、操存本心、实现静心,也即"静坐时,收拾得这个心湛然在此,不散乱、不困顿,穷理应事,便是有力"③。

王建常融摄关学与闽学,以存心养性的道德修养工夫发展了关学尽心知性的伦理践行工夫,促发人在道德自觉的情况之下以道德自律指导道德实践活动,从而建构自己的道德生活,促进德性生命的完满发展。

自张载继承孟子"尽心知性"而建立"大心体物"的伦理道德修养工夫以后,吕大临、李复、薛敬之、冯从吾、王建常又对其各有发展。他们所建立的以赤子之心而知本养心与以存心、主敬等为主的道德修养工夫源自现实,是与现实生活紧密相连的伦理实践活动。在关学伦理思想中,尽心知性的道德修养工夫不离日用伦常,又与礼教紧密联系;既有宋明理学心性论的形而上建构,又有躬行礼教的实学特点,体现出关学伦理思想以"躬行礼教"为主的独特品质。

三、明道救世

伦理思想最为完整和准确地反映了制度与生活的理想要求,从而具有直接影响社会政治活动与生活的指导意义④。关学一向以"崇儒""明道"标宗。北宋时期,关学创立者张载年少时就以"明道救世"为己任。仁宗朝时北宋对西夏

---

① 王建常:《王建常集·复斋录卷二》,第259页。
② 王建常:《王建常集·复斋录卷一》,第245页。
③ 同上书,第232页。
④ 陈少峰:《中国伦理学史》上册,"导论"第7页。

用兵,他向范仲淹上书谈论兵法,陈述自己的用兵之道,希望能够组织兵力对抗西夏,收复失地以解除边境之患,从而建功立业。范仲淹一见张载便知其可成大器,鼓励他"以名教为乐"。此后张载俯仰精思苦读,创立了自己的关学伦理思想。用兵与名教都是张载关学"明道救世"经世思想的内容。从此,明道救世成为关学伦理实践的重要内容,贯穿于关学发展始终,标示着关中儒者的责任担当、家国情怀和现实关切。

张载提出的"为万世开太平"既为社会指明了前进的方向,也为人类指出了实现美好理想的目标①。满清入关以后,明朝灭亡给当时的士人儒者带来了沉重打击,顾炎武首倡"经学即理学",提出了"明道救世"的经世致用思想。在关中,李二曲、王弘撰等与顾炎武交好的儒者也纷纷响应顾氏的主张,他们反思程朱理学、阳明心学空疏之弊端,从政治、经济、文化等方面提出了自己的经世致用思想,希望以此纠正理学与心学之弊。清末民初,面对西方国家的侵略,在民族存亡之际,刘古愚、柏景伟、牛兆濂等再一次担当起"明道救世"之任,提出了自己的经世思想以挽时局于危难之中。

(一)明体适用、讲学实践

若完整地把握儒家传统的"经世"内涵,可将其划分为三个层面:制度或政治的,物质或经济的,精神或文化的②。明末清初政权更迭,发生了"天崩地裂"的变化。在转换时期,最常见的伦理现象就是行为的失范,由于旧的规范体系动摇或失效,新的体系未能建立或建立了未能有效地发挥作用,人们顿感手足无措③。关中儒者怀有对清政权的不满,在这种情绪作用下他们反思明亡的历史教训,希望反清复明,在伦理思想层面提出了自己的经世思想。李二曲回顾儒学发展史,反思明亡的历史教训,开始清理王学末流之弊。二曲认为王学末流蹈于空疏,时人受此影响,普遍存在"昧义命""鲜羞恶"之弊,置礼义廉耻于不顾。有鉴于此,二曲认为当务之急在重振礼义廉耻、匡扶义命以保证纲常伦理不毁,并由此来康济群生、经邦济世。关中儒者李二曲认为应以"明学术"为"醒人心"的入手之处,展开自己的明道救世伦理思想实践。

---

① 刘学智:《张载关学的历史地位、精神气象和当代价值》,载刘学智、魏冬主编《关学二十二讲》,西北大学出版社,2020,第26页。
② 林乐昌:《李二曲的经世观念与讲学实践》,《中国哲学史》2000第1期。
③ 樊浩:《中国伦理精神的现代构建》,第193页。

早年李二曲明道救世的伦理实践以"究心于经济"为主,他希望以此实现自己心中的反清复明之愿。清廷建立政权以后,以程朱理学为官方学术形态,采取了一系列措施巩固政权。二曲试图从经济方面反清复明的理想抱负逐渐破灭,与此同时在现实社会生活中,士人们在科举制度之下沉醉于对功名的追求,他们并不注意认真体味儒家经典中的伦理道德真精神。对此二曲曾有言曰:"经书垂训,所以维持人心也;学校之设,所以联群会讲,切劘人心也。自教化陵夷,父兄之所督,师友之所导,当事之所鼓舞,子弟之所习尚,举不越乎辞章名利,此外茫不知学校为何设,读书为何事。呜呼!学术之晦,至是而极矣;人心陷溺之深,至今日而不忍言矣。"①此时二曲已到而立之年,思想逐渐成熟。他认为究心经济也当从救正人心陷溺之弊入手,重兴教化以救正学术不明、人心陷溺之弊,进而实现自己"明道救世"的理想抱负。因此他首先从社会伦理精神文化价值的建设入手以期实现自己经世致用的理想追求,形成了独特的"明体适用"说。北宋时期张载就从读经、讲学的活动入手展开自己明道救世的伦理实践,二曲继承了关学自张载开宗时所创立的这一关学传统,以"明体适用"的讲学实践实现自己经世致用的理想追求。

李二曲的"明体适用"说的提出晚于"悔过自新"说,然二者都体现出二曲伦理思想中的心学立场,这是他改造阳明"良知"学说、在伦理思想方面赋予其经邦济世、现实关怀,以及自身实践观念的体现。李二曲的"明体适用"说将救正人心的心性修养与明道救世的现实关怀结合起来,他试图从兴教化层面入手以推行明道救世的伦理实践。《二曲集》记载了其弟子张珥的记录:"二曲李先生,关中巨儒也。不屑章句之学,以阐明学术,救正人心为己任,一时贤士大夫,无不翕然宗之。"②李二曲认为:"儒者之学,明体适用之学也。欲为明体适用之学,须读明体适用之书;未有不读明体适用之书,而可以明体适用者也。"③"儒学明晦,不止系士风盛衰,实关系生民休戚,世运否泰。儒学明,则士之所习者,明体适用之正业,处也有守,出也有为,生民蒙其利济,而世运有宁有不泰?儒学晦,则士之所攻者,辞章记诵之末技,处也无守,出也无为,生民毫无所赖,而世运宁有不否?"④在二曲看来,儒学昌明与否不仅关系到士风学风之盛衰,而且

---

① 李颙:《二曲集》卷十二《匡时要务》,第104页。
② 李颙:《二曲集》卷四《靖江语要序》,第32页。
③ 李颙:《二曲集》卷七《体用全学》,第48页。
④ 李颙:《二曲集》卷十四《盩厔答问》,第120页。

与天下生民、世运否泰休戚相关,所以儒学本就具有经世致用的特点。儒学昌明,则士所习皆是明体适用之正业,生民也为其所济;儒学发展晦而不明则士所习多流于辞章记诵之学,生民的精神生活了无所依,世运不济。"儒者之学,明体适用之学也。秦汉以来,此学不明,醇厚者梏于章句,俊爽者流于浮词,独洛、闽诸大老,始慨然以明体适用为倡,于是遂有道学、俗学之别。其实道学即儒学,非于儒学之外别有所谓道学也。"①二曲认为儒者之学本就以内圣外王的明体适用之学为主,只是秦汉以来儒家的明体适用之学为辞章训诂所遮蔽,直到宋明时期以洛、闽之学为代表的道学远承秦汉之前的儒者之学,再次发展了儒学的明体适用。这样二曲以明体适用概括儒者之学,他对士人儒者提出了读明体适用之书的现实要求。明体与适用二者不可偏废,若"明体而不适用,失之腐;适用而不明体,失之霸。腐与霸,非所以言学也②"。显然,二曲明体适用说采用的是儒家传统的"体用"思维模式,表达的是儒家内圣外王的理想追求③。在体用全学宗旨下,二曲在众多儒家经典中为士人开列了相应的明体类书籍和适用类书籍以供学者阅读。张珥手录的明体类书籍包括《象山集》《阳明集》《龙溪集》《近溪集》《慈湖集》《白沙集》《二程全书》《朱子语类大全》《朱子文集大全》《吴康斋集》《薛敬轩读书录》《胡敬斋集》《罗整庵先生困知记》《吕泾野语录》《冯少墟集》等;适用类书籍包括《大学衍义》《衍义补》《文献通考》《吕氏实政录》《衡门芹》《经世石画》《经世絜要》《武备志》《经世八编》《资治通鉴纲目大全》《大明会典》《历代名臣奏议》《律令》《农政全书》《水利全书》《泰西水法》《地理险要》等。概而观之,李二曲为士人学子开列的明体类书籍大多都是理学家和心学家的著作,并无传统儒家经学典籍;适用类书籍以史志文献为主,涉及制度、文献、农政、水利等。二曲已经关注到西方科技思想,他高瞻远瞩,已然将发展农政科技纳入自己经邦济世的伦理思想实践中。

李颙所列举的这些明体适用类书籍具有将"道学"与世务相结合的特点,他认为:"道不虚谈,学贵实效,学而不足以开物成务,康济时艰,真拥衾之妇女耳,亦可羞已!"④二曲希望以此来实现自己明道救世的伦理实践。究竟何为"明体适用"?弟子以此发问,二曲答曰:"穷理致知,反之于内,则识心悟性,实修实

---

① 李颙:《二曲集》卷十四《盩厔答问》,第120页。
② 李颙:《二曲集》卷七《体用全学》,第48页。
③ 张波:《李颙评传》,西北大学出版社,2015,第227页。
④ 李颙:《二曲集》卷七《体用全学》,第54页。

证;达之于外,则开物成务,康济群生。夫是之谓明体适用。明体适用,乃人生性分之所不容已,学焉而昧乎此,即失其所以为人矣!明体而不适于用,便是腐儒;适用而不本明体,便是霸儒;既不明体,又不适用,徒灭裂于口耳伎俩之末,便是异端。"①明体适用的伦理实践要求人们对内要以穷理致知的实践工夫识心悟性;对外要能开物成务、康济群生。明体适用之学乃是人之所以为人的内圣外王之道,践行明体适用的伦理实践必须将明体与适用并重,否则蔽于一偏就容易成为只会穷理致知的腐儒和只会开物成务的霸儒,丧失儒学内圣外王之特质。总之,在二曲的"明体适用"思想中,"明体"是基础,"适用"为"明体"的呈露,是外化的实践行为,应通过证悟本体,提撕道德修养,进而有效地承担治平天下、教化社会的责任。这样一来,二曲所谓的"体用全学"方成为"有体有用"的实学,这也是对儒家内圣外王思想的时代诠释②。

从北宋到南宋,四书逐渐成为儒家经学的重要典籍,理学家纷纷注解四书以阐发自己的理学思想。李二曲就曾立足于四书阐发自己明体适用的伦理实践观。他认为:"吾人自读《大学》以来,亦知《大学》一书为明体适用之书,《大学》之学乃明体适用之学。"③"问体用,曰:'明德是体,明明德是明体;亲民是用,明明德于天下、作新民是适用。'"④朱熹对《大学》分章别句,认为三纲八目包含了儒家的内圣外王之道,二曲认为《大学》一书涵盖了明体适用之学,"体"即是明德,"用"即是亲民。二曲推崇心学,其学呈现出心学义趣。他吸收阳明良知之学,认为明德即是良知。"明德、良知有分别否?曰:无分别。徒知而不行,是明而不德,不得谓之良。徒行而不知,是德而不明,不得谓之知。就其知是知非,一念炯炯,不学不虑而言,是谓良知;就其著是去非,不昧所知,以返不学不虑而言,是谓明德。曰明德,曰良知,一而二,二而一也。"⑤明德就是良知,所以二曲"明体适用"说中的"体"就是良知,明体适用是救正人心以经世救世的伦理实践。儒家伦理一方面表现为个体心性儒学的道德理想主义指向,另一方面表现为社会政治儒学的伦理中心主义指向,两者以内圣外王为理论中轴,

---

① 李颙:《二曲集》卷十四《盩厔答问》,第120页。
② 张波:《李颙评传》,第231页。
③ 李颙:《二曲集》卷二十九《四书反身录·大学》,第401页。
④ 同上。
⑤ 同上书,第402页。

形成了一个双旋结构①。李二曲的伦理思想实践以"明体"与"适用"并重,"明体"通过"适用"实现,其中蕴含着二曲救正人心以明道救世的伦理实践。"明体适用"是李二曲伦理思想中的内圣外王之道。

伦理转换基本完成的标志,便是新的伦理原则与规范体系的形成,这种建构,不仅表现为理论上的完成,而且表现为在现实中为人们所认同与接受。有了伦理原则与规范体系,伦理的价值体系就基本建立起来了,但伦理对人们的价值导向,不只表现为规范的约束,更体现在这种价值导向内在的原理之中②。二曲的"明体适用"意在重建社会的价值文化系统,这一明道救世的伦理实践主要通过讲学活动展开,为当世学子与百姓所普遍认同和接受。回顾以往的儒学发展过程,二曲认为讲学具有决定世之治乱的关键作用。"尝上疏于朝曰:'窃惟世道之所以常治而不乱者,惟恃有此理学之一脉,亦惟恃有此讲学之一事。讲学创自孔子,而盛于孟子,故孟子以作《春秋》、辟杨墨为一治。'"③因此讲学是二曲明体适用以明道救世的伦理实践。

"大丈夫无心于斯世,须从大根本、大肯綮处下手,则事半而功倍,不劳而易举。夫天下之大根本,莫过于人心;天下之大肯綮,莫过于提醒天下之人心。然欲醒人心,惟在明学术,此在今日为匡时第一要务……经书垂训,所以维持人心也;学校之设,所以联群会讲,切劘人心也。自教化陵夷,父兄之所督,师友之所导,当事之所鼓舞,子弟之所习尚,举不越乎辞章名利,此外茫不知学校为何设,读书为何事。呜呼!学术之晦,至是而极矣;人心陷溺之深,至今日而不忍言矣。"④二曲所处的时期学术晦而不明、暗而不彰,人心陷溺于辞章名利之中,枉然不顾读书,学校形同虚设。所以匡时济世的当务之急是醒人心、明学术,这才是大丈夫明道救世的大根本处。要重振学校以经书垂训为主的讲学实践,以此维持人性,在问学取友过程中形成自己之习尚,促成父兄之监督、师友之导化,切劘人心使其勿要沉沦于功利之中。讲学是二曲明道救世伦理实践的落实,"立人达人,全在讲学;移风易俗,全在讲学;拨乱返治,全在讲学;旋转乾坤,全在讲学。为上为德,为下为民,莫不由此。此生人之命脉,宇宙之元气,不可一

---

① 任剑涛:《道德理想主义与伦理中心主义:儒家伦理及其现代处境》,东方出版社,2003,第22页。
② 樊浩:《中国伦理精神的现代构建》,第193页。
③ 李颙:《二曲集》卷十二《匡时要务》,第106-107页。
④ 同上书,第104页。

日息焉者也。息则元气索而生机漓矣。"①讲学方能立人达人、移风易俗、拨乱返治、旋转乾坤,讲学是生人之命脉,对于救正当下之人心陷溺十分重要。"民之于仁,甚于水火。人或可以一日无水火,必不可一日无学;不可一日无学,则不可一日不讲。讲则人知所向,日淘月汰,天理常存,而人心不死;不讲则贸贸焉莫知所之,率意冥行,不免任气滋欲,随俗驱逐而已。"②在时效性方面,二曲强调讲学要日复一日地坚持,不可半途而废;正是在日复一日的讲学中才能如春风化雨、润物无声一般使人知所向。重视讲学的同时二曲强调了讲学的方向与内容:"讲学者,正讲明其父子君臣之义,提醒其忠君爱国之心,正今日要紧第一着也……讲之者,只讲明其所本有,提醒其所本有者,如磨镜求明,磨何可无。"③二曲希望重振儒家以君臣父子之义、忠君爱民之心为主的纲常伦理,讲学的关键就在于讲明其本有、发明其本有,也就是二曲"明体适用"说的落实。讲明其本有的关键是促成时人之躬行践履,"往往讲之以口,而实未尝验之于身,逞意见,争门户,只以增胜心,此亦通人之通患也"④。二曲在此强调了躬行践履之重要,士人要在讲学的道德自觉中以道德自律将其本有之意验之于身,切实躬行,如此明体适用的讲学实践才算最终实现。

明体适用是李二曲纠正理学、心学蹈于空疏、不事躬行之弊的伦理思想,他以"明道救世"的伦理思想再次使儒学的内圣外王之道复活,赋予儒学发展以经世致用的强劲生命力。讲学作为二曲明体适用观的伦理实践,起着明道救世的关键作用。

(二)学古审时、谋有以存

清末民初,面对西方列强的侵略,晚清政权风雨飘摇,救亡图存是当时儒门之士面临的重要任务。刘古愚、牛兆濂出于"天下兴亡,匹夫有责"的担当,纷纷在关中开始了自己明道救世的伦理实践。

鸦片战争爆发以后,清政府与西方列强签订了一系列丧权辱国的不平等条约,满清政权风雨飘摇,中华民族处于生死存亡的危急时刻。南有康有为、梁启超变法图存,北有关学后镇刘古愚以经邦济世的爱国情怀,在民族危亡之际积

---

① 李颙:《二曲集》卷十二《匡时要务》,第105页。
② 同上。
③ 同上书,第104页。
④ 李颙:《二曲集》卷四《靖江语要》,第38页。

极投身于救亡图存的变法运动中,以讲学实践、兴办实业实现自己明道救世的伦理实践。面对当时的社会现状,刘古愚率先从学术思想层面进行反思。鉴于理学的空疏之弊,他认为为学应深务于经训和史学,同时不能陷溺于辞章训诂的空疏学问,而应以穷经致用的实学为主。虽然清政府屡屡败于西方列强,但是在味经书院期间刘古愚依然满怀经世致用之志,对时局充满信心,和好友柏景伟一起创办了"求友斋"。"求友斋"的设立是刘古愚以讲学教化入手实现自己明道救世理想的体现。在讲学的课程方面他不再以传统儒家的文章辞赋为主,而是将学习与实用相结合,在开设传统儒家的经史子集课程的同时还开设了天文、地理、算法、制造、电力、化学等与近现代科技相关的课程。味经书院还设有"刊书处"以刊刻与实学相关的数学、科技书籍,并欢迎书院内外有兴趣的人都来听讲。刘古愚在味经书院的这一系列作为将明道与救世结合起来,他以问学取友、博古通今、学以致用的方式改变了当时士人学子的生活学习现状,大大推进了当时陕西的实学教育,在以讲学而救正人心的同时为当时社会培养了实学之才。刘古愚从教育方面入手为挽救时局、救亡图存作出了自己的努力。复郊学会也是刘古愚在维新运动期间设立的讲学会,学会设立的初衷也是希望以关心时务、定期会讲的形式团结当时因相互轻视、诋毁而成为"一盘散沙"的知识分子,克服陋习、移风易俗。儒家伦理较为忽略社会组织的利益基础,却非常重视它的伦理原则,尤其强调以人的善良品德与善良行为去营造一种良好的社会环境,以求为社会的道德建设提供一个良性氛围,促成每个人德性的完善[①]。刘古愚在书院所施行的这些改革教育、团结学人、设立学会的行动,开阔了当时的眼界,活跃了他们的思想,在民族危亡之际为维新运动的开展培养了人才。

魏源在《海国图志》中提出了"师夷长技以制夷"的著名主张,为当时处于变革中的时人提供了思想指南,指明了行动方略。刘古愚思想开放,他积极鼓励时人了解、学习西方的科学技术与思想。明道救世的伦理实践还体现在刘古愚学习西方科学技术兴办实业、创办近代工厂等方面,这是他从器物角度对儒家经世思想的实践。为救亡图存、自强保国,刘古愚审时度势、排除困难,考察了陕西农工商业的发展现状,仿照西方股份公司的形式,筹集资本兴办近代工厂。听闻四川等地的人们通过种植白蜡树养蚕缫丝发展实业而获利,他在陕甘

---

① 任剑涛:《道德理想主义与伦理中心主义:儒家伦理及其现代处境》,第38页。

地区积极推广白蜡树种植以及相应的养蚕缫丝技术。陕甘地区多种植棉花,但是相应的纺织技术却较为落后。他先派自己的学生陈涛、孙澄海、杨蕙等人去湖北武汉、上海的先进工厂考察学习,然后引进了先进的机器设备创办了"陕西保富机器织布局",并从工厂管理、运营等方面提出了制度建构的理论设想,希望以兴办工厂的方式促进陕西经济发展和工业进步,以此来抵御西方列强的经济侵略。除发展工业之外刘古愚还用心于兵法、军事,提出了壕堑战法与河套屯田之略。壕堑战法是以团练民兵为主,修筑壕沟土堤等规模化的防御工事以抵御外敌入侵的战术,这种战法具有能灵活、有效抵御敌军炮火的优势。这是他立足于《管子》《周礼》等传统典籍,反思近代中国抵抗外来侵略的败局后提出的以兵农合一为主反抗侵略的设想和研究结果,《团练私议》就是他论述自己军事思想的专门论著。刘古愚设想在黄河河套地区戍守士兵,使其安之于田亩,习之于训练,教之于学校,屯田以给军用。因此河套屯田是他改革军营体制,将开发与戍守相结合提出的救世主张。

刘古愚从制度、经济、文化三个方面展开自己明道救世的伦理实践,他追随康梁变法,在民族危亡之际宣传西学、普及新法、制造新器,以讲学著述、兴办实业等方式独树一帜在关中实现着自己经邦济世、明道救世的伦理实践。刘古愚在维新变法思潮下通过将传统与西学相结合的方式实现自己明道救世的伦理实践,具有先进性。

牛兆濂是传统关学的另一位大儒,相比刘古愚,牛兆濂本人及其思想更具保守性,他以捍卫程朱的保守主义立场推行自己经世致用的伦理实践。

牛兆濂生于同治年间,卒于民国时期。他幼时遍读儒家的"四书""五经"等经典,后在柏景伟在关中书院担任主讲期间入院学习程朱理学,正是在关中书院的这段为学经历奠定了牛兆濂的程朱理学信仰。在国家危难、百姓疾苦之时他不遗余力地参与到赈灾抚恤活动中,救民众于水火之中,助其渡过难关。在战争发生之时,他又挺身而出斡旋调停,说服革命军与清军罢兵议和,使百姓免遭战争之苦。在日军侵华之时,他招募勇猛之士共同抗日。

经历了国家从清政府向中华民国的更替以及这一历史过程中世道人心的变乱,牛兆濂和李二曲、刘古愚一样也从救正人心着手展开自己明道救世的伦理实践活动。他坚守传统儒学,认为鸦片战争以后西学强势输入严重冲击了传统儒家的纲常伦理,导致世道衰微而人心不古、纲常不立,这是造成天下大乱的根本原因。因此牛兆濂一生致力于通过讲学实践唤醒人们的向学之心,以孔曾思孟、周张程朱之学重振儒家纲常伦理,实现自己明道救世的伦理实践。牛兆濂讲学的地点一直在关中,他曾先后在白水彭衙书院、芸阁学舍、鲁斋书院、正谊书院担任主讲,讲学内容以传统儒学为主,立足于《论语》《近思录》《四书集注》等儒家典籍阐发圣学,希望以此正人心、救世道。牛兆濂认为新学具有急功近利、不重礼法之弊,危害甚大。"圣学者,所以正人心之本也,人祇为未尝为圣贤之学,是以无由知圣贤之功用。故必得真从事于明德、新民之学而实有诸己者主持学务,率天下士子一洗辞章记诵、科名利禄之陋习,专心致志于圣贤之途。言人必以圣为志,治法必以三代为极,不安小成,不求速效,必期举一世之人心而甄陶之,如此然后可以大正其本,而一切施措方可得言。"①圣贤之学是救正人心之本,若能专心从事于明德、新民的圣贤之学,就能避免沉溺于辞章训诂的科举陋习。所以牛兆濂讲学始终坚持以传承儒家圣学为主,补救新学功利之弊,发挥儒学的道德教化功能以救正人心。

关学重礼,一向以躬行礼教为本。牛兆濂有鉴于清末民初西学对传统儒家纲常伦理的冲击,面对世道混乱的现状他回顾关学自张载以来重视礼教的伦理传统,希望恢复关中婚丧嫁娶的古礼,以礼法教化规范时人的行为举止,实现社会的平稳运行。牛兆濂首先重申了儒家以礼为人禽之别的伦理观点,他认为:"其实这礼是人生日用,无一时、无一处、无一人、无一事可以离得他底。有礼则安,无礼则危;有礼则生,无礼则死。《诗》曰:'相鼠有体,人而无礼。人而无礼,胡不遄死。'夫无礼者多矣,何尝人人皆死? 要知人之所以异于禽兽者,只在这些子。《曲礼》曰:'使人以有礼,知自别于禽兽。'又曰:'夫人而无礼,虽能言,不亦禽兽之心乎!'虽然面目犹存,实则衣冠禽兽。"②在书院讲学期间他曾与人讨论《仪礼》《昏礼》及相应的诸家注解,以此体认古礼。在关学伦理中,北宋时期张载弟子蓝田三吕著有《吕氏乡约》,该书为后世关中乡村治理与道德教化提供了思想支撑,成为关中地区乡村精神文化建设的重要参考。在清末民初牛兆濂再一次着意于通过恢复古礼的方式整风易俗。他广泛搜集古书,刊布《吕氏乡约》于书院,和书院诸生一起讲论礼仪,重新编订《礼节录要》以实践关学躬行礼教的伦理传统,实现自己变易风俗的理想,维系着关中的礼学传统。

牛兆濂坚持传统的书院讲学形式,对传统书院教育情有独钟,故而反对当

---

① 牛兆濂:《牛兆濂集·蓝川文钞卷十二·梁艮斋先生墓表》,王美凤、高华夏、牛锐点校整理,西北大学出版社,2015,第125页。
② 牛兆濂:《牛兆濂集·蓝川文钞卷四·示仲子清谧》,第57页。

时以西学改革中学、变革传统书院教学的教学实践。他在关中以自己理想的教学形式传道授业,致力于恢复古礼,以讲学教化的教育活动实践着自己经世致用、明道救世的伦理关怀。牛兆濂固守传统的这种伦理实践在当时对救正人心、挽救时局具有一定的作用,在西学传入之时他以坚定的文化自信捍卫着中国的文化传统。

明末清初李二曲的明道救世与清末民初刘古愚、牛兆濂经世济用的伦理实践都体现了关中学人的现实关怀。他们以自己的亲身实践传承着关中学人的责任担当。

四、甘贫改过

伦理解决的是现世中的问题,而且解决的是现世中的非常世俗的利益关系问题,其完成的课题和价值的指向都是入世的①。甘贫改过是关中儒者吕柟在明代中叶为解决现实生活中的利益关系问题而提出的伦理实践,也是关学伦理思想区别于洛学、闽学伦理思想的独特之处。吕柟返归先秦儒家伦理思想,对其予以继承、发展、创新,在明代中期重构关学的过程中提出了甘贫改过的伦理生活方式。中国古代伦理思想家们研究社会伦理问题,主要是为了给他们所处的弊病丛生的社会开一个"药方"②。吕柟思考明代中叶人们的道德伦理生活现状,为时人重新设计和建构了理想的生活、个体人格和精神境界。"甘贫"是人在面对贫富搅扰时不为物质利益所动的坚守;"改过"是人基于理性自觉、融身心行为于一体的修身实践工夫,是为学者改过迁善的自我改造,也是人提高自身道德素质、道德境界的实践活动。甘贫改过是吕柟从伦理实践入手为当时的士人学子所开出的为学之方和道德践履工夫,这是吕柟针对时人生活中的道德原则与物质利益的冲突等问题所提出的解决之道。吕柟在为官讲学的不同时期都以身垂范、矢志不渝地将甘贫改过作为自身的伦理生活方式。

(一)甘贫改过:为学之要

冯从吾在《关学编》一书中概括吕柟之学,他认为:"盖先生之学,以立志为先,慎独为要,忠信为本,格致为功,而一准之以礼。重躬行,不事口耳。平居端严恪毅,接人则和易可亲,至义理所执,则铿然兢烈,置死生利害弗顾也。……

---

① 樊浩:《中国伦理精神的现代构建》,第308页。
② 焦国成:《中国伦理学通论》上册,第12页。

教人因材造就,总之以安贫改过为言,不为虚玄高远之论。门人侍数十年,未尝见有偷语惰容。"①从冯氏的高论可见甘贫改过是吕柟用以教人的为学之要,是吕柟对当时士人学子提出的道德践履工夫。这是吕柟重构关学、重视躬行践履的体现。

明代中期商品经济发展,相应的资本主义萌芽出现,厂卫制度发展到后期严重破坏了明代的政治生态,士商关系随之发生变化,道德与利益的关系问题成为人们在现实社会生活中所面临的主要伦理问题。官方化的程朱理学僵化,阳明心学风行一时,此时的士人学子对科举功名孜孜以求,对圣贤之言流于口耳记诵而不付诸躬行践履。他们以追求功名利禄为导向,将道义置于一边。三原贺瑞麟在为吕柟的《泾野子内篇》所作的序言中对此有清晰记载:"方今士习沉溺于记诵辞章,驰骛于富贵利达,不饬廉节,不修仁义,孔子所谓怀居者也,求安饱者也,患得患失者也。无淡泊之志者也,其见理必不深,无坚苦之操者,其信道必不笃,学问乌自而正?事业乌自而大?胶于见闻,害于心术,虽高才明智,亦已焉哉!苟得是书而读之,其亦庶几知返矣。"②面对圣贤之学不传、士风与学风溺于辞章记诵等变化,吕柟上溯周张程朱,由道学而返归原始儒家的先秦孔孟伦理思想,确立了"须先学颜"的为学致思之路,提出了甘贫改过的道德践履工夫,他希望以此来引导人们正确、合理地处理现实生活中道义与功利、物质与利益的关系问题。"吾人只是贫富二字打搅,故胸中常不快活。试尝验之:自朝至暮,自夜达旦,其所戚戚者此贫此富也;自少至壮,自壮至老,其所戚戚者此贫此富也。君臣之相要,贫富二字要之也;父子之相欺,贫富二字相欺也;兄弟之相戕,贫富二字相戕也。纵使求而不得,尚不可为,况求之未必得耶!"③于贫富问题上立不定,人将在一生中都为其所困扰,富贵贫贱、得失祸福这些利益是君臣、父子、兄弟之间相要、相欺、相戕的首要原因。于此可见能否于富贵贫贱的物质利益上立得定,不为其所累,关乎着人一生人伦关系的和谐与否、伦理道德生活的幸福与否。对当时士人纷纷往来于富贵利达之人门下,道德伦理生活出现驰骛于富贵利达而不修仁义的现状,吕柟予以批评并提出了解决之道。《泾野子内篇》记载:"闻学者往来权贵门下,乃曰:'人但伺候权倖之门,便是丧

---

① 冯从吾:《关学编(附续编)》卷四《泾野吕先生》,第46页。
② 吕柟:《泾野子内篇·咸丰四年补刻序》,第313—314页。
③ 吕柟:《泾野子内篇》卷二十二《太常南所语》第二十九,第232页。

其所守。'是以教人自甘贫做工,立定脚跟不遗。"①功名举业虽然重要,但是比起举业,有德性的言行关系甚大。于此吕柟提出甘贫改过的道德践履工夫以救正士人奔赴往来于富贵利达之门而丧其所守的弊病。

伦理道德的根本特点之一,就是要诉诸人们的内在自觉。社会的伦理道德规范只有在化为人们的内在道德品质时,才会真正起到显著的社会作用②。吕柟非常重视甘贫改过的伦理道德践履,他希望门人学子都能自觉将甘贫改过的伦理实践逐渐内化为自己的伦理生活方式和道德实践。在鹫峰东所回答邓汝献、陈子发、杨充等人有关修身治民的提问时,他说:"圣贤之道虽千言万语不能尽,切于今日之急务者,惟有二焉:一曰改过,二曰甘贫。""改过,不惟能尽己之性,人物之性皆可尽矣,行之列国则为仲由,行之天下则为成汤。甘贫,不惟能足一家之用,百姓之用皆可足矣,行之于己则为颜子,行之于人则为大舜。"③甘贫改过不仅是吕柟所提出的为学之要,同时也是修身治民之学的关键,圣贤之道虽有千言万语,但是概括起来最为切要的莫过于"甘贫改过"四字。改过方能尽己之性、尽人之性、尽物之性;甘贫方能足一家之用、足百姓之用、足全国之用。士人、学子们倘若能坚持敦敦下学,将甘贫改过作为自己的伦理道德生活,终有一日他们就能像舜与颜回一样,不为贫富搅扰而实现个人道德德性的完满发展,实现精神自由,达至圣贤之境,从而获得精神愉悦感和幸福感。甘贫改过是吕柟在明代中期回溯先秦两汉儒家伦理思想,救正程朱理学僵化与阳明心学弊病的理论尝试,他认为孔门教人的原义之一便是能于富贵贫贱处立得定,处理好现实伦理生活中道义与功利的关系。"董仲舒所立甚高,后世之所以不如古人者,以道义功利关不透耳。释、孔门去富贵、处贫贱,义正如此。"④

义利关系问题是人类社会伦理生活的基本问题⑤。儒家的伦理学,明显地不限于道德行为,而关注德行、人格和实践的工夫⑥。甘贫改过之论是吕柟面对当时空谈心性的道学发展现状与士风学风问题,返归先秦孔孟儒学为士人学子所提出的为学之方,他关注时人人格、德性的发展,以此来解决人们伦理生活中

---

① 吕柟:《泾野子内篇》卷七《柳湾精舍语》第十一,第50-51页。
② 焦国成:《中国伦理学通论》上册,第14页。
③ 吕柟:《泾野先生文集》卷八《赠邓汝献掌教政和序》,收入《关学经典集成·吕柟卷一》,第376-377页。
④ 吕柟:《宋四子抄释·朱子抄释卷二》,第372页。
⑤ 焦国成:《中国伦理学通论》上册,第150页。
⑥ 陈来:《儒家美德论》,第293-294页。

道义与功利的矛盾。甘贫改过是吕柟讲学时期教导书院学子的立身之道,也是关学伦理思想中切实践履的为学之要。

(二)甘贫之说:近道之路

古代儒家所谓义,有时指社会的整体利益,有时指以社会整体利益为名义的统治阶级基本利益。但是,儒家所谓义还有一项更重要的意义,即坚持精神需要,实现精神价值①。甘贫改过是实现精神价值的伦理实践工夫,甘贫是改过的前提,能甘贫、安贫便自然能在这样的伦理道德生活中少过、寡过。道德原则要解决人与人之间物质利益的矛盾,而且还要解决人们的精神需要与物质需要之间的矛盾②。处在甘贫的伦理生活中,人没有贫富贵贱、祸福荣辱的物质利益干扰,这样改过的道德实践自然也就更容易做到。

甘贫是吕柟所提出的为学之方,是修身治学的关键,能甘贫便能近义、近道、乐道,在这一伦理道德践履过程中获得见道的精神愉悦感和富足感。儒家伦理学首先讲的是"立人极",是一门成人成己的学问③。孔颜乐处是道德修养的崇高典型。在论述甘贫改过的伦理实践中,吕柟视颜回为甘贫改过的崇高典型,他将颜回居陋巷而能于箪食瓢饮之间安贫、好学、乐道作为孔门弟子和儒家伦理生活中甘贫改过的高尚行为而予以推崇和称赞,以此勉励自己、激励门生:"还是无杂念。如今日聚讲一般,或思下处何事,或思朋友何事,或思居室不安,或思衣服不美,胸中有这许多夹杂,虽有言语,如何能入!若颜子一心只在学上,陋巷亦安,箪瓢亦乐,故言之惟恐其不多,入之惟恐其不勇也。"④在与学生讲论之间,吕柟教导当时的士人为学不能有私心杂念,若是驰骛于下处、朋友、居室、衣服,便是为杂念所牵累,易生怨心。"贫而无怨难,是多少学问大!在吾人终日只是学此,能透此关,则富贵、利达、得丧、毁誉不足实念中矣。然其功自无欲入,无欲故寡求,寡求故无不足,无不足故能处贫如富,而无怨心。"⑤这样的为学方式算不得实学,更不是甘贫的道德践履工夫。真正甘贫、安贫的道德实践就是如颜回一般,即使身在陋巷,也能不为物质利益搅扰、牵累,能在甘贫的伦理生活中坚定心志、一心向学。"禹无间然,只在菲饮食;回称为贤,只在箪瓢陋

---

① 张岱年:《中国伦理思想研究》,第96页。
② 同上书,第103页。
③ 王庆节:《道德感动与儒家示范伦理学》,"导言"第7页。
④ 吕柟:《泾野子内篇》卷二十七《礼部北所语》第三十五,第287-288页。
⑤ 吕柟:《泾野子内篇》卷二十二《太常南所》第二十九,第232页。

巷不改乐处。今学者只去其一切外慕，无所系累，方为实学。"①他以大禹、颜回为例，希望当时的士人学子能像孔门弟子颜回学习，于思虑之间去其一切外慕，在心无旁骛的情况下以躬行践履的实用之学为主。他称赞颜回说："夫颜子心胸何等宏大，何等洒乐，视世之富贵、贫贱、利害、夭寿，举足无以动其中者，此诚见大心泰，无不足也。颜之乐处正在于此。"②颜回心胸开阔，洒然安适，他面对现实生活中这些富贵、贫贱、利害、夭寿的功利搅扰不为所动、一心向学，从中获得精神的富足感和愉悦感。中国伦理思想强调个体的道德修养，有着重视人的精神境界的特点③。所以吕柟要教导学人的是，甘贫这一道德践履工夫就是要人在现实生活中，面对贫富、贵贱、荣辱、祸福等功利搅扰时，能够时刻保有道德心的自我意识，自主、自觉屏蔽物质利益对人的思虑造成的干扰和牵累，在心不外驰的情况下坚定心志，以求道、乐道为目标，一心向学，在这样的道德践履工夫中提升自己的道德修养与精神境界，在现实的伦理生活中获得精神富足与情感愉悦。这是一种超功利的、现实的伦理道德践履活动，也是吕柟为士人学子所设计的现实伦理生活。

甘贫的道德践履工夫给人的精神感受带来的快乐一方面是不为物质利益牵累的轻松愉悦感，另一方面这种快乐的精神感受更多是源自人在甘贫的过程中气节得以培养，具备道义感、近道、见道的德性修养。"能甘贫，则凡一切浮云外物，举不足为累矣。能改过，则可以日新而进于善矣。大抵过失亦多生于不能安贫中来。贫而能安，过亦可少，观于颜子可见矣。"④在安贫的道德实践中，人心能不为物质利益所牵动，所以自然就少了许多"过"的产生，这也是孔子称赞颜回一箪食、一瓢饮，在陋巷能不迁怒、不贰过的原因。人能甘贫便能少过，也就能处理好伦理生活中道义与功利的关系问题。"然其初要在谨独，但于一言之发，一事之动，一财之临，就当审处，不可有一毫适己自便之心，久之自然纯熟，可以造于无所为而为矣。昔舜'饭糗茹草，若将终身'，正见义不见利之大节。学者能甘贫俭约，不为利所动，自无往而非义。"⑤甘贫便能近道，颜回、周敦颐的伦理生活都是甘贫近道的真实写照。"安贫就是近道，如颜回之赞孔子，亦

---

① 吕柟：《泾野子内篇》卷七《柳湾精舍语》第十一，第48页。
② 吕柟：《泾野子内篇》卷十《鹫峰东所语》第十五，第91页。
③ 焦国成：《中国伦理学通论》上册，第18—19页。
④ 吕柟：《泾野子内篇》卷十《鹫峰东所语》第十五，第88页。
⑤ 吕柟：《泾野子内篇》卷十二《鹫峰东所语》第十七，第111页。

只云'不改其乐'。《周易》曰:'颜氏之子,其殆庶几乎。'亦只是见得这个'道'字,故'履空'者常常如此,非只一空便了也。看来宋时周茂叔亦将到颜子田地,如光风霁月、胸次洒落,那里有一毫富贵利达之心,故二程每见茂叔归来,有吾与点也之意。虽二程亦惟见他光霁气象,周子是何等襟怀!学者也要识得,常存光霁之心,则于富贵处亦略打破几分方好。"①颜回之所以为孔子称赞,能不迁怒、不贰过,穷居陋巷而快乐是因为他能甘贫向学而见道,故能胸中洒落,怡然自得。周敦颐俨然能具光风霁月、胸次洒落之象,也与甘贫近道的道德践履密切相关。先秦儒家有颜回,宋明时期有理学家周敦颐,他们都以自己的道德践履活动生动地诠释了甘贫近道的伦理生活,甘贫近道就能实现精神愉悦,他们是士人学子应该效仿的榜样。最后吕柟还以汉儒激励门生,希望他们以甘贫的道德践履工夫修养自身的气节:"如管宁、茅容、孔明,皆圣门之徒也。管宁终身戴一破帽,信贯金石。是以汉儒多气节。故常谓诸生当自甘贫做。"②吕柟倡导甘贫的道德践履工夫也是关学伦理思想注重躬行践履、培养气节的体现。吕柟不但列举了以往儒家甘贫近道的先贤,在与弟子的讲论中还对当时关中甘贫求学以近道的士人学子予以褒奖。他说:"昔陕城有二士,隆冬甚寒,过渭河来听《易》,足冻破亦不知。""此与立雪意亦同。有志之人这般刻苦为学,愧不能及耳。"③

吕柟提出甘贫的道德践履工夫,并非彻底否定富贵,让士人学子都过贫苦生活。其实他也肯定富贵,提倡甘贫是出于让时人免于为富贵功名所累的考虑。他说:"如中不得举心忧,便为举人牵扯去了;中不得进士、做不得官心忧,不免又为进士与官牵扯去了。如此等心,便不属己身了。非是不要功名富贵,须不累于功名富贵才是。"④

甘贫是吕柟为士人学子提出的道德践履方式,能甘贫便能如颜回、周敦颐一样,于富贵贫贱上立得定,在不为富贵贫贱所累的同时一心向学,实现近道、乐道,获得精神富足感、愉悦感,胸次洒落如光风霁月,成为富贵不能淫、贫贱不能移、威武不能屈的有气节的名士。

---

① 吕柟:《泾野先生四书因问》卷四《论语·先进篇》,收入《关学经典集成·吕柟卷一》,第154页。
② 吕柟:《泾野子内篇》卷七《鹫峰东所语》第十二,第59页。
③ 吕柟:《泾野子内篇》卷七《鹫峰东所语》第十二,第56页。
④ 吕柟:《泾野子内篇》卷十五《鹫峰东所语》第二十,第143页。

(三)改过之论:克己日新以近善

所谓道德实践是主体自觉的选择,为善为恶不决定于他人,而完全取决于自己①。人能甘贫、安贫,就能不为功利所惑,处理好现实生活中道义与功利的关系,但这并不意味着人能无过。所以即便寡过、少过,改过仍然十分必要,改过要人克己日新以近善,像颜回一样不贰过;改过就是人追求圣贤境界的伦理道德实践工夫。

"道德自律展开于自我与社会的关系及具体境遇、道德实践中,同时也使自我的道德意识获得了现实的规定。"②改过是人的自我道德意识的体现,也是人道德自律的体现,人要改过先要闻过、察过以如实直面过之发生与存在。"过"产生的原因就在于人不能甘贫从而处理好道义与功利的关系,为声色货利所牵累,平易之心转变为利欲之心。吕柟说:"人惟为声色货利所缠缚,如坠与井底一般。须斩去世间一切可爱、可惜、可喜、可慕的心,一于天理便好。如日月之明一般,此何等气象!学者须是从难克处克将去,久之自与天合,不患不寡过也。"③改过就是克己,亦须从最难克处入手克之。"过"产生于行为发生以后,人要克己改过首先就要勇于直面自己之过,善于闻过、乐于闻过。

> 问人多恶闻过。先生曰:"仲由喜闻过,为百世师;汤改过不吝。周子曰:'人大不幸不闻过。'昔简子之臣尹绰、赦厥,简子曰:'厥爱我,谏我必不于众人中;绰也不爱我,谏我必于疑众人中。'尹曰:'厥也爱君之过,不爱君之丑也。'孔子曰:'君子哉,尹绰!面訾不面誉也。'此可以观圣贤之别。"④

当时的士人学子多不愿意闻人言己之过,这也是吕柟门生的问题。对此吕柟以仲由、汤、周子等人为例,引导自己的门生以他们为榜样,做到善于闻过,这关系到人在道德修养过程中最终成为圣贤还是贤愚之人。吕柟说:"人之生,不幸不闻过,夫子亦以闻过为幸。圣人心地平易,有过随人说去,人亦争去说他的过,是以得知,真以为幸。今人所以不闻过,如何只是訑訑声音颜色,拒人于千里之外,有过人亦不肯说与他,是以成其过。学者贵乎使人肯言己的过,便是学

---

① 王美凤:《先秦儒家伦理思想概要》,第104页。
② 杨国荣:《伦理与存在:道德哲学研究》,第145页。
③ 吕柟:《泾野子内篇》卷十九《鹫峰东所语》第二十四,第190页。
④ 吕柟:《泾野子内篇》卷九《鹫峰东所语》第十四,第79页。

问长进。"①古今对比,吕柟认为今人纵情于声色之间,全然不会反省察知己过,也不愿意闻过,所以他人即使察知其过,也不愿将其告知于己。回顾先秦儒家思想,先圣孔子就以闻过为幸,他能以平易之心欢迎他人言己之过,直面己身之过而勇于改之。吕柟以此来勉励学人要勇于直面自己之过,以一颗平常心欢迎、接纳他人对自己之过的善意提示。绍儒问:"有过常存悔心,如何?"先生曰:"这便是频复之厉,须是过而能改。某尝谓三过不改为玩过,谓其视之没紧要,便置此念,后有过时,无所惮也,此最不可。"②察过闻过、产生悔过之心后,最为重要的还是改过,人要能够以悔过之心的道德自觉将改过的行为实践工夫亲身践行,这才是最为关键的。"虽以成汤之圣,而犹曰'改过不吝'。秦穆公霸者之君耳,其伐郑归而悔过,自誓之言,乃列于《书》之终篇,与帝王并称也。过只不宜频复,贵于速改。"③成汤、秦穆公都是史籍有载改过迁善的著名人物,他们以悔过之心、自誓之言将改过的道德践履活动推行到了极致。在改过的时效性方面,吕柟倡导士人学子察过闻过以速改过,以此避免类似之过的频繁出现,防止贰过、三过的产生。"三过而不改者,是为玩过;三祸而不惧者,是为乐祸。斯其人终不可与入尧舜之道也。"④"真正自由的道德行为就是出于自觉自愿,具有自觉原则与自愿原则统一、意志和理智统一的特征。只有自愿地选择和自觉地遵守规范,才是在道德上真正自由的行为。这样的德行,才是以自身为目的,使自身具有内在价值。这样的道德行为才是真正自律的,而不是他律的。"⑤在吕柟看来,改过即是人出于自觉自愿、真正自由的道德行为。意志自律的能力即道德选择的能力,就是道德主体按照一定的价值方向,在道德上自主、自决、自控的能力,没有意志自律则不可能有道德行为的发生,因而其成为道德的本性。与意志自律能力相联系的是主体内在的意识结构,它是意志自律能力的基础,是一种带有个性特征的精神世界和精神力量。这种内在意识结构的性质与水平,即道德境界状况,具有个性特征和个体差异性。它决定着意志自律的方向和意志选择的能力⑥。甘贫改过这一伦理实践工夫体现了道德主体的自愿选

---

① 吕柟:《泾野子内篇》卷十三《鹫峰东所语》第十八,第131页。
② 吕柟:《泾野子内篇》卷二十二《太常南所语》第二十九,第232页。
③ 吕柟:《泾野子内篇》卷十《鹫峰东所语》第十五,第88页。
④ 吕柟:《泾野子内篇》卷二《东林书院语》第四,第21页。
⑤ 冯契:《人的自由和真善美》,第220页。
⑥ 王育殊:《道德的哲学真义》,"绪论"第40页。

择,基于这样一种选择,在意志自律之下主体将甘贫改过的内在意识结构外化为现实的伦理实践,从而促进道德生活的良性发展和精神境界的提升。

明代中期,关学集大成者吕柟返归原始儒学建立了自己的新仁学思想,在甘贫改过的伦理道德实践中,吕柟认为察过、闻过、悔过、改过中最重要的是要能于改过之中克己归仁:"尧舜之仁止于一世,夫子之仁至于万世,就在人之过里面,也要看出个仁来。文中子曰:'夫子于我有罔急之恩。'诚哉,斯言也!吾辈见人有过,须要如此看他方是。"①

吕柟重视慎独致曲的道德修养工夫,他认为致曲就是从细微处入手;同样,克己改过以归仁的道德实践也要从存心于细微之处着手。吕柟说:"新淦萧时化,吾常语以改过之说。他日对曰:'生既闻教后,一日欲见穆先生,以怠心而止。忽又念曰:此非改过也。遂往见之。至于途遇一相识人,方在驴背,以倦下,故将扇掩面而去。又念曰,此非改过也。遂回前十数步,必揖其人而后行。'此事虽至微,可谓存心者矣。又谓章友,'前日以中官不礼而怒,今日闻中官被杖而喜。此皆非正情也,无前之怒,则无今之喜。'此等处皆见得实。"②在鹫峰东所与诸生讲学时,吕柟再次强调了改过的重要性,并引导学生改过要存心于细微之处,使喜怒之情的发用都能合于中。

吕柟提出的改过之论,是他对儒家伦理思想的继承与发展。改过的道德践履工夫要求人首先能察过,善于闻过、乐于闻过,由此产生悔过之心,最重要的是要能常存此悔过之心,从细微之处入手,在克己改过以归仁的道德践履活动中,修身养性、变化气质,追求圣贤之境。改过是追求变化气质的为己之学,是人道德意识觉醒之下的道德自律活动,是人对美好伦理生活追求的体现。

(四)甘贫改过方能光风霁月

儒家伦理所推崇的作为道德楷模的仁人贤士,并非什么神学意义上的"全人",而是体现和展现某个或某些道德品质和道德德性的典范。这些典范存在的功能,完全在于在平凡生活中见证和彰显德性。他们激励、引导后来者做好人、行善事③。吕柟以甘贫改过为求仁入圣的切要工夫④,这是他在明代中期重

---

① 吕柟:《泾野子内篇》卷十四《鹫峰东所语》第十九,第137页。
② 吕柟:《泾野子内篇》卷十一《鹫峰东所语》第十六,第106-107页。
③ 王庆节:《道德感动与儒家示范伦理学》,第15页。
④ 陈俊民:《张载关学的历史重构》,第28页。

构关学伦理思想时所提出的道德践履工夫,也是他一生为官、讲学不同时期现实生活的真实写照。他以亲身践履的方式激励、引导当时的士人学子以甘贫改过的颜回之乐为精神追求,处理好现实生活中道义与功利的关系。贺瑞麟在为《泾野子内篇》所作的序言中记载医者毛尹曾为吕柟之弟医病,吕柟留之并与其同寝食,毛氏见吕柟足布破损,便对自己的女婿周丰说:"泾野子天下士,其勤俭如此,尔辈识之。"①吕柟自己也一直以身垂范,以此来教导自己的门生。他对学生说:"某平生无过人处,只守拙不改。"②由此可见吕柟一生都过着甘贫改过、躬行践履的伦理生活,并以此教人。

> 先生书"甘贫改过"字方毕,梓欲请"青天白日"四字,汝勤亦欲为梓请。皆未及言,先生复赐"光风霁月"四字。比出,与汝勤语,汝勤亦道己意,因问梓何以不卒请也。梓曰:"先生方书'甘贫改过'即书'光风霁月',言光风霁月由甘贫改过而得也。先生固已赐青天白日矣,而又何请也?以此知求先生之书,不可不会先生之意;遵先生之教,不可不体先生之心。"③

人要切实做得甘贫改过的伦理实践工夫,方能实现光风霁月般的道德心境。吕柟以颜回居陋巷而甘贫乐道、改过迁善自勉勉人,这也是宋明以来儒家伦理思想发展注重"学颜"的体现。

五、悔过自新

二曲生当明末清初,适逢明清更迭之际,王阳明之学因蹈于空疏而由盛转衰,士人儒者纷纷将明亡的思想原因归之于王学流弊,有着强烈家国情怀的士人们在亡国之痛的悲情下,对空谈心性、略于工夫的阳明心学进行了沉潜反思并予以指斥。故而有顾炎武首倡"经学即理学"以补偏救弊,以新的思想趋向扭转学术思想的发展,开启了清初儒家思想发展的方向。关中大儒李二曲与黄宗羲(梨洲)、孙奇逢(夏峰)并称为清初三大儒,他有着经世致用的现实关怀,其学以艰苦力学为主而无师自成。悔过自新说是李二曲所提出的道德修养工夫和伦理践行观,是其在明亡之后对古今名儒伦理思想和践履工夫的总结与发展,也是李二曲道德修养论的方法之一,体现了李颙以现实践履实现存心复性

---

① 吕柟:《泾野子内篇·咸丰四年补刻序》,第313页。
② 吕柟:《泾野子内篇》卷二十四《大学语》第三十二,第253页。
③ 同上书,第252—253页。

的伦理思想。

李二曲其学"以尽性为指归,以悔过自新为心课,以静坐体认喜怒哀乐未发气象为知性之方,以读'六经''四子'及诸儒之言、反身体验为穷理入门之要"①。悔过自新是二曲早年融合程朱陆王,继承和发展陆王心学所提出的伦理道德修养学说,这一学说的提出是二曲本人反思当时的社会现实关怀和学术思想的综合体现。李二曲生当明末清初,经历了明末亡国的他面对当时社会的现实曾感慨曰:"若夫今日,吾人通病在于昧义命,鲜羞恶,而礼义廉耻之大闲多荡而不可问。苟有真正大君子,深心世道,志切拯救者,所宜力扶义命,力振廉耻,使义命明而廉耻兴,则大闲不逾,纲常赖以不毁,乃所以救世而济时也。当务之急,莫切于此。"②虽然清代以后重新确立了程朱理学的主导地位,但是思想方面再次出现了基于明清易代学术反思的朱陆之争。面对当时伦理道德失序、人们置礼义廉耻于不顾的这一社会现状,二曲认为应首先从学术思想方面重振礼义廉耻以匡正人心、拯救世道,改变时人的伦理道德生活,这就是二曲悔过自新说提出的现实背景。

(一)洞察心性、以过摄之

悔过自新说是二曲反思王学末流之弊、总结以往儒学发展所提出的思想理论。清代沿袭元明以程朱理学为官学,而当时在学术思想领域依然有人笃信王学。二曲继承了由冯从吾所开启的明代关学心学化发展方向,他以陆王心学为主,认为程朱理学与陆王心学应互相补充而不可偏废一边。悔过自新说是二曲早年立足陆王、会通程朱的自得之处,也是二曲之学从"究心于经济"而转为"醒人心"的结果,更是二曲提出的"救世之方"。

悔过自新说的提出自有其理论渊源和现实指向,然而这也是二曲总结以往儒家思想发展的结果。作为关中大儒,二曲继承张载关学思想,总结前人学术思想观点,作有《悔过自新说》一文以阐述悔过自新的道德修养工夫。他首先洞察心性,认为:"天地之性人为贵。人也者,禀天地之气成身,即得天地之理以为性。此性之量,本与天地同其大;此性之灵,本与日月合其明。本至善无恶,至粹无瑕;人多为气质所蔽,情欲所牵,习俗所囿,时势所移,知诱物化,旋失厥初。渐剥渐蚀,迁流弗觉,以致卑鄙乖谬,甘心堕落于小人之归,甚至虽具人形,而其

---

① 王心敬:《丰川续集》卷二五《泾州新创二曲先生祠记》,第87页。
② 李颙:《二曲集》卷十《南行述》,第76页。

所为有不免于禽兽者。此岂性之罪也哉？然虽沦于小人禽兽之域,而其本性之与天地合德、日月合明者,固未始不廓然朗然而常在也;顾人自信不及,故轻弃之耳。譬如明镜蔽于尘垢,而光体未尝不在;又如宝珠陷于粪坑,而宝气未尝不存,诚能加刮磨洗剔之功,则垢尽秽去,光体宝气自尔如初矣,何尝有少损哉？"①二曲的悔过自新说以性善论为前提,他受张载天地之性与气质之性的性二元论影响,认为人因禀受天地之气而生,故而得天地之理而其性本然为善,只是因为人为情欲所困扰,受外物干扰、影响而失去了本然之性,虽具备人形而其所为却如同禽兽。道德的主体性即人在道德活动中自主、自决、自控的属性和功能,突出表现为意志的特征和行为的特征,这就是意志自律②。李二曲的悔过自新说继承张载的性二元论,认为人不能因气质之蔽而丧失自己的道德心,应该以自主的道德自觉随时觉察自己的先天善性而不轻易弃之,在此基础上做"刮磨洗剔之功",以使人性由恶之表现而复归善之本原。

性善论是二曲悔过自新说的前提。二曲总结了宋明理学从理气关系角度论人性的说法,他认为以天地之性为主的性善论即是人的"无过之体",这一无过之体因禀受天地之理而完满自足,是人之为人的显著特征,也是人区别于禽兽的关键。这一"无过之体""与天地合德、日月合明"而"廓然朗然常在"。人生而禀受天地之理而来的无过之体始终如明镜、宝珠一般;人因习俗之熏染、时势之转移、外物之引诱等原因而有过,就如同明镜蔽于尘垢、宝珠陷入粪坑一般,如此就需要践行悔过自新的工夫。

二曲有着强烈的现实关怀与明道救世的担当。同时他还回顾了以往儒家学人"救正世道人心"之方:"古今名儒倡道救世者非一:或以'主敬穷理'标宗,或以'先立乎其大'标宗,或以'心之精神为圣'标宗;或以'自然'标宗;或以'复性'标宗;或以'致良知'标宗;或以'随处体认天理'标宗;或以'正修'标宗;或以'知止'标宗;或以'明德'标宗。虽各家宗旨不同,要之总不出'悔过自新'四字,总是开人以悔过自新的门路,但不曾提出此四字,所以当时讲学,费许多辞说。愚谓不若直提'悔过自新'四字为说,庶当下便有依据,所谓'心不妄用,功不杂施,丹府一粒,点铁成金也'。"③在此李颙总结了程朱理学与陆王心学为救正世道人心所提出的伦理修养工夫和道德践履工夫。他认为朱熹、陆九渊、杨

---

① 李颙:《二曲集》卷一《悔过自新说》,第2-3页。
② 王育殊:《道德的哲学真义》,第39页。
③ 李颙:《二曲集》卷一《悔过自新说》,第3页。

简、陈白沙、王阳明、薛瑄、湛甘泉、罗近溪等理学各家的为学宗旨虽然不同,但却都以教人悔过自新为共同目的,其学总出不过"悔过自新"四字。他认为悔过自新作为人的道德修养工夫,能够使人心不妄用,使人之工夫所施不杂乱无方,于微妙中切中人性之蔽、人心之失而起到点铁成金的作用。阅读"六经""四书",回顾先秦自宋明以来的儒学发展历程,二曲认为不仅整个宋明理学的道德修养工夫可以"悔过自新"四字一以概之,而且儒家经典"六经""四书"的千言万语之说也都只在"悔过自新"四字。

> 疑者曰:"'六经'、'四书'卷轶浩繁,其中精义,难可殚述,'悔过自新宁足括其微奥也?'殊不知《易》著'风雷'之象,《书》垂'不吝'之文,《诗》歌'维新'之什,《春秋》微显阐幽,以至于《礼》之所以陶,《乐》之所以淑,孔曰'勿惮',曾曰'其严',《中庸》之'寡过',孟氏之'集义',无非欲人复其无过之体,而归于日新之路耳。……曰:'经书垂训,实具修齐治平之理,岂专为一身一心,悔过自新而已乎?'愚谓:'天子能悔过自新,则君极建而天下以之平;诸侯能悔过自新,则侯度贞而国以之治;大夫能悔过自新,则臣道立而家以之齐;士庶人能悔过自新,则德业日隆而身以之修,又何弗包举统摄焉。'"①

所以,"六经""四书"中所有的经书垂训、圣贤之言都旨在使人复无过之体而能日新,也即做到悔过自新。

综观"六经""四书",回顾宋明理学,二曲以"悔过自新"四字概括之。他总结说:"杀人须从咽喉处下刀,学问须从肯綮处着力。悔过自新,乃千圣进修之要诀,人无志于做人则已,苟真实有志做人,须从此学则不差。"②二曲回溯儒学发展过程,洞察宋明以来儒家伦理思想中的人性论和心性修养工夫,以悔过自新的道德修养论总结儒家的伦理道德思想,总摄儒学之旨,体现出儒家关注人现世道德生活的现实追求。

二曲以"过"统摄先秦以来"六经""四书"之言以及宋明理学的修养工夫论,他通过性善论认为人皆有过,"过"也是儒家伦理的核心。譬如《论语》一书言"过"三十余次,如"过则勿惮改""观过,斯知仁矣""吾未见能见其过而内自讼者也""有颜回者好学,不迁怒,不贰过""君子耻其言而过其行";孔子更是有言曰:"加我数年,五十以学《易》,可以无大过矣。"二曲梳理前人观点,以颜回

---

① 李颙:《二曲集》卷一《悔过自新说》,第4页。
② 李颙:《二曲集》卷一《悔过自新说》,第4页。

为例,阐述了自己对"过"的理解。他认为"几者,事之微,而吉凶之所由以肇端者也。《易》曰:'知几其神乎。'又曰:'君子见几而作,不俟终日。'子曰:'颜氏之子,其殆庶几乎。有不善未尝不知,知之未尝复行也。'夫'有不善未尝不知',故可与几也;'知之未尝复行',故无只悔也。吾侪欲悔过自新,当以颜氏为法。"①二曲借用《周易》阐释了他对"不迁怒、不贰过"中"过"的理解,他认为"过"含有邪思妄念之意,悔过的关键首先是要能于事之几微处察知不善之邪思妄念,同时"刮剔磨洗"的悔过之功也只在一转念间②,这就是二曲对"过"之理解的重新发展。人性皆善而人皆有过,即使是儒家道统中所言及的圣人尧舜禹汤、文武周公也不例外。"昔人云:'尧舜而知其圣,非圣也,是则尧舜未尝自以为无过也;禹见囚下车而泣,是则禹未尝自以为无过也;汤改过不吝,以放桀为惭德,是则汤未尝自以为无过也;文王望道未见,武王儆几铭牖,周公破斧缺斨,孔子五十学《易》,是则文、武、周、孔并未尝自以为无过也。等而上之,阳愆阴伏,旱干水溢,即天地亦必且不见以为无过也。'然而两仪无心,即置勿论,至于诸圣,固各有其悔过自新之旨焉。但圣人之悔过处,及其自新处,与凡人自不同耳。盖必至于无一念之不纯于理,无一息之或闲于私,而后为圣人之'悔过',必至于'与天地合其德,与日月合其明,与四时合其序,与鬼神合其吉凶',而后为圣人之'自新'。"③在宋明理学家所提出的儒家道统论中,以尧舜禹汤等为代表的圣人皆具备完满的德性,二曲对此并不认同,他列举了尧舜禹汤文武周公有过、改过的例子,阐明了圣人识过、知过、改过而保持、光复自己"无过之体"的道德修养工夫,这是圣人通过悔过自新以追求、修养圣贤道德境界的体现。

二曲洞察儒家经典"六经""四书",回顾宋明理学中的道德修养工夫,以"悔过自新"总结了以往儒家伦理思想重视人的道德生活,以改过迁善、变化气质而复善性的思想,以此实现了他救正世道人心的人文关怀。

(二)日用伦常、事上磨炼

道德践行意义的呈现指在特定的道德境遇中,道德之心一定会显现,给人一个指导,告知应该如何去做④。悔过自新说是李二曲工夫论的基石,也是二曲

---

① 李颙:《二曲集》卷一《悔过自新说》,第6页。
② 同上书,第3页。
③ 同上书,第6-7页。
④ 杨泽波:《儒家生生伦理引论》,商务印书馆,2020,第4页。

开示学人于日用伦常的道德境遇中践行道德修养工夫的道德修养说。悔过自新的道德修养工夫以继承关学宗师张载的性二元论也即天地之性、气质之性视域下的性善论为前提,认为人应克去气质之蔽而回归以天地之性为主的善性,所以二曲认为人本来即具有善性,也即"无过之体",悔过自新的目的在于"复其无过之体"。道德问题不仅是认识问题,更是行动的问题①。何谓悔过?何谓自新?如何悔过又如何自新?如何将悔过自新的道德修养工夫付诸实践?于此李二曲主张在日用伦常的道德境遇中的事上磨炼。简言之悔过自新的践履工夫主要以思过、识过、转念、慎独、静坐为主,本体与工夫并重,突出强调人在日用伦常中践行道德修养工夫的重要性,以此来救正王学末流入于玄虚、蹈于空疏的弊病。

  道德之实践,内在于个人人格②。真正自由的道德行为就是出于自觉自愿,具有自觉原则与自愿原则统一、意志和理智统一的特征③。二曲所提出的悔过自新说要求人在自觉自愿的原则下做到意志与理智相统一,时刻积极洞察己身之过,践行刮磨洗剔明镜宝珠以悔过自新的道德修养工夫,"吾人所以不得至于圣者,有过累之也,过灭则德醇矣"④;只有践行悔过自新的工夫,才能够实现"德醇"而达至圣贤境界。"过"因人气质之蔽而产生,既包括身过又包括心过。"身过"是指人的种种恶行;"心过"是为学的种种歧见。李二曲先将"过"理解为转念,"悔过"先要人能留心此学,必须于心动念虑处潜体密验。"苟有一念未纯于理,即是过,即当悔而去之;苟有一息稍涉于懈,即非新,即当振而起之。若在未尝学问之人,亦必且先检身过,次检心过,悔其前非,断其后续,亦期至于无一念之不纯,无一息之稍懈而后已。盖人之所造,浅深不同,故其为过,亦巨细各异。"⑤在二曲看来人人之过虽然不同,但是悔过的道德修养工夫却是一样的,首先要做到能在一念之发动处细密体察,将此念悔而去之,使一念之发皆能纯然合乎天理。"过"有身过与心过二分,在悔过的时候要先检身过、次检心过。身过体现在人的言行举止上,心过是人的念虑之差。二曲提出的悔过自新这一道德修养工夫先外后内,由行为通达意念和心灵,具有鲜明的次序性,体现出儒

---

① 张岱年:《中国伦理思想研究》,第6页。
② 唐君毅:《文化意识与道德理性》,"自序二"第3页。
③ 冯契:《人的自由和真善美》,第220页。
④ 李颙:《二曲集》卷一《悔过自新说》,第4页。
⑤ 李颙:《二曲集》卷一《悔过自新说》,第5页。

家伦理思想讲求内外兼修的特点。

人具有伴随生命活动的内在的感觉与省察,伴随理解的感觉与省察具有纯粹的内省特征,所以当理解初始发生或有显著擢升时我们会有清晰的感觉与省察,这两种情形,都是道德觉解的表现。因此道德觉解是人特有的,是属于人的道德精神现象①。密察念虑是识过,这是人基于内在感觉而产生的道德自省。然而并不是所有时间人都能在任何道德境遇中准确地察觉到自身之过,所以李二曲又提出了"慎独"工夫。"众见之过,犹易惩艾;独处之过,最足障道。何者?过在隐伏,潜而未彰,人于此时最所易忽;且多容养爱护之意,以为鬼神不我觉也。岂知莫见乎隐,莫显乎微,舜跖人禽,于是乎判,故慎独要焉。"②身过与心过是李二曲从身心方面对"过"的划分,从人的日常生活之"群"与"独"的不同状态入手,他又将"过"分为众人所见之过与己所独处之过。众见之过更多是指身过,独处之过则主要是心过。众见之过因含外因而容易为人所察觉以悔过,但独处之过,隐隐伏伏,潜而不显,最容易为人所忽略,且出于其他原因,人也会因独处而自欺欺人,在没有外在监督的情况下,道德自觉心丧失,放松对自身的道德自律,进而得过且过,放弃对过之悔,这是最不可取的,也是人们践行悔过自新道德修养工夫的障碍。因为强调"自律",所以理学注重"慎独",注重"一念之发是否率性",要求自己不受外在环境、利益、观念、因素所影响和支配③。因此在悔过自新中,"慎独"工夫显得尤其关键重要。慎独工夫要求人在独处之时能以道德自觉心时时警醒,检点、省察潜隐之过,以道德自律用力于一念独知之处,慎微体察,悔而去之,久久为功,将慎独工夫切实做到极致,如果能像颜回一样由知几之微而不贰过,切实做到悔过自新就一定能成为像颜回一样的圣人。

密察念虑、慎独之外还需静坐。"吾侪既留意此学,复悠悠忽忽,日复一日,与为学者同为驰逐,终不得力,故须静坐。静坐一著,乃古人下工夫之始基,是故程子见人静坐,便以为善学,何者?天地之理,不翕聚则不能发散;吾人之学,不静极则不能超悟。"④可以说,李二曲提出的静坐工夫也是对慎独工夫的一种补充。儒家所理解的独立意志、自由意志,是指独立、自由于"威武""富贵"这

---

① 廖申白:《伦理学概论》,第218页。
② 李颙:《二曲集》卷一《悔过自新说》,第5页。
③ 李泽厚:《中国古代思想史论》,第236页。
④ 李颙:《二曲集》卷一《悔过自新说》,第6页。

些因素,不受其影响,而不是主张绝对的个人主义①。"慎独"即要于独处之时以道德自觉、道德自律实现密察念虑。然平日里为学,难免受人影响,身心具因受物欲、习染、俗情的影响而驰骋放逐,不能密察己过,所以就需要践行静坐工夫。于静坐中屏息静气,消除伦理生活中物质与利益对人的干扰,沉默自省以密察自身之过,知过而能改,去除因物欲、习染之弊而产生之过,以矫正人们的身心外驰之弊,切实践行悔过自新工夫。

道德为实践之事,而非理智之事②。"密察念虑""慎独""静坐"都是李二曲在《悔过自新说》一文中提到的应于日用伦常中切实去践履的伦理实践工夫。然而,李二曲提出的这些以实践为特点的道德修养工夫并不是普遍适用于所有人。悔过自新说统摄密察念虑的识过工夫、慎独与静坐工夫,面向的群体是"中材之人"。"悔过自新,此为中材言之也,而即为上根言之也。上根之人,悟一切诸过皆起于一心,直下便划却根源,故其为力也易;中材之人,用功积久,静极明生,亦成了手,但其为力也难。盖上根之人,顿悟顿修,名为'解悟';中材之人,渐修渐悟,名为'证悟'。"③所以悔过自新是普遍适用于中材之人的伦理实践工夫,若能真正切实去践履便能渐悟而实现悔过自新。上根之人,能于当下即密察本心,把捉己过,当下用力便能直接悔过。道德选择也即个体自我调节的过程,这个过程正是道德意识各成分的功能相互作用的过程④。悔过自新的道德修养工夫在践履过程中因人之资质不同而有区别。中材之人作"悔过自新"的工夫需要渐修渐悟,故必悔之又悔,新而又新,以至于尽性至命而后可⑤。"悔而又悔,以至于无过之可悔;新而又新,以极于日新之不已。"⑥中材之人践履悔过自新的道德修养工夫,需要坚持不懈,到无过可悔、日新不已时方可,如此方是成圣成贤之时。

道德的自律意谓道德主体之自我立法⑦。悔过自新即是人自我立法以实现道德自律的体现。悔过要能密察念虑以识过、改过。慎独、静坐都是识过和改

---

① 陈来:《儒家美德论》,第314页。
② 唐君毅:《文化意识与道德理性》,中国社会科学出版社,2005,第305页。
③ 李颙:《二曲集》卷一《悔过自新说》,第6页。
④ 王育殊:《道德的哲学真义》,"绪论"第3页。
⑤ 李颙:《二曲集》卷一《悔过自新说》,第6页。
⑥ 同上。
⑦ 李明辉:《四端与七情:关于道德情感的比较哲学探讨》,华东师范大学出版社,2008,第275页。

过的道德修养之方。以密察念虑、慎独、静坐为主的道德修养工夫都是李二曲总结以往儒家本体论、工夫论、境界论思想，融摄程朱、陆王而以陆王为主创造的独具特色的关学伦理思想。上根、中材之分，显然是受传统儒家性情论对人之资质予以区分的影响，这样悔过自新工夫便更具有针对性。以中材之人为主要受众的悔过自新说，是李二曲救正世道人心的绝妙工夫。

如何自新？李二曲认为："性吾自性也；德吾自得也。我固有之也，曷言乎新？新者，复其故之谓也，譬如日之在天，夕而沈，朝而升，光体不增不损，今无异昨，故能常新。若于本体之外，欲有所增加以为新，是喜新好异者之为，而非圣人之所谓新矣。"①"自新"并非逐日有所增减，其意为"复其故"，"复其故"也就是复人之善性，复其本有之德性，使善性能如太阳之光一般，不论朝夕而光体不增不损，日日无异。

悔过是人以意志自觉省察自身之过，自新是复其本之善性，悔过与自新都依赖人的道德自觉和意志自律，体现在人的躬行践履工夫中。不能悔过便不能自新，能悔过方能自新。悔过自新的道德实践工夫以自我激励为主，由内省引发行动，以恢复善性而成圣成贤为目标。"天子能悔过自新，则君极建而天下以之平；诸侯能悔过自新，则侯度贞而国以之治；大夫能悔过自新，则臣道立而家以之齐；士庶人能悔过自新，则德业日隆而身以之修，又何弗包举统摄焉。"②天子、诸侯、大夫、士庶人能悔过自新，全社会便能实现身得修、家得齐、国得治、天下得平。悔过自新说体现出强烈的现实关怀，二曲以此来救正世道人心，救正社会弊病，这就将儒家修齐治平之业、内圣外王之说与对现实社会的改造相结合，从个体到社会，勾勒出人人悔过自新，社会便能和谐美好的理想社会图景。

六、自得自慊

伦理是社会实践的③，需要人的亲身参与和践行。关学以自得自慊为伦理实践方式，体现了关中士人在伦理生活中的道德自觉与道德自律，以及由之而形成的精神境界，是关学伦理思想中道德修养的典型。任何道德，只有在实践

---

① 李颙：《二曲集》卷一《悔过自新说》，第5页。
② 李颙：《二曲集》卷一《悔过自新说》，第4页。
③ 吾淳：《中国社会的伦理生活——主要关于儒家伦理可能性问题的研究》，中华书局，2007，第7页。

中得以贯彻,才能发挥规范人的行为、调节人际关系、完善人的本质的作用[①]。自得自慊的伦理实践是关中儒者面对现实生活中富贵贫贱的物质利益关系问题,以及道义与功利的抉择时,对自己道德生活的自觉设计和主动选择,体现了他们不为物欲所迁动的精神追求和境界。明末清初号为"白山逸人"的儒者李柏即在隐居山林期间过着安贫乐道、怡然自得的生活。中国伦理精神的基本取向是入世,但入世中的超越和世俗生活中各种矛盾的化解,以及道德的最高的境界,却隶属出世范畴[②]。作为明末清初的关学学人,李柏一生于入世与出世间完美地诠释了关学自得自慊的伦理实践。

(一) 历史反思与遗民情结

李柏与李颙、李因笃并称为"关中三李"。生逢明末清初,他见证了战争带来的腥风血雨、生灵涂炭,经历了明朝灭亡与清人入关的政权更迭、社会变动。明清易代的历史变迁对他造成了精神创伤,出于对故国的深厚感情,李柏于艰难中挺立精神以明朝遗民自居,不愿与新朝合作。正是在这种遗民情结作用下李柏反思明朝灭亡的历史教训,选择了寄情山水、放浪其间、自得自慊的伦理生活。

明朝建立了八股取士的科举制度,从内容和形式两方面严格规定了科场程式。在这种制度的作用下,士人学子为考取功名,不再专心钻研儒家经典、阐发义理并躬行圣贤之学。他们在科场程式的规定下致力于追求功名利禄,士林风气不正,晚明尤甚。而此时明朝的社会政治亦是充满腐败。明初朱元璋为加强中央集权设置的厂卫制度发展到此时已然成为宦官干政、官商勾结祸乱朝政的帮凶。宦官势力迅速发展,在朝的文人士大夫对阉党一族也都忌惮三分,很多文人士大夫在宦官面前卑躬屈膝、卖力讨好;文官在朝却无所作为,不少文官道德失范苟且偷安于世,传统儒家士大夫内圣外王、经世致用的责任担当在他们身上荡然无存。在政治生态领域出现的这些乱象之外,明朝皇帝借鉴西周分封制,设立了宗藩制度,并世代给予皇室宗亲优渥的政治待遇和经济保障。皇室宗亲不断繁衍,宗藩制度发展到后期逐渐给明王朝的政治、经济造成了极大压力。种种原因使明清以来的儒家不得不放弃"得君行道"的旧途,转而向社会和

---

① 唐凯麟、张怀承:《成人与成圣——儒家伦理道德精粹》,第126页。
② 樊浩:《道德形而上学体系的精神哲学基础》,第38页。

个人生命方面去开辟新的空间①。李柏在明清易代的亡国之痛下反思过往,将明朝灭亡的原因归咎于程朱理学思想的僵化和阳明心学思想的空疏。正是思想发展逐渐出现的这一变化和科举制度对士人思想及生活的禁锢,使得士人不再将成圣成贤确立为自己伦理生活中的理想并矢志笃行以追求之。同时李柏还认为明王朝的政治制度也存在诸多弊端,宦官干政、文官不为、宗藩制度使明王朝政治发展出黑暗腐败之象。武将不受重视,军队训练不力,这就使得明王朝在清军入关时战斗力不佳,防守不力,在战争中逐渐败退。

腐败的明王朝在农民起义与清军铁骑的双重攻击下迅速灭亡。朝代更替、政权更迭,一部分明朝士大夫沉溺于亡国之痛中,他们无法接受清朝。面对清政府的强势压迫,他们在国破家亡的哀痛中或参与到清政府的政务之中,或出于对故国的忠诚坚守着自己的文人士大夫气节,以各种方式做着最后的挣扎与抵抗。李柏面对明清政权的更替,以明朝遗民自居不与清政府合作,他心怀反清复明之志,做着最后的挣扎。

李柏生来便不重功名利禄,再加上对明王朝灭亡的反思,出身寒门的李柏并未将寒窗苦读、高中科举入朝为官作为自己的人生追求。他排斥空衍义理、蹈于空虚的假道学,反对以功名利禄为导向的八股取士制度,对时文与科举充满了厌恶之情。在这种反叛意识下,他崇尚古学,超然于现实世界入世与入仕的功利追求之外。清朝建立以后,他以明朝遗民自居,对清政府采取不合作的抵抗态度。随着清朝政权的日渐稳固,天下太平,李柏心中反清复明的愿望也逐渐落空。天然游心于功名利禄之外的个性、对明王朝的历史反思与对清朝的排斥促使李柏遁迹山林、超然物外,在山林之间以独行君子的身份实现着自己自得自慊的伦理实践。

(二)以儒为主、兼综佛道

儒、道、佛的结合,形成中国伦理精神进退相济,入世与出世互补的自给自洽的三维结构,使得中国人尤其是中国知识分子,在任何情况下都能建立富有弹性和进取意识的安身立命的人生基地②。李柏出生于陕西眉县,是地道的关中人。他不喜明朝以来僵化的程朱理学,对原始儒学兴趣盎然,并且以"原儒"的方式继承发展了张载关学。明代以后,儒释道三教渐趋融合,士人除尊崇儒

---

① 余英时:《现代儒学论》,第41页。
② 樊浩:《道德形而上学体系的精神哲学基础》,第38页。

学之外,还与当时的佛教高僧、道教名士有所交流。生逢明清之际,李柏的思想源于尊礼崇德的儒家,同时还体现出兼综佛道的特点。

理学僵化、心学空疏是明末清初士大夫反思明朝灭亡时所达成的共识。李柏也认为程朱理学僵化禁锢了明朝士人的思想,所以他对北宋以后形成的程朱理学不以为然。他以传统儒者自居,尊奉韩愈建立的以尧、舜、禹、汤、文、武、周公、孔子、孟子为主的道统论谱系,将宋元明清时期的关学代表人物融入儒家道统论中,认为"生乎公之后者如横渠、容思、小泉、默斋、泾野、少墟,诸所闻之道统孰启之,公启之也"①。这就建构了具有关学特点的道统论谱系。身为关中儒者,李柏恪守张载开创的关学传统,继承了关学躬行礼教、重视气节、甘贫改过的独特宗风。他认为三才即天、地、人相通,人在仰观俯察之时取法天地而具备了道德属性。在日用伦常的现实生活中人要发挥主观能动性,以天道为行事规则而不任意妄为、胡作非为。李柏的天人关系论在继承与发展关学的同时体现出对原始儒家天人合一观的继承与发展。西周时期周公制礼作乐,建构了"敬天保民""以德配天"的政治思想,早期儒家的德礼观由此而逐渐初具雏形。先秦时期逐渐形成了以"尊礼贵德"为特点的儒家思想,这是儒家对现实社会中人伦关系的处理方式。关学作为地域理学学派,继承和发展了原始儒学的这一思想,形成了以"躬行礼教"为主的独特风格。张载以复三代之礼为职志,提出了以"知礼成性、变化气质"为主的道德修养之方。李柏继承了张载关学"重礼"的思想,肯定现实社会中人伦关系存在的合理性②。《周易》曰:"有天地然后有万物;有万物然后有男女;有男女然后有夫妇;有夫妇然后有父子,有父子然后有君臣。"天生万物而人得其秀为最灵,相应的君臣父子、夫妇长幼之伦常关系也是自然而然就产生的,正所谓舜使契教人以人伦、君臣、夫妇、长幼、朋友,此所谓天经地义也③。在五伦之中李柏格外重视"孝",认为"至孝之人,天性纯粹,蕴结不散,寒烟冷魄,总难磨灭"④。关学学人大都重视气节,他们进能入朝为官、敢于犯颜直谏,退能辞官还乡、著书讲学,于市井或山林之间过着安贫乐道的生活,张载、吕柟等无不如此。李柏继承、发扬着关学重视气节的学风,他身经明清易代而始终保持着自己的遗民气节,不愿与清廷合作,选择了退居山

---

① 李柏:《李柏集》卷三《重修周公庙募缘疏》,第135页。
② 李柏:《李柏集》卷二《康孝子焦烈妇传》,第78页。
③ 同上。
④ 李柏:《李柏集》卷六《鬼孝子传》,第315页。

林之间,安贫乐道、恬淡自适的生活。

在中华文化的设计中,血缘的根基、伦理的原理既赋予人们最初的,又赋予人们最后的安身立命的根;同时,它又使得人们在伦理的调节中实现现世的超越①。对原始儒学的追求、对张载关学的继承使李柏的思想体现出重视人伦纲常、以气节著称的特点,而对佛道二教的融摄又使他安然选择隐于山林之间的闲适生活。

明朝以后儒释道三教融通,共同发展,出入佛老是士人生活中的普遍现象,李柏也是如此。他与憨休、普安、实法等僧人都有所往来,并与他们讨论儒佛义理思想。其中憨休就因经历、谈吐、节操而为李柏所钦佩、赏识,他们二人常常一起论学。李柏对禅宗"不立文字"之说、《心经》的"五蕴皆空"之论、华严宗的自性清净观都很有见地,并曾与憨休就此进行讨论。他称赞憨休说:"与之谈儒学,则源溯象山,派分东越;谈经济,则石补青天,渊浴白日;谈文章,则水倾三峡,星焕一天;谈禅则舌分广长之辩,口吐青莲之香,予不觉爽然曰:'自栖遁山林四十年来,所接方外飘笠高朋,未有英雄若此者也'。"②言语之间李柏对憨休的儒学思想、经济观点、文章之论、禅学之道充满了欣赏与赞叹。他不认可佛教"万法皆空"、否定现实世界存在的观点,以儒为主肯定现实世界存在的合理性。李柏颇认可华严宗的自性清净说,他以莲花出淤泥而不染的高洁自勉,希望自己能如莲花一般,于现世生活中修得自性清净心,始终保持高洁之志。

儒释道三教思想各有不同,道家思想以遗世独立、超然物外而为中国历史上的隐逸之士所喜爱。道家的伦理精神以超脱为特征③。生逢明清易代,李柏反清复明的儒者志向随着清政权日渐稳固而逐渐破灭以后,失意的他也以道家思想为精神家园聊以自慰。李柏以《道德经》中的贵柔守雌、柔弱胜刚强而自勉,以此舒缓复国愿望落空的不满与压抑。南游之时他以庄子"木以不材得终其天年"的思想自勉,以此为自己在当世不愿入朝为官为君主效力提供精神指引,实现自己遁迹山林、保全性命、安然于世的现实追求与心灵慰藉。作为儒者,李柏心怀苍生,亲历、见证了底层百姓的生活疾苦;面对明朝险恶的政治环境与清政权他又不愿入朝为官。庄子那"齐死生、泯物我"的思想在此时为李柏提供了精神指引,激励他坚持人格独立、无欲则刚的生活追求。

---

① 樊浩:《中国伦理精神的现代构建》,第34-35页。
② 李柏:《李柏集》卷二《送憨休和尚叙》,第41页。
③ 樊浩:《中国伦理精神的现代构建》,第42页。

以儒为主、兼综佛道是李柏自得自慊伦理实践的思想渊源,也是他的精神支撑。回归原儒、继承关学的儒学立场使李柏在自得自慊的伦理生活中始终尊礼贵德、安贫乐道、坚守气节。交游佛老、融摄释道思想的立场又使他能在世俗生活的功利道义面前保持超然物外的态度,隐居山林之间而卓然自成一家。

(三)隐逸山林、自得自慊

生命的终极意义是在日常的实际生活中实现的[①]。儒家着眼于人与人生,着眼于人的情感本身的最大需求与满足,并以此来提高人生的精神境界,求得精神上的最大愉悦[②]。"乐"的体验也是儒学的重要问题之一,可以说明儒学的基本面貌与特征。"乐"作为一种情感体验是儒家津津乐道的,也是最向往的[③]。李柏的人生经历、思想观点影响了他在山林之间自得自慊以追求精神快乐这样一种更注重情感体验的伦理生活选择。然而李柏虽隐逸于太白山中,却不曾放浪形骸,他依然以"入圣贤之域"为自己的道德修养目标,希望能于山林之间修得圣贤之境、实现快乐的精神境界。儒家重视心灵的整体结构及其功能,追求心灵的整体境界,但其出发点则是情感,情感才是心灵的存在[④]。

为了促进儒学发展,韩愈重提儒家的道统论,确立了以尧、舜、禹、汤、文、武、周公、孔子、孟子为主的圣人谱系,宋明理学在发展过程中确立了"人人皆可为尧舜"的思想趋向,一时间"学以成圣"成为理学思想的重要观点,并衍生出了相应的实践工夫论。李柏和明清以来的诸多士人一样受到理学思想的影响。他钦慕儒家圣贤,并以实现圣贤之境为目标,在山林之间切实践履为学工夫。

在理学思想体系中,圣贤即是践履道德修养工夫后所达到的理想人格,圣贤之境的实现以对人性论的认识为前提,在此基础上践履明善复性、变化气质的为学工夫以提升自己的道德修养,成就圣贤品质,达到圣贤境界。"人人皆可以为尧舜"充分肯定了人的资质,为士人学子确立了道德修养的努力方向和终极目标。李柏生活的明末清初世风不正,"而今之学者儒服儒冠,行非圣贤之行,言非《诗》《书》之言,不如云气、鱼鸟感阴阳山水而变化者,何也?物欲害之也"[⑤]。士人儒者为物欲所蔽,虽儒服衣冠而不行圣贤之行,置《诗》《书》之言不

---

① 杜维明:《儒教》,陈静译,上海古籍出版社,2008,第146页。
② 蒙培元:《情感与理性》,第134页。
③ 同上书,第133页。
④ 蒙培元:《情感与理性》,第238页。
⑤ 李柏:《李柏集》卷一《后劝学篇》,第30页。

顾，言行不一、道德沦丧。因此李柏重提儒家圣贤之学，以"学以成圣"为自己道德生活的追求。

"窃思：赋性维均，当初原无分别，秉质各异，后来斯有参差。有物，有则之，烝民懿德同好，上达下达之殊品，趋向攸分，若能善为提撕，便可人皆尧舜。"①李柏认为人禀受天地之性，原初并无差异，只是后来的变化导致了圣凡之别，要成为像尧舜一样的圣人，就离不开"善为提撕"的实践工夫。李柏虽然曾受佛道思想影响，但是他依然以儒者自居，对传统儒家的圣贤人格充满了向往，并且由此强调道德修养工夫的重要性和可能性，确证了"学以成圣"这一道德修养境界实现的可能性与现实性。在李柏的伦理思想中"善为提撕"的实践工夫主要通过为学来实现，具体而言以"主敬""慎独""静养"的工夫论为主，强调工夫实践的切身躬行与笃实践履。这些工夫的获得主要通过为学而实现，在《前劝学篇》中李柏认为："《诗》《书》学问之能变凡人为圣贤，为豪杰也，岂惟一人一时为然？人人好学，人人可为圣贤；天下万世人好学，即万世人皆可为圣贤。"②道德的修养工夫要从读《诗》《书》之中获得，主要通过为学而实现，若能好学便能成为道德高尚的圣贤。为此李柏回顾了历史上那些通过为学而获得道德修养工夫、切实躬行而变化气质以提升自己的道德修养的人物。"宁越，田间之农夫也；庄蹻，楚之大盗也；段干木，晋之大驵也；子张，鲁之鄙家也；徐庶，汉之杀人者也；周处，晋之射虎者也；周小泉，皋兰屯军也；王心斋，海滨盐丁也，皆能亲师友，折节读书，改过迁善，为忠臣、孝子、大儒、志士，成名于天下后世。"③宁越、庄蹻等都是通过读书为学而在践履道德修养工夫中逐渐变化气质，成为忠臣、孝子、大儒、志士的真实人物，李柏通过论述这些历史人物的真实经历再一次确证了学以成贤成圣的可能性，以此来激励自己和时人。

李柏将读《诗》《书》之言而获得的道德修养工夫主要归结为以"主敬"为主的静存与慎独。他十分重视"主敬"的修养工夫，认为"主敬"是圣学之要。"自古帝王圣贤之所由出，道德事业气节文章之所由成，纯臣良相之所由贞，未有不主敬者也。故曰圣人之学，敬而已矣。然则后之学圣人者，岂有他哉？主敬而已矣。"④"主敬"工夫决定着人的道德修养、事业成败、气节养成、文章辞赋，忠

---

① 李柏：《李柏集》卷三《拟山中开义馆教授题词》，第94页。
② 李柏：《李柏集》卷一《前劝学篇》，第29页。
③ 李柏：《李柏集》卷一《前劝学篇》，第29页。
④ 李柏：《李柏集》卷二《敬庵说》，第57—58页。

臣良相、帝王圣贤莫不以"主敬"为道德修养工夫;"敬"是儒者为学而实现修齐治平、内圣外王的关键。对于"主敬"工夫的理解,理学诸家有不同看法。李柏认为"主敬"就是保持心思清明、不为利欲所扰动的工夫实践。理学诸儒受佛教思想影响,多将"主敬"定义为一种内心专一、意念集中而又恭敬的精神状态。李柏的"主敬"工夫是抵抗现实伦理生活中物欲侵扰的工夫实践,体现出一定的现实关怀,与理学的意念解读有所不同;他在强调"敬"以保持心境专一状态的同时更强调对利欲的屏蔽与克制,在现实行动中修行以追求实现圣贤之境的成德境界。

"主敬"之外还需静养与慎独。"敬"则能"静",人的方寸之心面对物欲能不为其所动,便能不失本性之心。心思不散乱而保持清明则自然是"静"的工夫实践。"主敬""主静"也是慎独工夫。"曰,主敬。何谓主敬? 曰,戒慎乎其所不睹,恐惧乎其所不闻。"①"慎独"工夫出自《中庸》,强调人在意念主导下的道德自觉及道德自律。"主敬"之外的"慎独"工夫要求人在践履道德修养工夫时始终存有敬畏之心,不论大事小事、大行小行都要谨慎、精微行之,避免因小失大出现过错。"主敬""主静""慎独"工夫的关键要领在于笃行践履的躬身实践工夫。李柏强调要读《诗经》《尚书》而从中习得为学工夫,对这些工夫不是机械地模仿操作,而是要心领神会,转化为自己的行为实践,在日用伦常中切实躬行。"人能远去物欲,非《诗》《书》之言不敢言,非圣贤之行不敢行,践履笃实,久而左右逢源,睟面盎背,即尧舜可学而至,岂止阴阳之酝酿云气,山水之润泽鱼鸟,仅得其类应形似而已乎。"②读《诗经》《尚书》,行圣贤之行,在践履笃实中追求圣贤之境是李柏道德修养的目标,也是他选择的伦理生活。

儒家有忧患意识,有"救世"与"转世"思想,只是没有提出具体的社会理论。问题的关键就在于,儒家更着眼于人与人生,更着眼于人的情感本身的最大需求与满足,并以此来提高人的精神境界,求得精神上的最大愉悦。"乐"不仅是一种生命体验,而且是一种精神境界③。传统儒者以《论语》中"邦有道,则仕;邦无道,则可卷而怀之"的思想为自己内圣外王、修齐治平的入仕实践提供指导。在国家政治清明之时他们积极入仕为官,在朝政腐败之时他们辞官归隐,或游山玩水或讲学乡间。李柏经历了明清易代的政治变动,见证了明朝士

---

① 李柏:《李柏集》卷三《语录十八款》,第88页。
② 李柏:《李柏集》卷二《后劝学篇》,第30页。
③ 蒙培元:《情感与理性》,第134页。

大夫置道德伦理于不顾的伪善面目,又不愿意与清政权合作。出于这样的现实经历,受儒家、道家思想的影响,他毅然选择隐居于山林之间,安然闲适地追求自己主敬、笃行以入圣贤之境的伦理生活。

儒家哲学作为一种理性化的情感哲学,偏重求得生命情感的安适、满足和愉快,这种满足和愉快在很大程度上是通过人生体验得到的,而人生体验又离不开情感,因此,儒家都很重视情感体验①。把快乐看作是最高的善亦是唯一的目的的伦理学有一段很长的历史②。关学学者以"崇尚气节"为宗,他们崇儒明道,在面对功利与道义时总是甘愿以传统儒家的伦理思想特别是颜回箪瓢陋巷而不改其乐的亚圣境界激励自己,从而选择甘贫改过、安贫乐道的伦理生活。孔颜乐处是宋明理学家所追求的精神境界,也是关学学者矢志不渝追求的伦理生活,这一点也体现在李柏身上。

明代商品经济发展迅速,到了晚明时期全社会形成了崇尚物欲、消费文化盛行的社会风尚。一时间官商勾结、士商互动频繁发生,人们弃道德伦理于不顾而争相奔走在名利场中。面对这种利欲至上的社会现状,李柏斥责了人们对物质的狂热追求,并安然以崇尚道义的甘贫生活为自己的现实追求。他说:"物欲肆浊,欲贪,妄人之死趣也。死趣凝则虽生不生,天早灭也。"③沉迷于物欲追求的人精神空虚,他们虽生犹死;追求道义的人精神富足,他们虽死犹生。物质的贫乏不足为惧,精神富足、道德品行的高尚才最可贵,正所谓"富而不能蓄道德者之大贫也。皆知贵之为贵,而不知贵而不能为圣贤者之大贱也。皆知贫之为贫,而不知贫而蓄道德者之大富也"④。李柏斥责了明末社会的物欲之风,他以道德原则至上为选择,穷不失义,在不为物欲所扰之下追求自己的道德理想。

李柏隐居于太白山中,他以儒家的孔颜之乐为追求。孔子称赞颜回"一箪食,一瓢饮,在陋巷,人不堪其忧,回也不改其乐"。颜回这种箪食瓢饮乐在其中的生活是李柏的参照,他在隐居山林时常常过着日食杂粮米粥的清贫生活。寄情山水的同时,他常常临水把钓,怡然自得。在《山房咏怀》中他写道:"贫贱休嗟隐者骨,山家富贵世无如。茹毛口御三皇膳,结草身安帝王居。浩荡天地舆

---

① 蒙培元:《情感与理性》,第263页。
② 廖申白:《伦理学概论》,第27页。
③ 李柏:《李柏集》卷三《语录十八款》,第89页。
④ 李柏:《李柏集》卷三《与冯海鲲先生书》,第110页。

盖共,广长江汉瑟琴舒。客来如论玄薰事,笑指飞鸿过太虚。"①即使是圣贤之人,亦曾有居于山林之间而身处困厄之时,他们不为贫苦生活所困,而自适其中。诸葛孔明就曾躬耕于南阳,在隐居生活中淡泊明志、超然脱俗。李柏也以此自勉,他说:"惟超旷之士,历穷愁而著书,遭厄抑而高歌。盖境愈逆,情愈旷;时益艰,操益固也。故曰疏水曲肱,乐在其中。箪食瓢饮,不改其乐。"他不以山林之间的贫困生活为忧,将其看作是著书高歌、怡情养性以提升道德修养、培养理想人格的最佳之境,正是这种安贫乐道的观念使得李柏逐渐养成了淡泊明志、高洁不群的道德品格。太白山中冰雪之清洁、湫池之清澈、岩石之刚硬、松柏之坚贞都是李柏心中的意象精神激励,也是他寄情其中以明志的自然之物。

小 结

关学在八百余年发展历程中,形成了以天人一气、万物一体、理气相即为哲学基础,以礼、仁、孝、义、勇为主要内容的伦理精神。关学伦理精神的实现、传承、发展以关中学人的道德践履为必由之路。一代代关学学人通过以礼立教、尽心知性、明道救世、甘贫改过、悔过自新、自得自慊的方式躬行践履着关学伦理精神。他们以高度的理性自觉和道德自律约束自身,在日用伦常的生活场域中以德行的培养促成德性的完满发展,以德智双修为目标矢志不渝地追求着自己理想的伦理道德生活,实现了自身气质的变化和精神境界的提升。他们对关学伦理精神的亲身践履塑造了关中人质直好义、刚毅果敢的独特精神气质。同时关中士人儒者立足于自己的伦理生活,在践行关学伦理精神、传承中国传统伦理思想的过程中通过以礼立教、尽心知性、明道救世、甘贫改过、悔过自新、自得自慊的道德践履实现自己修己安人、经世致用、由内圣而外王以明道救世的伟大抱负。伦理精神在士人儒者的亲身实践中获得传承和发展。关中儒者对关学伦理精神的切身躬行中兼具责任担当和家国情怀,具有"内圣外王"的特点,他们躬行践履的精神是中华民族在新时代的现实世界中建构自己的伦理道德生活、追求美好生活时可资借鉴的宝贵精神财富。

---

① 李柏:《李柏集》卷五《山房咏怀》,第232页。

第五章　关学伦理精神的历史意义与当代价值

关学自张载开宗立派至晚清,形成了具有一定特色的地域性理学学派,其间所形成的伦理精神对后世影响颇深。通过前文对关中伦理德目、伦理精神较为详尽的论述可以发现,无论是关学伦理的德目性(性达天道)、仁(仁爱和谐)、礼(尚礼尊德)、义(尚气劲廉)、节(甘贫乐道)、孝(事亲敬老)、勇(肩挑大义),还是关学伦理精神包含的人文精神、理性精神、实践精神、创新精神、超越精神,在张载的《西铭》、"横渠四句"及吕氏兄弟的《吕氏乡约》中得以集中体现且影响深远,兹以三者作为关学伦理精神的精髓,通过考察三者在历史发展中所产生的影响与发挥的作用来说明关中伦理精神的历史意义,并将这种伦理精神进行当代的转化来彰显关学伦理精神的当代价值。

一、关学伦理精神的历史意义

张载的《西铭》自面世后即受到时人与后世学人的尊崇,在宋明理学史上具有非常崇高的地位,当代学人何炳棣先生认为其"可能是近千年来最有影响、最广受赞扬的一篇哲学论文"[1]。关于《西铭》,张载尝自述道:"《订顽》之作,只为学者而言,是所以订顽。天地更分甚父母?只欲学者心于天道,若语道则不须如是言。"[2]《西铭》将行"仁""孝"实践哲理化,其核心要义为"民胞物与",复古明道,将个体自我的人生安顿与国计民生、天地精神有机统一,在中国伦理思想史上具有重要地位。《西铭》伦理思想所展现出来的"民胞物与"思想昭示了北宋理学诸子所开创的儒学新形态的精神与气质,"民胞物与""仁民爱物""亲亲而仁民、仁民而爱物"的"淑世"情怀为儒家建构了一个体现终极关怀的伦理体系,在儒家伦理学发展史上具有承前启后的重要意义,时至今日仍需要我们重视与继承。

---

[1] 何炳棣:《儒家宗法模式的宇宙本体论》,《哲学研究》1998年第12期。
[2] 张载:《张载集·张子语录·语录上》,第313页

(一)"民胞物与"的历史价值

《西铭》在理学界一直广享赞誉,这同二程及其后继者的高度认可与推广密不可分。程颢率先对《西铭》给予高度评价:"《订顽》之言,极醇无杂,秦汉以来,学者所未到"①,认为《西铭》"与孟子性善养气之论同功"②,又自谦道"《西铭》颢得此意,只是须得他子厚有如此笔力,他人无缘做得,孟子已后未有人及此文字,省多少言语"③。程颢以"仁孝之理"论说《西铭》,"意极完备,乃仁之体也。学者其体此意,令有诸已,其地位已高。到此地位,自别有见处,不可穷高极远,恐于道无补也"④,认为《西铭》之书是对"仁之体"的最好诠释,《西铭》揭示了"仁者浑然与物同体"⑤的境界,这实际上开启了后世以"境界"论说《西铭》的先河。程颐亦言"横渠道尽高,言尽醇,自孟子后,儒者都无他见识"⑥,"孟子而后,却只有《原道》一篇,其间语固多病,然要之大意尽近理。若《西铭》,则是《原道》之宗祖也,《原道》却只说到道元,未到得《西铭》意思"⑦,二程甚至要求自己的学生入门先研读《西铭》,"专以《西铭》开示学者"⑧。程颐所提出的程朱理学核心概念之一的"理一分殊"是基于对《西铭》深刻理解的基础之上。程颐说:"散之在理,则有万殊,统一在道,则无二致。"⑨"太极之理"为"理一","理一"指同一性;天地万物分有此太极之理为"分殊","分殊"指差异性。"天下之理一也,途虽殊而其归则同,虑虽百而其致则一。虽物有万殊,事有万变,统之以一,则无能违也。"⑩具体事物之间,既有相通性,又具差异性。在《西铭》中,仁爱之理为"理一",君臣、父子、兄弟之爱为"分殊",朱熹更进一步言道"如这众人,只是一个道理,有张三,有李四,李四不可为张三,张三不可为李四,

---

① 张载:《张载集·张子语录·后录上》,第336页。
② 程颢、程颐:《河南程氏文集》卷九《答杨时论〈西铭〉书》,收入《二程集》上册,第609页。
③ 张载:《张载集·张子语录·后录上》,第336页。
④ 程颢、程颐:《河南程氏遗书》卷二上《二先生语》二上,收入《二程集》上册,第15页。
⑤ 同上书,第16页。
⑥ 张载:《张载集·张子语录·后录上》,第337页。
⑦ 程颢、程颐:《河南程氏遗书》卷二上《二先生语》二上,收入《二程集》上册,第39页。
⑧ 黄宗羲:《宋元学案》卷十七《横渠学案》上,第665页。
⑨ 程颢、程颐:《河南程氏文集·易序》,收入《二程集》上册,第667页。
⑩ 程颢、程颐:《周易程氏传》卷三,收入《二程集》下册,第858页。

如阴阳,《西铭》言理一分殊,亦是如此"①。

北宋除过二程兄弟推崇《西铭》,程门弟子尹焞、杨时、游酢等在二程的指示下研读《西铭》皆能发现《西铭》的奥义。尹焞注重《西铭》"与天地同体"之意,类于程颢;杨时始疑《西铭》"言体而不及用""有平施之方,无称物之义",中得伊川"理一分殊"之说的启发,终归于伊川"理一分殊"之宗,称《西铭》"发明一个事天的道理"②。杨时对自己对《西铭》先疑后肯的原因有所提及,"横渠之学,造极天人之蕴,非后学所能窥测"③,含蓄地指出,张载的思想为极为高妙的思想,如果领会不透彻,会影响对文本深奥含义的理解。游酢得《西铭》诵之,即涣然不逆于心,认为"此《中庸》之理也,能求于语言之外者也"④。张载的弟子吕大临、胡安国亦著有《西铭》注本,陈振孙的《直斋书录解题》中说:"有赵师侠者,集吕大临、胡安国、张九成、朱熹四家之说为一编,刻之兴化军。"⑤惜乎这些注本今已散佚不可见。

南宋朱熹亦非常重视《西铭》,乾道八年(1172)撰写《太极解》与《西铭解》,其中《西铭解》历来被视为《西铭》注解的范本,同时朱熹又写了《西铭论》和其他几篇关于《西铭》的文章,朱门师生间关于《西铭》的讨论,仅记载下来的就有30多条⑥。上言程颐所提出的"理一分殊"受到《西铭》启发,但系统阐发《西铭》"理一分殊"之旨的为朱熹。朱熹不仅专门作《西铭解》以阐发其大义,而且还与同时代的学者就《西铭》理解方面存在的学术分歧进行激烈讨论,以维护《西铭》在关学中的地位,并扩大其影响。

朱熹注重《西铭》一方面是基于对《西铭》所反映的"理一分殊"思想的高度认可,另一方面是回应与批驳士人对《西铭》的误解与诋毁。与朱熹同代的理学家汪应辰、陆子美、林栗、郭雍等都关注《西铭》,林栗的《西铭说》中表达了对"近世士人尊横渠《西铭》过于'六经'"的不满,欲"发难以质焉",从经学立场批评《西铭》"易位乱伦,名教之大贼""邪说诬民,充塞仁义,将有率兽食人之事",并认为张载以"乾称父,坤称母"解释"乾坤"不合《周易》之本意。针对林

---

① 黎靖德编《朱子语类》卷六《性理三》,第103页。
② 黄宗羲:《宋元学案》卷十八《横渠学案》下,第773页。
③ 杨时:《杨时集》卷十《寄伊川先生》,林海权校理,中华书局,2018,第450页。
④ 程颢、程颐:《河南程氏外书》卷七《别本拾遗》,收入《二程集》上册,第397页。
⑤ 朱熹:《直斋书录解题》卷九《西铭解》,收入《朱子全书》第13册,第150页。
⑥ 黎靖德编《朱子语类》卷九十八《张子之书一》,第2519-2527页。

栗对《西铭》的错误理解,朱熹进行驳斥,林栗虽"挽首无说而去,然意象殊不平"①。朱熹肯定了《东铭》有"开警后学"之功,但从词义所指、气象所及、浅深广狭等方面来看,《东铭》都是不可与《西铭》"同日而语",回应了汪应辰对《西铭》"体用"不足的质疑。朱熹与林栗、汪应辰等人的辩学虽各有侧重,但基本论题都是围绕"理一分殊"而进行,这一方面使得朱熹对《西铭》如何体现"理一分殊"的问题思考得更为深入,理论表达也更为完善,另一方面朱熹在辩学的过程中批评了林栗等人由于未能"尽其情"而"轻议"之弊,维护了《西铭》在理学中的地位。同朱熹并世的南宋事功学派代表人物陈亮对《西铭》极为推崇,陈亮以程颐对《西铭》的论述为据,批评"世之学者,穷究其理,浅则失体,深则无用",其原因就在于,"未尝以身体之也",认为"《西铭》之书先生之言,昭如日星"②。

朱熹的观点在后世官方皆受到重视,元修《宋史·道学传》,在张载的传记中独举《西铭》全文以示表彰③。明代成书的《性理大全》将《西铭》列在《正蒙》之前④。清初康熙《御纂性理精义》的"凡例"中,《西铭》得到官方最权威的肯定:"张子《西铭》乃有宋理学之宗祖,诚为《学》《庸》《语》《孟》以后仅见之书,并悉载全文,附以朱子解说,使学者知道理之根源、学问之枢要。"⑤明代以后,民间延续朱熹重视《西铭》的传统,明代曹端撰写的《太极图说述解》,明清之际的王夫之所撰的《张子正蒙注》对《西铭》都进行了详细解注。至清代,理学家继续赞扬和重视《西铭》自不必说,连著名书画家郑板桥对《西铭》也非常称道,以为"张横渠《西铭》一篇,巍然接六经而作,呜呼休哉!"⑥。

在当代对《西铭》伦理价值作高度评价者以冯友兰先生为代表,早在1934年,冯友兰先生在其《中国哲学史》中就关注《西铭》"民胞物与"的思想,其后在《新原人》中提出《西铭》思想体现出的"事天"精神既是一种道德境界,亦是一

---

① 陈俊民校订《朱子文集》卷七十一《记林黄中辩易西铭》,德富文教基金会,2000,第3536-3538页。
② 陈亮:《陈亮集》卷二十三《西铭说》,邓广铭点校,河北教育出版社,2003,第207页。
③ 脱脱等:《宋史》卷四百二十七《道学一》,第12723-12725页。
④ 胡广等:《性理大全书》,清康熙十二年内府刻本,目录。
⑤ 李光地:《御纂性理精义·御纂性理精义凡例》,中华书局,1927。
⑥ 郑板桥:《郑板桥集·焦山别峰庵雨中无事书寄舍弟墨》,上海古籍出版社,1979,第7页。

种天地境界①。其后姜国柱先在《张载的哲学思想》中认为《西铭》是"关于爱和孝道的伦理道德学说,只是进一步论证圣人、大人统治的合理性,要求凡人、小人安贫乐道,死而无怨。这就为君权神授提供了理论根据"②。

(二)"横渠四句"的儒家情怀

张载的"为天地立心,为生民立命,为往圣继绝学,为万世开太平"被后世称为"横渠四句"或"横渠四句教"。现在见到的"横渠四句"在表述方面稍有差异,如章锡琛先生点校的《张载集》(中华书局1978年版)中将"横渠四句"记为"为天地立志,为生民立道,为去圣继绝学,为万世开太平"③,该点校本是南宋吴坚刻本,属于较早的刻本。陈俊民先生校编的《张载全集》(三秦出版社2020年版)中将"横渠四句"记为"为天地立心,为生民立道,为去圣继绝学,为万世开太平"④。该校编本以南宋吴坚本为底本,以南宋鸣道本、明代徐必达本为校本,参校吕柟的《张子抄释》等。西北大学出版社2015年出版的《张子全书》将"横渠四句"记为"为天地立心,为生民立道,为去圣继绝学,为万世开太平"⑤。该编校本以吴坚本为底本,与陈俊民先生的《张载全集》底本相同,"横渠四句"的表述也完全一致,与朱熹所编《近思录》所载"横渠四句"相一致⑥。稍后真德秀的《西山读书记》和宋李幼武纂集的《宋名臣言行录外集》则记载为"为天地立心,为生民立极,为前圣继绝学,为万世开太平"⑦。朱熹的弟子陈淳对《近思录》非常熟悉,但不知道出于何种原因,将"横渠四句"表述为"为天地立心,为生民立命,为去圣继绝学,为万世开太平"⑧。文天祥在殿试对策中将"横渠四句"表述为:"为天地立心,为生民立命,为往圣继绝学,为万世开太平"⑨,已经和今天常用的"横渠四句"完全一致。明版万历间沈自彰刊印的《张子全书》中袁应泰所作之序中引"为天地立心,为生民立道,为去圣继绝学,为万世开太

---

① 冯友兰:《新原人》,第154页。
② 姜国柱:《张载的哲学思想》,辽宁人民出版社,1982,第129页。
③ 张载:《张载集·张子语录·语录中》,第320页。
④ 张载:《张载全集·张载语录》,陈俊民校编,三秦出版社,2020,第364页。
⑤ 张载:《张子全书·张子语录中》,第259页。
⑥ 朱熹、吕祖谦:《朱子近思录》卷二,严佐之导读,上海古籍出版社,2000,第48页。
⑦ 真德秀:《西山读书记》卷三十一《张子之学》(四库全书本),浙江大学图书馆藏;李幼武纂集《宋名臣言行录外集》卷四《横渠先生明公》(四库全书本),浙江大学图书馆藏。
⑧ 陈淳:《北溪大全集》卷二十三《与朱寺正敬之一》(四库全书本),浙江大学图书馆藏。
⑨ 文天祥:《文天祥全集·御试策一道》,中国书店,1985,第42页。

平",此书中又有张子后裔张能鳞所写的序文,却说:"先生有言曰:为天地立心,为生民立命,为往圣继绝学,为万世开太平"。张能鳞的序文未写年月,其时间无从考定。清代黄宗羲与全祖望所撰《宋元学案》中将"横渠四句"表述为"为天地立心,为生民立命,为往圣继绝学,为万世开太平",自此以后"横渠四句"大都表述为"为天地立心,为生民立命,为往圣继绝学,为万世开太平"。冯友兰先生极其推崇"横渠四句",我们今天对该四句的称谓"横渠四句"即来自冯友兰先生所著的《新原人》。冯先生在《中国哲学史新编》中较为详细地考证了"横渠四句"。在以上诸说中,"为天地立心,为生民立道,为去圣继绝学,为万世开太平"可能更接近张载本意,因为张载已经说过"此道自孟子后千有余岁,今日复有知者。若此道天不欲明,则不使今日人有知者。即使人知之,似有复明之理。志于道者,能自出义理,则是成器"①,所以他的目标是"道","为天地立心,为生民立道,为去圣继绝学,为万世开太平",是和孔孟之道、孔孟之言紧密相关的。去圣就是孔孟,其道不明已千有余岁,几近亡绝,故为去圣继绝学,就是继孔孟之学。为生民立道,则是重立孔孟之道。

由于张载之学"以《易》为宗,以《中庸》为体,以孔孟为法",其"横渠四句"中"立心""立命""往圣""太平"等概念皆可从《周易》《中庸》《礼记》等著作中找到源头。《周易·复卦·彖》曰"复,其见天地之心乎",汉末易学家荀爽诠释此句说:"复者,冬至之卦,阳起初九,为天地心,万物所始,吉凶之先,故曰'见天地之心'矣。"②《礼记·礼运》中亦有"故人者,其天地之德,阴阳之交,鬼神之会,五行之秀气也""故人者,天地之心也,五行之端也"。张载在《横渠易说·系辞上》中言"天惟运动一气,鼓万物而生,无心以恤物。圣人则有忧患,不得似天。天地设位,圣人成能。圣人主天地之物,又智周乎万物而道济天下,必也为之经营,不可以有忧付之无忧"③,张载在《经学理窟·诗书》中又言"天无心,心都在人之心"④。综合以上材料看出:天地化育万物,人因为能够通过工夫实践获得天地生生之大德的生命体验而变得高贵。

中国自三代以来就重视"命"的问题,通过轴心时代的理性觉醒,夏商二代的"命"的神圣性逐渐消解,而逐渐有了理性的因素。孔子讲"知命""畏命",

---

① 张载:《张载集·经学理窟·义理》,第274页。
② 李道平:《周易集解纂疏·上经第四》,潘雨廷点校,中华书局,1994,第263页。
③ 张载:《张载集·横渠易说·系辞上》,第185页。
④ 张载:《张载集·经学理窟·诗书》,第256页。

《中庸》首句就言"天命之谓性,率性之谓道",孟子讲"夭寿不二,修身以俟之,所以立命也"(《孟子·尽心上》)。张载"立命"具有"正命"的性质,即正确对待明的含义,"命禀同于性,遇乃适然焉""行同报异,犹难语命,犹可言遇"①,"天所命者,通极于性;遇之吉凶,不足以戕之"②。张载谈命,区别了"命"与"遇",前者具有必然性,后者具有偶然性,张载将偶然性剔除,将命归结为带有必然性的东西。张载在强调"命"的必然性的同时,还强调"义命合一存乎理"③,体现出人积极有为、自强不息的一面。"为生民立命"就是要在万民面前揭示天地所赋予人的性命本然和据此而来的安身立命大道,彰显天赋使命的担当意识。

"圣人"一词虽为先秦儒、道、墨、法之共同用语,然而墨、法中绝,道于圣之外,更多言"至人""神人""真人",后世更是如此,而释家言佛不言圣。所以,汉以后,"圣人"一词几乎成为儒家的专用语。按照韩愈构建的儒家道统,儒家的思想主要是通过圣人构建与传承的。张载认为"伏羲、神农、黄帝、尧、舜、禹、汤,制法兴王之道,非有述于人者也"④,上述七人"制法兴王之道"属于文明的开创者。关于儒家的思想传播,韩愈的《原道》中即有"轲之死不得其传焉"的隐忧,张载同样提出"知人而不知天,求为贤人而不求为圣人,此秦汉以来学者大弊也",以警示学者应该"求圣"而不应该"求贤",因为只有"圣人"才能传衍儒家的思想与学说。张载的这种隐忧有着现实的意义,张载的弟子范育在为《正蒙》所作的"序"中就体现出张载的隐忧并将张载撰写的《正蒙》视为传衍儒家思想的实践:"自孔孟没,学绝道丧千有余年,处士横议,异端间作,若浮屠老子之书,天下共传,与'六经'并行……子张子独以命世之宏才,旷古之绝识,参之以博闻强记之学,质之以稽天穷地之思,与尧、舜、孔、孟合德乎数千载之间。闵乎道之不明,斯人之迷且病,天下之理泯然其将灭也,故为此言与浮屠老子辩。"⑤张载在这种"为往圣继绝学"使命意识的推动下,在回归先秦经学经典的基础之上展开对佛老的批判,与周敦颐、邵雍、二程共同开辟了儒学的新天地——理学。

---

① 张载:《张载集·正蒙·乾称篇第十七》,第64页。
② 张载:《张载集·正蒙·诚明篇第六》,第21页。
③ 同上书,第20页。
④ 张载:《张载集·正蒙·作者篇第十》,第37页。
⑤ 张载:《张载集·正蒙·范育序》,第4-5页。

张载在解释"太平"时称"望道"即是"望太平也"①。"道"就是以"王道"为宗旨的"治道"原理。《礼记·礼运》有言:"大道之行也,天下为公。选贤与能,讲信修睦。故人不独亲其亲,不独子其子,使老有所终,壮有所用,幼有所长,矜、寡、孤、独、废疾者皆有所养,男有分,女有归。货恶其弃于地也,不必藏于己;力恶其不出于身也,不必为己。是故谋闭而不兴,盗窃乱贼而不作,故外户而不闭。是谓大同。"孔子在《论语·为政》中有言:"道之以政,齐之以刑,民免而无耻;道之以德,齐之以礼,有耻且格。"康有为注释:"民种未良,民德未公,待法律刑罚以治之,民虽畏法而求免罚,然险诐机诈之心未除,即作弊于法律之内,故政刑者,升平小康之治也。养其善性,和以文明,使民种风俗皆至仁良,日迁善而不知,忠直公溥之风已定,自不屑为奸慝之事,故德礼者,太平大同之治也。"②"大同"即张载所言"太平",张载对"太平"的思考并不囿限于当代的太平秩序,而是以更深邃的视野关注可持续的"万世太平"问题。张载"为万世开太平"的政治宏愿反映出其对道德实践与社会秩序的构想,也是关学伦理精神终极关怀的集中体现,上面已经叙述过的《西铭》即描绘了"为万世开太平"的理想社会。

张载的"横渠四句"自南宋起直至今日一直受到文人士大夫的重视,"横渠四句"在南宋时期不同版本的广泛流传即是明证。朱子在其与吕祖谦所编的《近思录》中将"横渠四句"收录于"为学大要"部分,认为"横渠四句"体现出张载"以道自任之意"③。明代冯从吾在《关学编》自序中言:"我关中自古称理学之邦,文、武、周公,不可尚已,有宋横渠张先生崛起郿邑,倡明斯学,皋比勇撤,圣道中天。张载之言曰:'为天地立心,为生民立命,为往圣继绝学,为万世开太平'。可谓自道矣。"④冯从吾将张载视为儒家学说的传承者与践行者。清初李二曲有言"立人达人,全在讲学;移风易俗,全在讲学;拨乱返治,全在讲学;旋乾转坤,全在讲学",就此而言,"随人开发,转相觉异,由一人以至千万人,由一方以至多方,使生机在在流贯,此便是'为天地立心,为生民立命'"⑤,晚清的李元春将"横渠四句"视为为学之方与为人之要,按照"横渠四句"做事,"如此方可为学,如此方可为人"⑥。

---

① 张载:《张载集·张子语录·语录中》,第322页。
② 康有为:《论语注》卷二《为政第二》,楼宇烈整理,中华书局,1984,第18页。
③ 江永:《近思录集注》卷二《为学大要》,上海书店出版社,1987,第54页。
④ 冯从吾:《关学编(附续编)·关学编自序》,第1页。
⑤ 李元春编《关中道脉四种书·三先生要语录》,朝邑蒙氏天麻堂刻本。
⑥ 李元春编《关中道脉四种书·张子释要》,朝邑蒙氏天麻堂刻本。

近代由于西方列强入侵，诸多仁人志士将"横渠四句"视为激励中国人抵御外侮的精神源泉。毛泽东在1913年的《讲堂录》中写道："'为生民立道'，相生相养相维相治之道也；'为万世开太平'，大宗教家之心志事业也。"①20世纪20年代，革命先驱李大钊即以"横渠四句"作为对青年梁容若的训词②。在抗日战争期间，马一浮先生将"横渠四句"作为鼓舞士气、抵御日寇的号角："中国今方遭夷狄侵凌，举国之人动心忍性，乃是多难兴邦之会。若曰图存之道，期跂及于现代国家而止，则亦是自己菲薄。今举横渠此言，欲为青年更进一解，养成刚大之资，乃可以济蹇难。须信实存是理，非是姑为鼓舞之言也。"③同处抗战时期的冯友兰先生撰写"贞元六书"，并创建"新理学"哲学体系，亦受到"横渠四句"精神的感召："况我国家民族值贞元之会，当绝续之交，通天人之际，达古今之变，明内圣外王之道者，岂可不尽所欲言，以为我国家致太平，我亿兆安心立命之用乎？"④

当代，"横渠四句"成为凝结民族情感，共创民族伟业的精神纽带。2003年12月10日，时任国务院总理温家宝在美国哈佛大学进行题为《把目光投向中国》的演讲，在演讲中温家宝总理引用"横渠四句"，呼吁全世界"共同以智慧和力量去推动人类文明的进步与发展"⑤。

2016年4月26日，习近平总书记在知识分子、劳动模范、青年代表座谈会上提到"横渠四句"，并强调："广大知识分子要坚持国家至上、民族至上、人民至上，始终胸怀大局、心有大我。要坚守正道、追求真理，立足我国国情，放眼观察世界，不妄自菲薄，不人云亦云。要实事求是、客观公允，重实情、看本质、建真言，多为推进党和人民事业发展献计出力。任何时候任何情况下，都不能做有损国家民族尊严、有损知识分子良知的事。"⑥

---

① 中共中央文献研究室、中共湖南省委《毛泽东早期文稿》编辑组编《毛泽东早期文稿：1912年6月—1920年11月》，湖南人民出版社，2008，第591页。
② 刘军：《心心相印九州同———记全国五届政协委员王森然、梁容若二老喜相逢》，《工人日报》1982年12月8日第1版。
③ 吴光主编《马一浮集》第1册，浙江古籍出版社，2012，第7页。
④ 冯友兰：《新元人》，"自序"第1页。
⑤ 《温家宝谈教育》编辑组编《温家宝谈教育》，人民教育出版社，2015，第57页。
⑥ 习近平：《在知识分子、劳动模范、青年代表座谈会上的讲话》，人民出版社，2016，第3页。

(三)《吕氏乡约》的经验启示

二程在评论关中学者学行时曾说"关中之士语学而及政,论政而及礼乐兵刑之学,庶几善学者",张载没有否定这一点,认为"如其诚然,则志大不为名,亦知学贵于有用也"①。张载对礼教的实践主要体现在他在乡居期间进行的"井田制"的试验。他之所以进行"井田制"的试验是想为北宋业已存在的土地兼并危机寻找解决方法。张载认为,"治天下不由井地,终无由得平。周道止是均平""今以天下之土棋画分布,人受一方,养民之本也",另外张载也认为"井田制"只要获得官方的推动,实行起来也比较容易,"但朝廷出一令,可以不笞一人而定"②。张载将"修仁义,兴教化"作为礼教的主要内容,在任云岩令期间,"每以月吉具酒食,召乡人高年会于县庭,亲为劝酬,使人知养老事长之义,因问民疾苦及告所以训诫弟子之意"③。张载针对当时丧礼没有规制、节序燕衮不严的现状,"始制丧服,轻重如礼,家祭始行四时之荐,曲尽诚洁"④。张载对礼教的推行在关中产生了明显的效果,"关中风俗一变而至于古"⑤。

"秦汉至唐宋是一个混乱时期,农村组织屡次更改,乡治精神根本丧失。一直到了熙宁以后,保甲、乡约、社仓、社学才逐渐推行,乡治精神和事业两方,都有改善的趋势。"⑥《吕氏乡约》就是在这一背景下产生的,其被学界普遍认为是我国历史上第一个乡约⑦。

尽管有张载的《祭礼》,但张载规定的礼仅限于祭祀,吕大钧兄弟的《吕氏乡约》则触及面较为广泛,涉及交往、处世、修养、义务等各个方面,具有一定的典型性和代表性,它对整个宋明理学、伦理学的发展都有重要影响,并对不少乡村的礼仪教化起到了一定的提升和改进作用。吕大钧秉承张载的一贯风格,强调学贵有用、经世致用,反对虚玄空谈、学而无用。范育评价说:"君与人言,必因其所可及而喻诸义;治经说德,于身践而心解;其文章,不作于无用。"另一方面,吕大钧又坚持知行应该统一。他曾说:"始学必先行其所知而已,若夫道德性命

---

① 程颢、程颐:《河南程氏粹言》卷一,收入《二程集》下册,第1196页。
② 张载:《张载集·经学理窟·周礼》,第248-249页。
③ 吕大临等:《蓝田吕氏遗著辑校·横渠先生行状》,第587页。
④ 同上。
⑤ 黄宗羲:《宋元学案》卷十七《横渠学案》上,第664页。
⑥ 杨开道:《中国乡约制度》,商务印书馆,2015,第12页。
⑦ 董建辉:《明清乡约:理论演进与实践发展》,厦门大学出版社,2008,第20页。

之际,正惟躬行礼义,久则至焉。"在"躬行"这一点上,他做得比张载还要彻底。其父病逝的时候,"衰麻敛祭之事,悉捐俗习事尚,一仿诸礼"。其后,他又"浸行于冠婚、饮酒、相见、庆吊之间,其文节粲然可观"。大钧专注于礼教实践,被张载和二程赞为"勇为不可及"①,"任道担当,其风力甚劲"②。《吕氏乡约》将儒家道德伦理思想的理论主张转化为"德业相劝""过失相规""礼俗相交""患难相恤"的行为规范,并对乡民修身、齐家、立业、交游等事宜所应遵循的行为规范进行约定,要求乡民须遵从日常生活中的迎送、婚丧、嫁娶等活动的礼仪俗规,且有劝善惩恶、调节纠风的功能。《吕氏乡约》因其非官方性特征,是官方推行政教内容的有效补充,这正如吕大忠所言:"人之所赖于邻里乡党者,犹身有手足,家有兄弟,善恶利害皆与之同,不可一日而无之。不然则秦越其视,何与于我哉!"③《吕氏乡约》在关中的推行影响甚大,张载言"秦俗之化亦先自和叔(吕大钧)有力焉,亦是士人敦厚,东方(洛学)亦恐难肯向风"④。此处"东方学者"当属二程、邵雍、司马光等理学家。《宋史》亦称吕氏兄弟推行冠婚、膳饮、庆吊等乡礼之后,"关中化之"⑤。《吕氏乡约》贯穿了张载的礼教思想,并将关学以礼入教的思路及具体操作规范付诸乡村实践中。

《吕氏乡约》的创立和推行意义重大,它不仅是传统中国社会教化史上的里程碑,同时改变了中国社会基层治理的基本理念和方式,标志着宋代社会教化的非官方的日常组织与方式已在传播载体和组织层面超越家庭、家族传统模式而直接进入社会公共舆论领域,后世乡约的发展大都是在《吕氏乡约》的基础上增损而成,且在实践中产生了重要影响。经南宋、元朝的逐步推广演变,至明清时期乡约成为官方认可的半自治的基层管理组织。嘉靖以后,明廷开始在全国推广乡约。"嘉靖间,部檄天下,举行乡约"⑥,隆庆元年(1567),又"令郡邑各立乡约,率众讲演孝顺父母六谕"⑦。民国期间,"村政建设"之风盛行。梁漱溟从1929年开始,历近十年,先后在山东邹平等地以《吕氏乡约》为范本,从事乡

---

① 吕大临等:《蓝田吕氏遗著辑校·宋文鉴吕和叔墓表》,第612页。
② 程颢、程颐:《河南程氏遗书》卷二上《二先生语》上,收入《二程集》上册,第44页。
③ 吕大临等:《蓝田吕氏遗著辑校·吕氏乡约·乡仪》,第567页。
④ 程颢、程颐:《河南程氏遗书》卷十《洛阳议论》,收入《二程集》上册,第115页。
⑤ 脱脱等:《宋史》卷三四〇《吕大防传》,第10847页。
⑥ 叶春及:《惠安政书》,泉州历史研究会等整理,福建人民出版社,1987,第328页。
⑦ 休宁县地方志编纂委员会编《休宁县志》卷二《建置·约保》,康熙二十九年刻本,第25页。

村建设运动,"本古人乡约之意来组织乡村"①,但由于当时中国社会已经失去乡约文化赖以产生的土壤及民国时期特殊的政治环境,梁漱溟先生的乡村建设运动未能继续,很快退出了历史舞台。对《吕氏乡约》增损与推广的代表当属朱熹的《增损吕氏乡约》与王阳明的《南赣乡约》。

尽管《吕氏乡约》在北宋名重一时,但随着吕大钧的去世,《吕氏乡约》逐渐淡出人们的视野,直至《吕氏乡约》成文百余年后,朱熹重新发现乡约的价值。朱熹对传统乡村社会的治理进行进一步构思与探索,他在保持《吕氏乡约》基本格局和主要内容不变的情况下,对《吕氏乡约》进行删改、修订和补充增损,并题为《增损吕氏乡约》,之后广为流传。朱熹在《增损吕氏乡约》序言中指出:"凡乡之约四。一曰德业相劝,二曰过失相规,三曰礼俗相交,四曰患难相恤。众推有齿德者一人为都约正,有学行者二人副之。约中月轮一人为直月,都副正不与。置三籍,凡愿入约者书于一籍,德业可劝者书于一籍,过失可规者书于一籍。直月掌之,月终则以告于约正,而授于其次。"②这是朱熹乡约建设和敦伦化俗思想的集中体现,也是他对传统乡村社会治理的重新构思与探索。《增损吕氏乡约》成为后世通行的乡约版本,对后世乡规民约的制订与发展产生了深远的影响。明成祖即位之后,《吕氏乡约》被列于"表章家礼及蓝田吕氏乡约,列于性理成书,颁降天下,使诵行焉"③。而乡规民约真正发挥作用,影响最大的莫过于王阳明担任江西南赣巡抚时所颁行实施的《南赣乡约》。

王阳明认为"民俗之善恶",皆由"积习使然",既然如此,就有必要改变民众不好的积习。于是,正德十三年(1518),王阳明在《吕氏乡约》的基础上,进一步深化并制定了著名的乡规民约《南赣乡约》,并予以颁布推行。《南赣乡约》的宗旨在于教化乡民要做良善之民,并要求约内之人须做到"死丧相助,患难相恤,善相劝勉,恶相告戒,息讼罢争,讲信修睦,务为良善之民,共成仁厚之俗"④。《南赣乡约》还将廉政建设纳入乡约条文之中,作为治理南赣、恢复社会秩序的重要措施之一。王阳明要求须推选"年高有德为众所敬服者""通达明察

---

① 梁漱溟:《乡村建设理论》,上海书店,1992,第201页。
② 朱熹:《晦庵先生朱文公文集》卷七十四《增损吕氏乡约》,收入《朱子全书》第24册,第3594-3695页。
③ 王樵:《明伦编·交谊典·乡里部》卷二十八《金坛县保甲乡约记》,收入《古今图书集成》第311册,中华书局影印本,1934。
④ 王守仁:《王阳明全集》,吴光、钱明等编,上海古籍出版社,2011,第665页。

者""精健廉干者""礼仪习熟者"等有才能的人来监督乡约的实施,并提出,若吏书、义民、总甲、里老、百长及弓兵等人有不廉洁、不公正之行为,如在乡里强征差役、勒索钱财等恶劣行为,则由官府追究缉问,《南赣乡约》担当起了重建社会秩序的重大政治责任。

《南赣乡约》的制定与推行,反映了王阳明对儒家以仁爱为本的德治思想的继承和践行。王阳明希望通过具体条款的细腻性及可操作性,实现他在《南赣乡约》中所提出的期望"务为良善之民,共成仁厚之俗"。《南赣乡约》中渗透和贯穿着的以教化为主导的治理思想,在明清逐渐发展为官方对乡村进行整治管理的辅佐工具和手段。

二、关学伦理精神的当代价值

世界各民族文化的发展都是在继承传统文化的基础上进行增损的结果,关于这一点中西方都有着明确的认识。孔子就言道"周监于二代,郁郁乎文哉!吾从周"(《论语·八佾》)。希尔斯(E. Shils)曾说,人们都"生活在来自过去的事物之中,他们的所作所为、所思所想,除去其个体特性差异之外,都是对他们生前人们就一直在做、一直在想的事情的近似重复"[1]。以上二人都谈到现代社会与传统社会的不可断裂性问题。

(一)"民胞物与"思想的现代转化

中国的现代社会只能是中国历史的延续,不可能从头开始,这就是说,只能从既成的历史存在中开始改革与发展。任何选择都不能离开"在场",唯一的办法就是重新理解自己的传统,这里既包含着自我认同,也包含着自我批判[2]。中国文化、中国伦理建立的最为重要的社会基础就是以血缘关系为纽带的宗法制度,而文化又构成了民族的血缘,它使得中国文化、中国伦理具有尤为坚韧的延续性。现代社会经济的市场化、社会治理的法治化需要有相应的伦理文化作为支撑,以建设具有中国特色的社会主义现代化国家,而传统伦理向现代伦理的转型具有更加复杂的情况。"五四"运动以来作为传统伦理根基的传统文化经历了曲折的发展,传统文化一度被作为革除的对象,命悬一线。重返并汲取原始"天人之际"的源头活水,复兴孔子的中道超越精神是新儒家思考的主要问

---

[1] 爱德华·希尔斯:《论传统》,傅铿、吕乐译,上海人民出版社,1991,第45页。
[2] 蒙培元:《情感与理性》,第380—381页。

题,正如梁漱溟所言"认取自家精神,寻取自家道路"①,但这些新儒家的探索与努力未能改变儒学衰落的趋势。在现代条件下重塑儒学与生活的联系,为中华文化和世界文化重开新局面,是当代儒学现代转型的使命所在,也是关学伦理现代转型的使命所在。

在现代背景下,传统社会的"天理"与"人情"关系发生重大变化,"天理"是经济生活的原理,"人情"是伦理生活的机制,二者都有了经济生活的世俗意义,理性的实在性与世俗性、情感的价值性与神圣性、法律的客观性与强制性的结合,便是建构现代伦理实体所必须具备的个体精神的内在机制②。在现实社会中,伦理实体有两种存在形式:一是与其他社会实体如经济实体、政治实体相同一、相渗透,就是说,它既是经济实体、政治实体,同时又是伦理实体;二是以伦理实体为主体的实体,其典型的体现就是家庭与民族③。作为社会成员的个体既拥有个人的权利,也需要履行相应的义务,个人的权利和义务建立在社会契约的基础之上,这种社会契约与社会法律成为现代伦理构建的重要依据,它以现代人的生存、生活为根基。在这种环境下,有必要通过社会制度创造出一个能够使每个人各得其所、各尽所能的基本条件,即创造出一个公正的社会环境,大家都要守本分,以尽职尽责的精神做好自己的事情,而政府也要守本分,确定自己恰当的权力范围,保障各阶层、每个人的正当权利和利益不受到侵犯④。

基于以上基本原理,我们再来考察《西铭》的现代转换意义。《西铭》对后世影响最大的一句话是"民,吾同胞;物,吾与也"⑤,后世简称为"民胞物与",它以《周易》的"乾父坤母"作为宇宙根源,以谋求平等之爱。这是张载仁爱观的标志性话语,与张载在《正蒙·诚明篇》中提出的"爱必兼爱"⑥完全一致。张载对人与人之间平等之爱的强调,与早期儒家强调仁爱的血缘根据所导致的爱有差等是不同的,是对传统仁爱观的突破,这在某种程度上与当代社会主义核心价值观中的"平等"有相合之处。但通过比较我们发现,社会主义核心价值观中的"平等"的内涵远大于张载"民胞物与"中的"平等",它突破了"民胞物与"中

---

① 梁漱溟:《梁漱溟全集》第五卷,山东人民出版社,1989,第110页。
② 樊浩:《中国伦理精神的现代构建》,第350页。
③ 同上书,第343页
④ 何怀宏:《良心论》,北京大学出版社,2017,第257页。
⑤ 张载:《张载集·正蒙·乾称篇第十七》,第62页。
⑥ 张载:《张载集·正蒙·诚明篇第六》,第21页。

基于血缘基础之上的"亲亲相爱"。另外这种"亲亲相爱"就根源而言,来自儒家所谓的"大父母",具有自然性特征,包含伦常情感的平等与经济方面的互助平等,其实现依靠人的伦理情感来维系,具有自觉性的特征。当代"平等"的实现,主要基于社会契约与法律的保障,其内容包含了政治、经济、法律、文化等诸多方面。尽管张载的"民胞物与"与当代的"平等"观念存在上述差异,但我们不能否认其当代价值与意义。

当今世界由于文明冲突、资本逐利等诸多原因导致的战争与掠夺带来了饥饿、贫穷、生态环境的破坏等,英国著名历史学家汤因比在其最后的著作《人类与大地母亲:一部叙事体世界历史》中,反复重申人类是"大地母亲"的孩子,若不能善待"母亲",面临的惩罚将是人类的自我毁灭[1]。汤因比"大地母亲"的比拟与张载"乾称父、坤称母"的比拟相近,都强调人类个体作为"天下"成员的平等性与相互之间的友爱互利性。当代假如我们弱化张载"民胞物与"观念中的血缘纽带所形成的平等友爱的差异[2],辅之以现代的友爱平等,就可能促使这种友爱平等突破种族、阶层,减少战争与掠夺,使世界各民族能和谐相处。尽管就目前而言这是人类社会的一种愿景,但人类依靠自身的理性,在面对社会危机的时候能够进行审慎的思考与文化道路的选择。

总之,张载把人和万物所生存于其中的宇宙视作一个由纵横关系交织而成的大家庭,一切人或物都是这个大家庭中的平等的成员,从这里可以看出张载哲学宇宙观、自然观与伦理观交织融合的特征。《西铭》所蕴含的平等博爱精神将有可能为今人提供积极的伦理资源,凸显《西铭》仁爱观的当代意义。

(二)"横渠四句"与"人类命运共同体"

李泽厚先生将张载的"横渠四句"赋予现代意义时说:"'为天地立心,为生民立命,为往圣继绝学,为万世开太平。''立心'者,建立心理本体也;'立命'者,关乎人类命运也;'继绝学'者,承续中外传统也;'开太平'者,为人性建设,内圣外王,'开万世之太平',而情感本体之必需也。"[3]张载谈"天地之心"时说"'天地之心'者,天地之大德曰生,则以生物为本,乃天地之心也"[4],张载又说

---

[1] 汤因比:《人类与大地母亲:一部叙事体世界历史》,徐波等译,马小军校,上海人民出版社,2012,第18、633、640页。
[2] 仁爱的差异性与平等仁爱并非截然对立,二者可以并存。
[3] 李泽厚:《人类学历史本体论》,天津社会科学院出版社,2008,第7页。
[4] 张载:《张载集·横渠易说·上经复卦》,第113页。

"天无心,心都在人之心"①,"天地"是一个富有生命、生机、和睦、和谐的有机体系,也是一个充满情感与伦理精神的自定、自足的价值体系,"人心"对这种有机体系与价值体系具有感知与体悟的能力。李泽厚先生所言的"心理本体"其实是一种文化心理,体现的是我们如何理解自然、认识社会、改造自我的意识活动。张载的"立命"意识具有"正命"的主观性与能动性,今天将"正命"意识转换为"关乎人类命运"是非常正确的理解与转化,是张载"立命"意识的体现。张载的"继绝学"是儒者对儒家文化传承忧患意识与弘道意识的体现,当代将其转化为"继承中外优秀文化传统"、包容与吸收外来文化,体现出当代中国对待传统文化与外来文化的态度。"开太平"将传统社会的"大同世界"转化为"人性建设"与"内圣外王",彰显社会成员的身心和谐、与社会整体和睦共处的发展诉求。这些方面都是当代人类深切关注的问题,是关学伦理精神贡献给人类的智慧。

中国儒家极看重情与欲之分异,在情与欲中包含着丰富的伦理原则。孔子虽然没有明确提出"情"的概念,但其所言"直躬"(《论语·子路》)就是讲伦理情感;"乐而不淫,哀而不伤"(《论语·八佾》)既是审美情感,又是伦理情感。孟子所谓"乃若其情,则可以为善矣"(《孟子·告子上》)就把情感提升到伦理价值的层面。宋儒说"心统性情",在整个人生中,相对于心的理性部分中国儒学更看重心的情感部分。儒家论人生,主张节欲寡欲以至于无欲。但绝不许人寡情、绝情乃至于无情②。

"为天地立心"虽不失哲学上的意义,但更重要的是它所具有的深刻人文情怀,激发君子献身王道的生命热情。君子人格的意志自足实际上不是自足,而是必须得到王道的认同,与"天命"融为一体。而这个"天"形而上体现为"生生之道",形而下则体现为"仁爱之理",是"王道"的体现。"立心"之说肯定人在现世道德秩序中所依赖的道德理性以及赖以实现自身价值的中介,真实体现出"立人"的主旨:个体人的道德自觉提高,其行为也获得更高的价值,其精神实质是凸显人在宇宙中的主体性价值和地位。历史证明"政之所兴,在顺民心;政之所废在逆民心"③,"'仁民爱物'便是'为天地立心'"④。中国共产党人的初心

---

① 张载:《张载集·经学理窟·诗书》,第256页。
② 钱穆:《孔子与论语》,联经出版事业公司,1974,第198页。
③ 黎翔凤:《管子校注》卷一《牧民》,梁运华整理,中华书局,2004,第13页。
④ 吴光主编《马一浮全集》,第4页。

和使命,就是为中国人民谋幸福,为中华民族谋复兴。共产党对初心的强调体现出高度的政治自觉与历史担当,体现出对人民负责的坚强意志,体现出"为天地立心"的"立人"主旨。中国共产党自建党以来,始终与人民同呼吸,共命运,领导中国人民实现了民族独立与社会主义建设的伟大成就。"不忘初心、牢记使命"彰显出新时代党对自身建设的新要求,反映出党对人民的真感情;勇担历史使命,不负时代重托,就是当代中国共产人的"为天地立心"。

马克思、恩格斯曾说:"作为确定的人、现实的人,你就得有规定,就有使命,就有任务""这个任务是由于你的需要及其与现存世界的联系而产生的"①。理想的人格需要与现实世界相联系,就是通过时代使命感映照出来。"以身任天下"的儒家知识分子不是书斋中的"醇儒",而是对生民的幸福和疾苦如同身受,他们是行动主义者,把自己的理论化为实际行动中的德行。张载提出"为生民立命"实指"民有所养",亦即张载所言"民胞物与",马一浮先生将此问题诠释为"仁人视此,若疮痏之在身,疾痛之切肤,不可一日安也。故必思所以出水火而登衽席之道,使得全其正命"②,反映了儒家"扶危定倾,身任天下"的使命感。

儒家从孔子起即有很强的文化传承意识,"文王既没,文不在兹乎?"(《论语·子罕》),"天下之无道也久矣,天将以夫子为木铎"(《论语·八佾》)。张载"为往圣继绝学"的使命意识,体现了一位儒学知识分子对儒学当下处境的深切担忧。张载以孔孟儒学继承者自居,故曰"为往圣继绝学"。当代新儒家认为儒家传统"天道性命相通",生生不已的天道思想也渗透到他们的思想传承中,因此儒家思想能吐故纳新。今天从关中伦理精神中汲取营养以构建当代中国伦理并非出于一种怀乡恋旧式的思维模式,而是当前在中国政治、经济发展的宏观背景下,政治、经济、文化发展到新阶段的必然选择,它客观上为我们开展关中伦理精神转型实践提供了可能和氛围,这也是文化自信的一种体现。

"一个有文化的民族竟没有形而上学——就像一座庙,其他各方面都装饰得富丽堂皇,却没有至圣的神那样"③,一个对自己民族的文化没有认同与自信的民族是一个没有希望的民族,文化自信的建立与对传统优秀文化的继承不可分离。我们党始终重视对优秀传统文化的继承与发展。毛泽东在《新民主主义

---

① 马克思、恩格斯:《德意志意识形态》,载中共中央马克思恩格斯列宁斯大林著作编译局编译《马克思恩格斯全集》第三卷,人民出版社,1960,第329页。
② 吴光主编《马一浮全集》第一册,第5页。
③ 黑格尔:《逻辑学》上卷,杨一之译,商务印书馆,1966,第2页。

论》中就提出:"清理古代文化的发展过程中,剔除其封建性的糟粕,吸收其民主性的精华,是发展民族新文化提高民族自信心的必要条件,但是绝不能无批判的兼收并蓄。"①当前我们面临西方霸权主义、民粹主义、保守主义、历史虚无主义等思潮的侵扰,基于此,对传统文化怀有敬畏之心与"继绝学"的意识,对其进行有价值的转化,为塑造民族精神与民族文化提供动力,彰显文化自信,就显得尤为重要。

关学伦理精神的"继绝学"既要有"文在兹"的自信,又不能抱残守缺,正如刘述先生曾言:"当代新儒家,虽然标明回归传统,却绝非抱残守缺之辈。他们所向往的是,建筑在传统的基础上,通过对传统的重新阐释与改造,吸纳西方现代的成就,重新恢复传统的活力以振兴中华,并贡献于世界。"②继承关学伦理精神中"继绝学"的使命意识需要有理智清醒的头脑,我们必须认清,中华民族历经曲折与磨难,从对传统文化持偏激的否定态度、对西方文化一度抱有幻想的迷雾中走出来后,也要避免对传统文化的非理性偏好,要警惕走向文化守旧主义的老路,不能把民族的自信建立在传统文化的辉煌上,要以"周虽旧邦,其命维新"的创新精神"为往圣继绝学",做好优秀传统文化的当代转化。

"太平"是中国人根深蒂固的社会理想。《礼记》曰:"大道之行也,天下为公。选贤与能,讲信修睦。故人不独亲其亲,不独子其子"(《礼记·礼运》),"为万世开太平"的人文精神主要来源于儒家的"淑世"情怀,其根本思想是以天下为己任。在中国文化中,无论从源头看还是从发展过程看,儒家的这种"淑世"情怀都来自自我期许和对民众的承诺,是对政治的人为设定,这种设定有两个特征:第一,应然性,即政治应该为人民服务;第二,公共性,即对相关方同时赋予权利与义务,使理念与行动能为大家共同接受。

习近平总书记指出:"人类生活在同一个地球村里,生活在历史和现实交汇的同一个时空里,越来越成为你中有我、我中有你的命运共同体。"③当前世界面临诸多问题,西方世界沿袭了传统的零和思维模式,在全球引发了许多冲突及人道主义危机,造成全球治理过程中一些难以克服的困局。作为习近平新时代中国特色社会主义思想的组成部分,人类命运共同体理念为全球治理提供智慧

---

① 毛泽东:《新民主主义论》,新华书店,1949,第43页。
② 刘述先:《儒家思想开拓的尝试》,中国社会科学出版社,2001,第10页。
③ 《习近平新时代中国特色社会主义思想学习纲要》,学习出版社、人民出版社,2019,第208页。

与方案。当前全球正面临西方保守主义与民粹主义的回潮,一些国家以自己的利益优先而以邻为壑,同建立多边、民主、透明的国际体系的理念背道而驰。中国秉持人类命运共同体理念,克服了各种困难,体现出中国共产党的担当与"淑世"情怀,使人类命运共同体的理念被世界广泛了解与接受,为构建一个开放、创新、包容、普惠、平衡、共赢的世界描绘了蓝图,为形成与完善一种共商、共享、共建的全球治理模式指明了方向。

关学伦理适应现代化的客观要求,将其"内圣外王"的文化主张赋予新的文化内涵,并落实成为社会化、制度化、世俗化的文化整合形态,将人与社会的价值之源归结为活生生的现实生活,以开放、理性、自觉的客观态度来认真审视当代中国所面临的问题,并为其提供源源不断的精神资源。"横渠四句"志气高远,是张载"行道"的宣言,它激发了中国儒家知识分子的"人文情怀",对于调整和解决人与自然、人与社会、人自身的矛盾与冲突具有现实意义,为中华民族的伟大复兴提供终极关怀,为人类命运共同体的构建提供一个新的视角。

(三)《吕氏乡约》与乡贤文化的启示

制定乡约的主要目的是推行社会教化,蓝田吕氏兄弟通过《吕氏乡约》将抽象的儒家伦理具体化为许多便于操作的行为规范,运用于乡村社会的教化之中,通过明清的发展,乡约被界定为"以社会教化为主要目的的一种民间基层组织"[①]。尽管《吕氏乡约》规定的许多内容与农耕文明的传统相关,但如果我们能够结合当前中国乡村振兴的愿景对其进行转化,《吕氏乡约》仍有可以发掘的价值,这主要从吕氏兄弟的"乡贤"身份及《吕氏乡约》在移风易俗方面的作用等角度来进行考察。

在中国历史文献中较早关注"乡贤"问题的是唐代的史学家刘知几。在谈到东汉史书繁盛的原因时刘知几提出"乡贤",将"邑老乡贤"与"高门甲族"相并称:"降及东京,作者弥众。至如名邦大都,地富才良,高门甲族,代多髦俊。邑老乡贤,竞为别录。"[②]在两汉魏晋南北朝门阀士族垄断文化与政治资源的时代,"邑老乡贤"便是久居乡间的"社会贤达",他们有益于风教。唐代出现了记录郡国具有较大影响力的人物的"郡书",刘知几在谈到这类著作时同样谈到

---

① 董建辉:《明清乡约:理论演进与实践发展》,第27页。
② 刘知几:《史通》卷九《内篇·烦省》,黄寿成校点,辽宁教育出版社,1997,第79页。

"乡贤":"郡书者,矜其乡贤,美其邦族,施于本国,颇得流行。"①传统文化中的"乡贤"是我国古代农业社会的自然产物,乡土性是其最基本的特征。在这种受到地方性限制而形成的人们生于斯、长于斯的社会里,人们彼此之间非常熟悉,并从熟悉中得到信任②。在中国传统社会中,致仕的官员和隐居的儒者是乡贤的主流③,这些"乡贤"依靠自己的威望、德行和能力来化解村民之间的纠纷,同时也充当着官民之间的"润滑剂",以此来维持乡村秩序,他们在地方风俗优化与基层社会治理方面发挥着重要作用,是官方地方治理的有效补充。

由于当代中国已经失去传统意义上的"乡贤"赖以存在的自给自足的自然经济基础,因此当代政府将传统"乡贤"称为"新乡贤"。2015年《关于加大改革创新力度 加快农业现代化建设的若干意见》中明确指出,要"创新乡贤文化,弘扬善行义举,以乡情乡愁为纽带吸引和凝聚各方人士支持家乡建设,传承乡村文明"④。习近平总书记在中央农村工作会议上也指出:"要培育富有地方特色和时代精神的新乡贤文化,发挥其在乡村治理中的积极作用。"⑤从理论层面来看,《吕氏乡约》作为关学伦理精神的礼教传统与践行精神为建设乡贤文化、激活乡村社会治理内生动力提供了丰富资源。我们可以从乡村振兴中的乡贤文化与精神文明建设方面着手来进行转型研究,以凸显关学伦理的当代价值。

尽管出现新乡贤的提法,但未对新乡贤的身份给出权威的界定,学界对新乡贤的界定大致围绕新乡贤具有良好的教育背景、雄厚的经济实力与道德声望及乐于造福乡梓等方面⑥。他们与传统社会的乡贤一样,虽然不一定在体制内,

---

① 刘知几:《史通》卷十《内篇·杂述》,第82-83页。
② 费孝通:《乡土中国》,商务印书馆,2019,第7-8页。
③ 两汉至唐代,朝廷对年老的官员并没有严格的退休规定,官员多老死于任上。到了明代,朝廷规定官员致仕之后,一律"给驿还乡"。退休官员不得留在京师和任职地,防止与现任官员勾结。为了鼓励官员致仕后还乡,朝廷允许用官家专车送返。参见杨义堂、陈力、于宏文:《新乡贤归来》,山东人民出版社,2018,第14页。
④ 中共中央文献研究室:《十八大以来重要文献选编》(中),中央文献出版社,2018,第284页。
⑤ 习近平:《论坚持全面依法治国》,中央文献出版社,2020,第191页。
⑥ 如胡彬彬、李红界定为"当代的新乡贤是指那些受过良好教育,在地方上拥有一定的经济实力和威望,并且愿意造福乡民的人士",参见胡彬彬、李红:《新乡贤:乡村文明重建的重要力量》,光明网2016年10月6日;李金哲界定为"指在乡村范围活动的,具有一定的知识、技能、财富、社会地位、文化水平等方面影响力的贤能之士",参见李金哲:《困境与路径:以新乡贤推进当代乡村治理》,《求实》2016年第6期。

但是都参与到乡村的治理之中,他们在经济、文化以及社会影响力方面具有一般乡民所没有的优势,拥有很强的号召力,是乡村社会的精英,是保证乡村社会的稳定和繁荣的重要力量。当代中国乡村正面临社会转型所带来的剧烈变化:传统与现代的断裂、城乡二元经济结构导致的城乡差距、人口外流与老龄化、乡村治理难度加大等问题都需要新乡贤的参与。在大力弘扬、传承、发展中华优秀传统文化的当下,挖掘关学伦理中乡贤文化的丰富内涵,是传承发展关学伦理精神优秀成分的内在要求,亦是实现乡村振兴和实现中华民族伟大复兴的中国梦的内在要求。

儒家文化中的"三纲八目"虽涉及身、家、国、天下,但其核心是强调"家国一体",在国家治理与世俗的生活中个人、家庭、国家、天下有着大致相似的诉求,这也可以解释为什么中国的封建社会能较为稳定地存续两千余年。在封建制的社会体制中,家、国、天下是层次分明的组织,而且三者密切配合,覆盖了社会的方方面面。从传统社会来看,作为"身"的个体和社会的基本单元"家"在空间上具有相对稳定性,因此比较容易产生乡贤文化。对于乡贤参与地方治理,封建王朝大多数会采取默许或者支持的态度,其中的原因在于乡贤参与地方治理有利于宣扬封建的纲常与伦理,有利于地方移风易俗,确保基层社会的稳定,这一点在《吕氏乡约》有明显的体现。

在《吕氏乡约》的结束部分,吕大忠写了推行《吕氏乡约》的目的:"人之所赖于邻里乡党者,犹身有手足,家有兄弟,善恶利害皆与之同,不可一日而无之。不然则秦越其视,何与于我哉!大忠素病于此,且不能勉,愿与乡人共行斯道。惧德未信,动或取咎,敢举其目,先求同志,苟以为可,愿书其诺,成吾里仁之美,有望于众君子焉。"[1]在基层社会,个体成员生活在平等友善的人际关系中,这种平等友善仅仅是一种应然而非实然,现实生活中的矛盾和冲突有时会破坏这种平等友善的和谐关系,因此有必要通过相关约束,将应然变为实然,最终实践"里仁之美"。《吕氏乡约》中的大多数规定是针对现实生活中的一些"僭越"行为而制定,通过这些具体规定,使个体行为有度,社会风俗雅正,如对日常最常见的婚礼进行了如下规定:"古之昏礼,其事至严。以酒食召邻里,所以厚其别;亲迎执挚,所以致其恭;不乐不贺,所以思其继;同牢合卺,所以成其爱。岂有鄙亵之事以相侮玩哉!近俗六礼多废,货财相交,婿或以花饰衣冠,妇或以声乐迎

---

[1] 吕大临等:《蓝田吕氏遗著辑校·吕氏乡约·乡仪》,第567页。

导……非所以谨夫妇,严宗庙也。今虽未能悉变,如亲迎同牢,岂可不语?流俗弊事,岂可不去?若有意乎礼,尚进于斯。"①婚礼和丧礼是《周礼》所规定的吉、凶、军、宾、嘉五礼中与百姓日常生活最密切相关的礼制,在传统社会的基层治理中是被关注的重点,在诸多的关中士人礼教文化中这两项占有非常重要的地位。如金元时期,杨奂视礼为"制度明教之所寓",在《与姚公茂书》中以《朱子家礼》为据,纠正时人家庙与祠堂建筑中的越礼行为②。同恕关注葬礼的规范,"父丧,一尊礼制",规范其同父异母的妹妹的丧礼③,"神道碑"记有家族墓地葬礼一尊古制④。关中士人对古礼的推崇和具体的实践既反映出他们的文化危机意识,也同关学伦理"躬行礼教"的传统相吻合,使关学"崇礼"的伦理意识绵延不绝。

传统的礼教文化在当代中国不可能发挥像传统社会那样的主导性功能,但它并未完全退出中国社会的现实场景,特别是在乡村仍然具有一定的影响力,"中国乡土社会以宗法群体为本位,人与人之间的关系是以亲属关系为主轴的网络关系,是一种'差序性'格局"⑤。在当代不少农民离开乡村进城,但在进城的一批人中家族的观念仍然存留,家族的聚会、祭祖等活动仍在一定范围内进行。此外围绕着土地征用、村务管理、邻里纠纷等因素产生的农村社会矛盾呈现出新特点,传统礼俗文化亦发生诸多改变,如红白喜事的攀比与浪费,婚丧期间的低俗表演等都严重冲击了正向的伦理道德,因此在乡村振兴的背景下,新乡贤大有可为。

习近平总书记提出:"健全自治、法治、德治相结合的乡村治理体系,是实现乡村善治的有效途径。"⑥这为新乡贤参与乡村基层社会治理提供了政策支持与行动指南。《中国共产党农村基层组织工作条例》第20条明确提出了"深化村民自治实践,制定完善村规民约,建立健全村务监督委员会,加强村级民主监

---

① 吕大临等:《蓝田吕氏遗著辑校·吕氏乡约·乡仪》,第580页。
② 萧𣂏、同恕、杨奂:《元代关学三家集·还山遗稿卷上·与姚公茂书》,西北大学出版社,2015,第398页。
③ 萧𣂏、同恕、杨奂:《元代关学三家集·榘庵集附录·元故奉议大夫太子左赞善榘庵先生同公行状》,第369-370页。
④ 萧𣂏、同恕、杨奂:《元代关学三家集·附录·元故太子左赞善赠翰林直学士亚中大夫同文贞公神道碑铭》,第372页。
⑤ 费孝通:《乡土中国》,第25页。
⑥ 习近平:《论坚持全面依法治国》,第191页。

督",村两委可以邀请新乡贤积极参与村民自治组织,参与村务监督,这样既能保障村民利益,也有助于形成风清气正的乡村管理队伍。另外新乡贤可以从传统的乡规与民约中提炼出具有时代特色的新乡规民约,移风易俗,规范村民行为,形成良好的社会风气,如浙江诸暨以"枫桥经验"为依托,在五泄镇西皇村建立"村两委+乡贤理事会"的共治模式,新乡贤借助自身在人缘、地缘等方面的影响力,探查民情民意,参与乡村协同治理,倡导群众以志愿者的身份参与村民自治事务。与此相关的内容在关学伦理及其精神中非常丰厚,有待于我们去大力发掘。

小 结

以上内容是对关学伦理及其精神所进行的研究,在此借用张舜典为冯从吾的《关学编》所作之"后序"中的相关内容作为概括,以彰显关学伦理精神之丰厚:"吾乡居天下之西北脊,坤灵淑粹之气自吾乡发,是以庖羲画卦,西伯演《易》,姬公制礼,而千万世之道源学术自此衍且广矣。"①再次以冯友兰先生对"横渠四句"的评价为激励,以实现关学伦理精神之当代转型,并彰显其当代价值:"'为天地立心,为生民立命,为往圣继绝学,为万世开太平'此哲学家所自期许者也。况我家国民族,值贞元之会,当绝续之交,通天人之际,达古今之变,明内圣外王之道者,岂可不尽所欲言,以为我国家致太平,我亿兆安心立命之用乎?虽不能至,心向往之,非曰能之,愿学焉。"②

---

① 冯从吾:《关学编(附续编)·关学编后序》,第62页。
② 冯友兰:《新原人》,"自序"第1页。

阅读文献

[1] 许慎.说文解字[M].徐铉,校定.王宏源,新勘.北京:社会科学文献出版社,2005.

[2] 郑玄.礼记正义:中册[M].孔颖达,正义.吕有仁,整理.上海:上海世纪出版股份有限公司,2008.

[3] 朱熹.四书章句集注[M].北京:中华书局,1983.

[4] 陈淳.北溪字义[M].熊国祯,高流水,点校.北京:中华书局,1983.

[5] 苏舆.春秋繁露义证[M].钟哲,点校.北京:中华书局,1992.

[6] 程颢,程颐.二程集[M].王孝鱼,点校.北京:中华书局,1981.

[7] 陈善.扪虱新话[M].上海:上海书店,1990.

[8] 黄宗羲.宋元学案[M].全祖望,补修.陈金生,梁运华,点校.北京:中华书局,1986.

[9] 脱脱等.宋史[M].北京:中华书局,1985.

[10] 张廷玉.明史[M].北京:中华书局,1974.

[11] 刘荀.明本释[M].台北:台湾商务印书馆,1983.

[12] 朱铸禹.全祖望集汇校集注:下[M].上海:上海古籍出版社,2000.

[13] 刘祁.归潜志[M].崔文印,点校.北京:中华书局,1983.

[14] 袁桷.清容居士集[M].上海:商务印书馆,1929.

[15] 顾嗣立.元诗选:第1册[M].北京:中华书局,1987.

[16] 脱脱等.金史[M].北京:中华书局,1975.

[17] 许有壬.圭塘小稿[M].台北:台湾商务印书馆,1986.

[18] 皮锡瑞.经学历史[M].北京:中华书局,1959.

[19] 冯从吾.关学编:附续编[M].陈俊民,徐兴海,点校.北京:中华书局,1987.

[20] 郑晓.今言[M].李致忠,点校.北京:中华书局,1984.

[21] 吕柟.关学经典集成:吕柟卷[M].陈俊民,校编.西安:三秦出版社,2020.

[22] 吕柟.泾野经学文集[M].刘学智,点校.西安:西北大学出版社,2015.

[23] 吕柟.泾野先生别集:卷五[M].清道光庚子三原李锡龄校刊本.

[24] 韩邦奇.关学经典集成:韩邦奇卷[M].陈俊民,校编.西安:三秦出版社,2020.

[25] 冯从吾.冯从吾集[M].刘学智,孙学功,点校.西安:西北大学出版社,2015.

[26] 李颙.二曲集[M].陈俊民,点校.北京:中华书局,1996.

[27] 黄宗羲.明儒学案[M].沈芝盈,点校.北京:中华书局,2008.

[28] 清国史馆臣.清史列传[M].王钟瀚,点校.北京:中华书局,1987.

[29] 黎靖德.朱子语类[M].王星贤,点校.北京:中华书局,1986.

[30] 吕大临,等.蓝田吕氏遗著辑校[M].陈俊民,辑校.北京:中华书局,1993.

[31] 张载.张载集[M].章锡琛,点校.北京:中华书局,1978.

[32] 王植.正蒙初义[M].邸利平,点校.北京:中华书局,2020.

[33] 蔡清.四书蒙引[M].台北:台湾商务印书馆,2008.

[34] 朱震.汉上易传:钦定四库全书本[M].浙江大学图书馆馆藏.

[35] 马理.马理集[M].许宁,朱晓红,点校整理.西安:西北大学出版社,2015.

[36] 冯从吾.冯少墟集[M].陈俊民,校编.西安:三秦出版社,2020.

[37] 朱熹.周易本义[M].廖名春,点校.北京:中华书局,2009.

[38] 班固.汉书[M].颜师古,注.北京:中华书局,1962.

[39] 赵翼.廿二史札记[M].北京:中华书局,1963.

[40] 邵雍.皇极经世[M].郭彧,于天宝,点校.上海:上海古籍出版社,2015.

[41] 周敦颐.周敦颐集[M].陈克明,点校.北京:中华书局,1990.

[42] 王夫之.张子正蒙注[M].北京:中华书局,1975.

[43] 真德秀.大学衍义[M].摛藻堂四库全书荟要本.

[44] 朱熹.朱子全书[M].上海:上海古籍出版社,2002.

[45] 吕柟.吕柟集[M].米文科,点校整理.西安:西北大学出版社,2015.

[46] 吕柟.泾野子内篇[M].赵瑞民,点校.北京:中华书局,1992.

[47] 吕柟.宋四子抄释[M].北京:中华书局,1985.

[48] 王建常.王建常集[M].李明,点校整理.西安:西北大学出版社,2015.

[49] 魏了翁.鹤山集[M].台北:台湾商务印书馆,1986.

[50] 严可均.全晋文[M].黄冈王氏光绪二十年刻本.

[51] 智顗. 妙法莲花经玄义[M]. 台北:新文丰出版公司,1973.

[52] 楼宇烈. 王弼集校释[M]. 北京:中华书局,1980.

[53] 姚思廉. 梁书[M]. 北京:中华书局,1973.

[54] 释僧祐,李小荣. 弘明集[M]. 上海:上海古籍出版社,2013.

[55] 王弼. 周易正义[M]. 孔颖达,疏. 李申,卢光明,整理. 吕绍刚,审定. 李学勤,主编. 北京:北京大学出版社,1999.

[56] 黄汝成. 日知录集释[M]. 栾保群,吕宗力,点校. 上海:上海古籍出版社,2006.

[57] 司马迁. 史记[M]. 司马贞,索引. 张守节,正义. 裴骃,集解. 北京:中华书局,2013.

[58] 范仲淹. 范文正公文集[M]. 上海:商务印书馆,1937.

[59] 张载. 张子全书[M]. 林乐昌,编校. 西安:西北大学出版社,2015.

[60] 萧㪺,同恕,杨奂. 元代关学三家集[M]. 孙学功,点校整理. 西安:西北大学出版社,2015.

[61] 唐龙. 渔石集[M]. 北京:商务印书馆,1935.

[62] 李侗. 李延平集[M]. 上海:商务印书馆,1935.

[63] 贾谊. 贾子新书[M]. 上海:上海隆文书局石印本,1924.

[64] 王廷相. 王廷相集[M]. 王孝鱼,点校. 北京:中华书局,1989.

[65] 庚桑子. 顺道篇[M]. 上海涵芬楼影音正统道藏本.

[66] 吕大临,等. 蓝田吕氏集[M]. 曹树明,点校整理. 西安:西北大学出版社,2015.

[67] 永瑢等. 四库全书总目[M]. 北京:中华书局,1965.

[68] 李开先. 李开先集[M]. 路工,辑校. 北京:中华书局,1954.

[69] 李元春. 关中道脉四种书[M]. 魏冬,点校. 西安:陕西人民出版社,2020.

[70] 陈建. 皇明通纪集要[M]. 江旭奇,补. 台北:文海出版社有限公司,1985.

[71] 赵尔巽. 清史稿[M]. 北京:中华书局,1977.

[72] 王弘撰. 山志[M]. 何本方,点校. 北京:中华书局,1999.

[73] 吴怀清. 关中三李年谱[M]. 陈俊民,点校. 西安:陕西师范大学出版社,1992.

[74] 李柏. 槲叶集[M]. 程灵生,点校整理. 西安:西北大学出版社,2015.

[75] 刘光蕡. 刘光蕡集[M]. 武占江,点校整理. 西安:西北大学出版社,2015.

[76] 王心敬.丰川续集[M].清乾隆十五年刻本.

[77] 王心敬.丰川续编[M].清康熙五十五年额伦特刻本.

[78] 庄绰.鸡肋编[M].北京:中华书局,1983.

[79] 屈大均.屈大均全集[M].欧初,王贵忱,主编.李文约,点校.北京:人民文学出版社,1996.

[80] 元好问.元遗山先生全集[M].读书山房刻本.

[81] 全明文:卷四[M].上海:上海古籍出版社,1992.

[82] 方孝孺.逊志斋集[M].徐光大,点校.宁波:宁波出版社,2000.

[83] 高拱.高文襄公集[M].明万历刻本.

[84] 黄宗羲.黄宗羲全集[M].杭州:浙江古籍出版社,1985.

[85] 沈佳.明儒言行录[M].台北:台湾商务印书馆,1982.

[86] 顾炎武.顾亭林诗文集[M].北京:中华书局,1959.

[87] 崔寔,仲长统.政论、昌言[M].孙启治,译注.北京:中华书局,2014.

[88] 王夫之.尚书引义[M].王孝鱼,点校.北京:中华书局,1962.

[89] 王徵.王徵集[M].林乐昌,编校.西安:西北大学出版社,2015.

[90] 王九思.渼陂集[M].台湾:伟文图书出版社有限公司,1976.

[91] 李贽.续藏书[M].北京:中华书局,1959.

[92] 金嘉琰,朱廷模,钱玷,等.朝邑县志:卷四[M].清乾隆年间刻本.

[93] 薛应旂.方山薛先生全集:卷二四[M].北京大学图书馆馆藏明嘉靖刻本.

[94] 马其昶.韩昌黎文集校注[M].马茂元,整理.上海:上海古籍出版社,1986.

[95] 邓元锡.皇明书:卷三十七[M].北京大学图书馆馆藏明万历刻本.

[96] 沈家本.历代刑法考.邓经元,骈宇骞,点校.北京:中华书局,1985.

[97] 王夫之.船山全书[M].长沙:岳麓书社,2011.

[98] 卫湜.礼记集说[M].台北:台湾商务印书馆,1983.

[99] 牛兆濂.牛兆濂集[M].王美凤,高华夏,牛锐,点校整理.西安:西北大学出版社,2015.

[100] 杨时.杨时集[M].林海权,校理.中华书局,2018.

[101] 朱熹.朱子文集:卷七十一[M].陈俊民,校订.德富文教基金会,2000.

[102] 陈亮.陈亮集[M].邓广铭,点校.石家庄:河北教育出版社,2003.

[103] 胡广等.性理大全书[M].清康熙十二年内府刻本.

[104] 李光地.御纂性理精义[M].北京:中华书局,1927.

[105] 郑板桥.郑板桥集[M].上海:上海古籍出版社,1979.

[106] 张载.关学经典集成:张载卷[M],陈俊民,校编.西安:三秦出版社,2020.

[107] 朱熹,吕祖谦.朱子近思录[M].严佐之,导读,上海:上海古籍出版社,2000.

[108] 真德秀.西山读书记[M].浙江大学图书馆藏四库全书本.

[109] 李幼武.宋名臣言行录外集[M].浙江大学图书馆藏四库全书本.

[110] 陈淳.北溪大全集[M].浙江大学图书馆藏四库全书本.

[111] 文天祥.文天祥全集[M].北京:中国书店,1985.

[112] 李道平.周易集解纂疏[M].潘雨廷,点校.北京:中华书局,1994.

[113] 康有为.论语注[M].楼宇烈,整理.北京:中华书局,1984.

[114] 江永.近思录集注[M].上海:上海书店出版社,1987.

[115] 李元春.关中道脉四种书[M].朝邑蒙氏天麻堂刻本.

[116] 马一浮.马一浮集[M].吴光,主编.杭州:浙江古籍出版社,2012.

[117] 叶春及.惠安政书[M].泉州历史研究会等,整理.福州:福建人民出版社,1987.

[118] 休宁县地方志编纂委员会.休宁县志[M].康熙二十九年刻本.

[119] 陈梦蕾.古今图书集成[M].中华书局影印本,1934.

[120] 王守仁.王阳明全集[M].吴光,钱明,等,编.上海:上海古籍出版社,2011.

[121] 梁漱溟.梁漱溟全集[M].济南:山东人民出版社,1989.

[122] 黎翔凤.管子校注[M].梁运华,整理.北京:中华书局,2004.

[123] 刘知几.史通[M].黄寿成,校点.沈阳:辽宁教育出版社,1997.

[124] 蔡元培.中国伦理学史[M].北京:东方出版社,1996.

[125] 陈俊民.张载哲学思想及关学学派[M].北京:人民出版社,1986.

[126] 赵馥洁.关学精神论[M].西安:西北大学出版社,2015.

[127] 王育殊.道德的哲学真义[M].北京:中国社会科学出版社,2008.

[128] 陈来.儒学美德论[M].北京:生活·读书·新知三联书店,2019.

[129] 陈来.古代宗教与伦理:儒家思想的根源[M].北京:生活·读书·新知三联书店,1996.

[130] 赵法生.儒家超越思想的起源[M].北京:中国社会科学出版社,2019.

[131] 刘师培.刘申书先生遗书[M].宁武校南氏印本,1934.

[132] 梁启超.新民说[M].宋志明,选注.沈阳:辽宁人民出版社,1994.

[133] 杨国荣.政治、伦理及其他[M].北京:生活·读书·新知三联书店,2018.

[134] 樊浩.中国伦理精神的现代构建[M].南京:江苏人民出版社,1997.

[135] 张岱年.中国哲学大辞典[M].上海:上海辞书出版社,2014.

[136] 樊浩.道德形而上学体系的精神哲学基础[M].北京:中国社会科学出版社,2006.

[137] 崔大华.儒学引论[M].北京:人民出版社,2001.

[138] 张岱年.中国伦理思想研究[M].南京:江苏教育出版社,2009.

[139] 牟宗三.中国哲学的特质[M].罗义俊,编.上海:上海古籍出版社,2007.

[140] 陈俊民.关学经典导读[M].西安:三秦出版社,2020.

[141] 刘笑敢.中国哲学与文化:第7辑[M].桂林:广西师范大学出版社,2010.

[142] 钱玄同.钱玄同文集:第一卷[M].北京:中国人民大学出版社,1999.

[143] 陈独秀.陈独秀文存[M].合肥:安徽人民出版社,1987.

[144] 王庆节.道德感动与儒家示范伦理学[M].北京:北京大学出版社,2016.

[145] 俞宣孟.本体论研究[M].上海:上海人民出版社,1999.

[146] 中国大百科全书总编辑委员会《哲学》编辑委员会,中国大百科全书出版社编辑部.中国大百科全书:哲学卷[M].北京:中国大百科全书出版社,1987.

[147] 蒙培元.理学范畴系统[M].北京:人民出版社,1989.

[148] 熊十力.原儒[M].上海:上海书店出版社,2009.

[149] 陈政扬.张载思想的哲学诠释[M].北京:中华书局,2020.

[150] 涂宗流,刘祖信.郭店楚简:先秦儒家佚书校释[M].台湾:万卷楼图书有限公司,2001.

[151] 陈荣捷.王阳明与禅[M].台北:台湾学生书局,1984.

[152] 冯友兰.中国哲学史:下[M].上海:华东师范大学出版社,2000.

[153] 张岱年.中国哲学史大纲[M].北京:中国社会科学出版社,1982.

[154] 张岱年.中国古典哲学概念范畴要论[M].北京:中国社会科学出版社,1989.

[155] 杨立华.气本与神化:张载哲学述论[M].北京:北京大学出版社,2008.
[156] 熊十力.体用论[M].上海:上海书店出版社,2009.
[157] 杨泽波.儒家生生伦理学引论[M].北京:商务印书馆,2020.
[158] 吴国武.经术与性理:北宋儒学转型考论[M].北京:学苑出版社,2009.
[159] 李维武.徐复观文集第二卷:儒家思想与人文世界[M].武汉:湖北人民出版社,2009.
[160] 杨国荣.伦理与存在:道德哲学研究[M].北京:北京大学出版社,2011.
[161] 罗炽,白萍.中国伦理学[M].武汉:湖北人民出版社,2002.
[162] 王国维.王国维手定观堂集林:卷六[M].杭州:浙江教育出版社,2014.
[163] 杨向奎.宗周社会与礼乐文明[M].北京:人民出版社,1997.
[164] 李泽厚.伦理学纲要[M].北京:人民日报出版社,2010.
[165] 刘丰.北宋礼学研究[M].北京:中国社会科学出版社,2016.
[166] 冯友兰.中国哲学史新编:一[M].北京:人民出版社,1999.
[167] 郭沫若.十批判书[M].北京:人民出版社,1954.
[168] 王博.中国儒学史:先秦卷[M].北京:北京大学出版社,2011.
[169] 李泽厚.人类学历史本体论[M].青岛:青岛出版社,2016.
[170] 吕思勉.理学纲要[M].北京:商务印书馆,2017.
[171] 张岱年.张岱年全集:第四卷[M].石家庄:河北人民出版社,2007.
[172] 唐凯麟,张怀承.成人与成圣:儒家伦理道德精粹[M].长沙:湖南大学出版社,1999.
[173] 方东美.新儒家哲学十八讲[M].台北:黎明文化事业股份有限公司,1983.
[174] 钱宗范.周代宗法制度研究[M].桂林:广西师范大学出版社,1989.
[175] 周祖谟.广韵校本[M].北京:中华书局,1960.
[176] 邓之诚.清诗纪事初编[M].上海:上海古籍出版社,1965.
[177] 张显清,林金树.明代政治史[M].桂林:广西师范大学出版社,2003.
[178] 陈鼓应,赵建伟.周易今注今译[M].北京:商务印书馆,2005.
[179] 黄寿祺,张善文.周易译注[M].上海:上海古籍出版社,2001.
[180] 尤西林.人文精神与现代性[M].西安:陕西人民出版社,2006.
[181] 陈独秀.陈独秀著作选:第1卷[M].任建树,等,编.上海:上海人民出版社,1993.

[182] 许苏民.人文精神论[M].武汉:湖北人民出版社,2000.
[183] 郭齐勇.中华人文精神的重建:以中国哲学为中心的思考[M].北京:北京师范大学出版社,2011.
[184] 贺麟.文化与人生[M].北京:商务印书馆,2002.
[185] 钱穆.中国历史精神[M].台北:联经出版事业公司,1998.
[186] 蒙培元.情感与理性[M].北京:中国人民大学出版社,2009.
[187] 李泽厚.论语今读[M].北京:生活·读书·新知三联书店,2012.
[188] 冯契.人的自由和真善美[M].上海:华东师范大学出版社,1996.
[189] 陈来.有无之境:王阳明哲学的精神[M].北京:北京大学出版社,2006.
[190] 李泽厚.实用理性与乐感文化[M].北京:生活·读书·新知三联书店,2008.
[191] 冯契.认识世界和认识自己[M].上海:华东师范大学出版社,1996.
[192] 丁为祥.虚气相即:张载哲学体系及其定位[M].北京:人民出版社,2000.
[193] 韦政通.中国哲学辞典大全[M].北京:世界图书出版公司,1989.
[194] 周明初.晚明士人心态及文学个案[M].北京:东方出版社,1997.
[195] 万明.晚明社会变迁研究[M].北京:商务印书馆,2005.
[196] 蒙培元.中国传统哲学思维方式[M].杭州:浙江人民出版社,1993.
[197] 冯友兰.新原人[M].北京:生活·读书·新知三联书店,2007.
[198] 焦国成.传统伦理及其现代价值[M].北京:教育科学出版社,2000.
[199] 牟宗三.心体与性体:[M].台北:联经出版事业公司,2003.
[200] 李晓春.张载哲学与中国古代思维方式研究[M].北京:中华书局,2012.
[201] 廖申白.伦理学概论[M].北京:北京师范大学出版社,2009.
[202] 蒋庆.政治儒学[M].福州:福建教育出版社,2014.
[203] 杜维明.人性与自我修养[M].胡军,于民雄,译.北京:中国和平出版社,1988.
[204] 汤一介.儒学十论及外五篇[M].北京:北京大学出版社,2009.
[205] 方光华,曹振明.张载思想研究[M].西安:西北大学出版社,2015.
[206] 刘学智.关学思想史[M].西安:西北大学出版社,2015.
[207] 焦国成.中国伦理学通论:上册[M].太原:山西教育出版社,1997.
[208] 李明辉.四端与七情:关于道德情感的比较哲学探讨[M].上海:华东师

范大学出版社,2008.

[209] 温海明.儒家实意伦理学[M].北京:中国人民大学出版社,2014.

[210] 刘学智,魏冬.关学二十二讲[M].西安:西北大学出版社,2020.

[211] 张波.李颙评传[M].西安:西北大学出版社,2015.

[212] 任剑涛.道德理想主义与伦理中心主义:儒家伦理及其现代处境[M].北京:东方出版社,2003.

[213] 唐君毅.文化意识与道德理性[M].北京:中国社会科学出版社,2005.

[214] 吾淳.中国社会的伦理生活:主要关于儒家伦理可能性问题的研究[M].北京:中华书局,2007.

[215] 姜国柱.张载的哲学思想[M].沈阳:辽宁人民出版社,1982.

[216] 杨开道.中国乡约制度[M].北京:商务印书馆,2015.

[217] 董建辉.明清乡约理论演进与实践发展[M].厦门:厦门大学出版社,2008.

[218] 梁漱溟.乡村建设理论[M].上海:上海书店,1992.

[219] 何怀宏.良心论[M].北京:北京大学出版社,2017.

[220] 李泽厚.人类学历史本体论[M].天津:天津社会科学院出版社,2008.

[221] 钱穆.孔子与论语[M].台北:联经出版事业公司,1974.

[222] 刘述先.儒家思想开拓的尝试[M].北京:中国社会科学出版社,2001.

[223] 费孝通.乡土中国[M].北京:商务印书馆,2019.

[224] 杨义堂,陈力,于宏文.新乡贤归来[M].济南:山东人民出版社,2018.

[225] 廖申白.公民伦理与儒家伦理[J].哲学研究,2011(11).

[226] 张岱年.中国古典哲学中若干基本概念的起源与演变[J].哲学研究,1957(2).

[227] 林乐昌.张载心学论纲[J].哲学研究,2020(6).

[228] 林乐昌.论张载的理学论纲与气论定位[J].孔学堂,2020(1).

[229] 林乐昌."为天地立心":张载"四为句"新释[J].哲学研究,2009(2).

[230] 李泽厚.孔子再评价[J].中国社会科学,1980(2).

[231] 黎红雷."恭宽信敏惠":儒家治国理政思想的现代启示[J].孔子研究,2015(3).

[232] 张立文.中国哲学的创新与和合学的使命[J].中国人民大学学报,2003(3).

[233] 张显清. 晚明社会的时代特点[J]. 河南师范大学学报,2005(6).

[234] 林乐昌. 论"关学"概念的结构特征与方法意义[J]. 中国哲学史,2013(1).

[235] 林乐昌. 张载礼学论纲[J]. 哲学研究,2007(12).

[236] 林乐昌. 张载关学学风特质:兼论张载关学学风的现代意义[J]. 陕西师范大学学报,2002(3).

[237] 林乐昌. 李二曲的经世观念与讲学实践[J]. 中国哲学史,2000(1).

[238] 何炳隶. 儒家宗法模式的宇宙本体论[J]. 哲学研究,1998(12).

[239] 李金哲. 困境与路径:以新乡贤推进当代乡村治理[J]. 求实,2016(6).

[240] 亚里士多德. 尼各马可伦理学[M]. 廖申白,译注. 北京:商务印书馆,2003.

[241] 包尔生. 伦理学体系[M]. 何怀宏,廖申白,译. 北京:中国社会科学出版社,1988.

[242] 卡西尔. 人伦[M]. 甘阳,译. 上海:上海译文出版社,2003.

[243] 边沁. 道德与立法原理导论[M]. 北京:商务印书馆,2000.

[244] 密尔. 论自由[M]. 许宝骙,译. 北京:商务印书馆,2007.

[245] 阿尔汉格尔斯基. 伦理学研究方法论[M]. 中共北京市委党校科研处组译. 杨春福,等,译. 贾春增,等,校. 北京:中国广播电视出版社,1992.

[246] 马克斯·韦伯. 儒教与道教[M]. 王容芬,译. 北京:商务印书馆,1995.

[247] 余英时. 中国近世宗教伦理与商人精神[M]. 合肥:安徽教育出版社,2001.

[248] 汤因比,池田大作. 展望21世纪[M]. 香港:国际文化出版社,1985.

[249] ANDREW HURRELL. One world? many worlds? the place of regions in the study of international society"[J]. International Afairs,2007(1).

[250] 黑格尔. 哲学史讲演录:第四卷[M]. 贺麟,王太庆,译. 上海:上海人民出版社,2013.

[251] 布洛克. 西方人文主义传统[M]. 董乐山,译. 北京:生活·读书·新知三联书店,1997.

[252] 布克哈特. 意大利文艺复兴时期的文化[M]. 何新,译. 北京:商务印书馆,1997.

[253] 马克斯·韦伯. 经济与社会[M]. 约翰内斯·温克尔曼,整理. 林荣远,

译.北京:商务印书馆,1997.

[254] 余英时.现代儒学论[M].上海:上海人民出版社,1998.

[255] 杜维明.儒教[M].陈静译.上海:上海古籍出版社,2008.

[256] 汤因比.人类与大地母亲:一部叙事体世界历史[M].徐波,等,译.马小军,校.上海:上海人民出版社,2012.

[257] 黑格尔.逻辑学:上卷[M].杨一之,译.北京:商务印书馆,1966.

[258] 刘军.心心相印九州同:记全国五届政协委员王森然、梁容若二老喜相逢[N].工人日报,1982-12-8.

[259] 胡彬彬,李红.新乡贤:乡村文明重建的重要力量[EB/OL].(2016-10-06)[2022-05-26].https://theory.gmw.cn/2016-10/06/content_22306060.htm.

附录　关学的原型、流变及其研究空间[①]

常　新

（西安交通大学人文学院，陕西 西安 710049）

摘要：关学是理学在关中派生的一个地域性学派。北宋张载开宗立派，金元时式微，但通过中晚明关中理学家着意承接，完成了自张载以来关中理学的谱系，使关学成为学承张载、融摄程朱理学与阳明心学的一个地域性理学学派。关学开创者张载以"气－道－性－心－诚"的哲学体系和北宋诸子奠定了理学格局，同洛、濂、闽之学并行于世；明代中期吕柟学承周、张、程、朱而又互救其失，以"新仁学"中兴了关学；晚明冯从吾通过《关学编》严格了关学定位；清初李二曲以经世为宗，其"悔过自新"与"明体适用"之学使关学复盛；晚清刘古愚学兼中西，使关学融入现代学术。当代关学研究整理了关学文献，厘清了"张载之后关学是否存续"这一关键问题，以重构中国传统哲学逻辑发展的当代诠释体系之方式开启了关学研究的新天地，形成了关学研究的新范式，进而推进了当代关学研究。

关键词：张载；关学；学统；原型；合法性；流变；研究空间

　　理学作为儒学的一种理论形态，是唐以来儒、释、道融合发展的一个必然结果，是宋儒维系儒家道统的一种理论自觉，其构建过程"采佛理之精粹以注解四书五经，名为阐明古学，实则吸收异教；声言尊孔辟佛，实则佛之义理，已浸渍濡染，与佛教之宗传，合而为一"[1]。理学道统的建构以朱熹《伊洛渊源录》为标志，《宋史·道学》的序言大致勾勒了这一过程[2](P12710)。儒学在向理学过渡的

[①] 本文发表于《深圳大学学报(社会科学版)》2020年第3期，第15－24页，按照学报文献标识要求，未做改动。本文后被《新华文摘》网络版全文转载，人大复印资料《哲学文摘》部分转载。

过程中完成了对汉儒天人之学与魏晋自然之学的转型,通过批判的形式吸收与消化了佛老思想,形成了一种儒学理论的新形态——理学。张载作为"北宋五子"之一,对理学理论的构建厥功甚伟,在南宋时就以关、洛、濂、闽之"关学"称之。自张载去世至明中前期,张载所开创的"关学"同中晚明以来所言地域性的"关中理学"有一定的概念差异性,它不强调地域意识,强调的是张载为开宗者,以蓝田三吕、苏昞等为主要门人的师承与学承关系,是同濂学、洛学、闽学并存的"全国性"的儒学派别。由于"完颜之乱"和"宋室南渡",张载之学在北方的影响与传播极为有限。明初关中由于"河东学派"与"三原学派"的阐扬,张载之学逐渐恢复了与洛学、闽学相当的学术地位。与此同时,南宋文学地域性意识催发了关中士人的文化地域意识,在"文学复古"运动中,"七子"中李梦阳、康海、王九思为关中人,更是强化了关中士人的地域意识,晚明冯从吾编撰《关学编》,构建了以张载为宗师的"关学理学"学术史。清代的王心敬、李元春、贺瑞麟、柏景伟、刘古愚相继对《关学编》进行了增补,形成了脉络清晰的关中理学学术史。翻检《关学编》可以看出,明清关学学术演变,其主线是关中学者对程朱理学与阳明心学的批判与融摄,并继承张载以来关学"躬行礼教""尊古尚经""经世致用"的精神遗产而展开,这一过程也使关学真正成为一个具有鲜明地域特色的理学学派。

一、张载开创的儒学新形态

北宋作为中国儒学发展的重要一环为后世重视。清人章学诚尽管对清代理学评价甚低,但对宋代儒学发展给予肯定,认为"儒术至宋而盛,儒学亦至宋而歧"[3]。"盛"者言宋儒对儒学所做出的开创性贡献,"歧"者,言儒学在宋代发展过程中的复杂性。

宋代是在收拾五代十国残局的基础之上建立的,立国之初为缓和社会矛盾,与民生息,采取黄老之道,宋太宗曾言"清净致治,黄老之深旨也,夫万务自有为以至于无为,无为之道,朕当力行之"[4]。到北宋末年,宋徽宗继续沿袭崇道的政策并提倡儒释道三教并用,其间士大夫出入佛老成为普遍现象,如理学的开创者张载"访诸释、老,累年究极其说,知无所得,反而求之'六经'"[2](P12723),程颢"泛滥于诸家,出入于老、释几十年,返求诸'六经'而后得之"[2](P12716)。考察张载和程颢二人为学的经历,其二人都是"有志于道"。"道"即是《宋史·道学》前言所言"政教"的依据[2](P12709)。在一个世俗的国家,从宗教层面寻求"政教"的依据存在诸多困难,因此二人最终皆"返诸'六经'",对先秦儒家进行创造性的改造。北宋的经学在汉唐经学章句与注疏的基础上深化了义理与经济两个层面,这种深化基于北宋所面临的诸多社会问题:文化领域释、道对儒学的挑战,社会治理方面需要解决民生,对外关系方面需要解决辽、金、西夏对北宋的军事压力,这正如钱穆先生所言"北宋学术,不外经术、政事两端"[5],其核心的精神在于"本经义"以至于"圣人之道",讲求"明体达用""内圣外王",这也是北宋儒学转型的根本动力。

北宋诸儒以道统自任,有直追汉唐、兴复三代之志,以阐释经义为起点,致力于圣人之道的探究和践行,于是出现了"庆历之际,学统四起"的局面,"关中之申、侯二子,实开横渠之先"[6](P251)。张载对理学开创之功在《宋史·道学传序》中有载:"张载作《西铭》,又极言理一分殊之旨,然后道之大原出于天者,灼然而无疑焉"[2](P12710)。张载之学"以《易》为宗,以《中庸》为体,以孔、孟为法,黜怪妄、辨鬼神"[2](P12724)。张载哲学体系总纲蕴藏在《正蒙》首篇《太和篇》及《西铭》中,在《太和篇》中"由太虚,有天之名;由气化,有道之名;合虚与气,有性之名;合性与知觉,有心之名"[7](P9),此即体现出《宋史》所言张载为学的理路。《西铭》是张载伦理思想的集中体现,二程予以其极高的评价,"极纯无杂,秦汉以来学者所未到"[7](P336),其"扩前圣之未发,与孟子性善养气之论同功"[8](P609)。由于张载在理学方面开创性的贡献,受到宋、元、明官方的褒奖,南宋理宗端平二年(1235)从祀孔庙;元泰定四年(1327)建横渠书院;明世宗嘉靖九年(1530)改称"先儒张子"。

张载的理学思想无论从学术源头还是核心思想都与周敦颐的"太极"、邵雍的"象数"、二程的"天理"存在差异性。张载的"太虚"尽管与这些范畴存在一定差异,但其理论的旨归一致:落实于本体论层面的"天理""命""性"等方面,汇通北宋诸儒,完成了对儒学的改造,形成儒学新形态:理学。

张载在思想形成过程中并未有意识地构造一个具有地域特色的学术形态,而是整个北宋儒学转型过程中的一个环节,但其学术思想被其门人所继承甚至固守,"《正蒙》之书,关中学者尊信之与《论语》等,其徒未尝轻以示人"[9],吕大临"守横渠说甚固,每横渠无说处皆相从,有说了更不肯回"[10](P12)。这一时期的张载之学存在业师陈俊民先生所言的"师承"与"学承"[11]。北宋灭亡之后,张载之学在北方的传播几近衰息,南宋程朱理学在王权的支持下成为官方的意识形态,直至明初"诸儒皆朱子门人之支流余裔"[12]。这一时期张载虽然被宋、元、明官方所认可,确立张载在儒家道统中的地位,但其学术思想独特性不似北宋那样与二程并称,而是被官方弱化。在南宋开始出现"关学"的称谓。根据全祖望的记载,这一名称的提出者是南宋的吕本中。《宋元学案》卷六是全祖望所补《士刘诸儒学案》,他在"关学之先"《殿丞侯华阴先生可、申先生颜合传》下有一段按语说:"祖望谨按:吕舍人本中曰:'关学未兴,申颜先生盖亦安定、泰山之俦,未几而张氏兄弟大之。'然则申颜先生之有功关中,亦已多矣。"[6](P261)同为南宋的刘荀在其《明释本》中也言"(张载)倡道学于关中,世谓之关学。此书所记吕大临、苏昞、范育,皆其门人也"[13],因此宋元的关学仅指张载理学思想,有别于明清在继承张载学统基础之上对程朱理学与阳明心学进行了融汇的关学。在关学发展的两个阶段中,后者是前者在符合历史与逻辑相统一基础之上的理性发展,它保持了关学学理发展的连续性。

张载在宋至清理学史的地位不及程朱稳固,其学术影响力也经历了由显而隐的过程。在北宋末年由于完颜之乱,张载之学随着宋室南渡,其学术传播不及北宋兴盛。南宋理宗淳祐元年(1241)正月,张载与二程、朱子从祀孔庙[2](2554),在诏书中说"周敦颐、张载、程颢、程颐,真见实践,深探圣域,千载绝学,始有指归"[2](P821)。张载在理学内部获得了同二程、朱熹相当的地位。明清由于科举考试对程朱理学的重视,张载与二程、朱熹相当的学术地位出现差异,个中原因除科举考试因素之外,张载地位的寒素也是一个不可忽视的原因。清初的王夫之在其《张子正蒙注》进行了说明:"张子教学关中,其门人未有殆庶者。而当时巨公耆儒如富、文、司马诸公,张子皆以素位隐居而未由相为羽翼,是以其道之行,曾不得与邵康节之数学相颉颃,而世之信从者寡,故道之诚然者不著。"[14]除此之外,张载思想表述的艰涩性也影响其思想的普及,其学"有苦心极力之象,而无宽裕温厚之气,非明睿所照,而考索至此,故意屡偏而言多窒,小出入时有之"[8](P596),这在一定程度上也会影响元代以来理学内部忽视张载的造道之功而专注于程朱理学的学习与体悟。

二、明清关学的构建

完颜之乱后,文化遭到巨大破坏,"儒术并为之中绝"[6](P1094),"百年不闻学统"[6](P18),黄宗羲这一结语是基于金代程朱理学而言,而张载之学在宋室南渡,"关陕沦亡后,横渠学统灭"[15]。此时北方传播有苏东坡的"蜀学"[16]。在《金史》中记有金人对孔子的尊崇[17],金朝的科举承袭辽、宋,强化了对先秦儒家经典的重视,金世宗二十三年(1183),下诏书翻译五经,有"朕所以令译五经者,正欲女真人知仁义道德所在耳"[17](P185)的记载,只不过金代的儒学"虽以科举取士,名尚儒治,不过场屋文字,而道之大者盖漠如",程朱理学此时也有零星传播,"宋行人有箧至燕者,时有馆伴使之,乃不以公于世"[18],"北人虽知有朱夫子,未能尽见其书"[19]。在冯从吾《关学编》记有金代杨天德晚年读到朱子《大学解》,言及伊洛诸书[10](P16)。到了元代,程朱理学在北方的传播开始普遍,且被蒙元统治者所接受,冯从吾《关学编》所记杨奂、杨恭懿、萧㪺、同恕等大儒皆以程朱理学为旨归,在他们的著作中罕见关于张载的记录,这一状况一直延续到明初。明初朱棣于永乐十二年(1414)下诏,增附周敦颐、二程、张载、朱熹性理之言于"四书""五经"之下,尤其提到"《西铭》《正蒙》之类,皆六经羽翼"[20],恢复了张载在儒学道统中应有的位置,在关中地区出现了建造张载祠的一个高潮,仅正德至万历间共建了八所,远超宋元[21](P28)。明清理学内部基于对程朱理气论的修正,张载思想再现明清思想论域,罗钦顺、王廷相、吴廷翰、王夫之、戴震等人回溯了张载"气本论"思想,从中汲取思想资源。关中三原学派的王承裕、吕柟、韩邦奇等或对张载的《西铭》《正蒙》进行注解,或对张载文献资料进行搜集与刊刻,接续了张载开创的关学在关中的学统。张载在儒家的道统地位在明代重新被确立,对吕柟、冯从吾重构关学学派至关重要。此时,关中学者需要做的重要工作就是构建张载关学在关中的学统。明代地域文化蓬勃发展导致士人地域意识的萌发,这一文化现象为张载学统的构建提供了契机。

吕柟的地域认同在其所撰《陕西乡试录前序》与《武功县志序》中有所体现,在前者中言"夫陕西,山川之初,而天地之首也,故群圣多自此产"[22](P73),后者是吕柟为康海《武功县志》所作的"序",在"序"中同样追述了关中圣人,"后稷,政之祖,横渠,教之宗"[22](P76)。吕柟对张载的重视从对张载遗著的搜集与刊刻开始,在其《刻横渠先生易说序》中表露了这一心迹[22](P416),于此吕柟萌发有关张载关学的地域性意识。在整理张载文献过程中,吕柟重新审视了朱子"理在气先"的观点,用张载"太虚即气"修正了朱子"析理气为二"的观点,认为"太虚、人物,实为一体"[22](P573),"天命只是个气,非气则理无所寻,言气则理自在其中"[23]。同为关中士人的胡缵宗在为吕柟《泾野先生别集》所作的序中写有"在知关中横渠、蓝田之学之有传也"[24]。与吕柟同时代的韩邦奇认为"自孔子而下,知'道'者惟横渠一人"[25](P144-145),其对张载思想的继承体现在《正蒙拾遗》之中,在《正蒙拾遗》的序言中开篇即言"学不足一天人、合万物,不足以言学。吾读《正蒙》,知天人万物一体也"[25](P1358)。《正蒙》成为韩邦奇构建其学术体系的活水源头。到了晚明的冯从吾通过《关学编》的撰写,构建了以张载为宗师的关学道统与学统,构建了以张载为宗师的关学道统与学统,形成具有地域特色的理学派别:关学。

冯从吾对关学的重构同样基于其关中地域意识的萌发,在《关学编》的序言中冯从吾言"我关中自古称理学之邦,文、武、周公不可尚已,有宋横渠张先生崛起郿邑,倡明斯学,皋比勇撤,圣道中天",并阐发了自己撰写此书的动机与目的:"余不肖,私淑有日,顷山中无事,取诸君子行实,僭为纂次,题曰《关学编》,聊以识吾关中理学之大略云。"[10](P1-2)然后回溯了自张载至晚明的关学发展,视张载"横渠四句"为自孟子后的"道脉"之所系。

由于处于晚明,冯从吾可借鉴的关学资源较吕柟为多,吕柟、马理、韩邦奇、杨爵四人作为关学中兴人物为冯从吾所敬重,为此编撰了《关中四先生要语》,在该书序言中表达了对上述四人德业节义的追慕之情,并矢志于四先生言行的领悟与践行[26](P580)。冯从吾还著有《元儒考略》,该书所载诸儒虽然超出关中地区,但通过对这些北方儒者的记录,留下了理学在关中传播的大致情况,以示儒家的道统在关中不曾中断,为冯从吾构建关学的学统奠定了基础。冯从吾的理学思想主要集中在《辨学录》与《疑思录》之中,前者是为"崇正辟邪"而进行的儒、释之辨;后者是冯从吾对《四书》所作的札记,二书"要之一子厚(张载)为正",如在与他人论学的过程中,冯从吾以张载的《西铭》回答士子对程子"万物一体"的质疑[26](P219)。基于儒家道统在关中的延续、关学学者继承张载的学统,冯从吾通过《关学编》的撰写,完成了张载以来"关中理学"的构建。

冯从吾构建的关学道统在清代得以延续。清初李二曲早岁失怙,勤勉治学,遍览群籍。顺治二年(1645年,时年二曲19岁)借读《公羊传》《谷梁传》《左氏传》《性理大全》《伊洛渊源录》,步趋遂定,以周、程、张、朱言行为儒宗正学,而儒学"以经世为宗"[27](P122)。此时关学在冯从吾离世之后成萎靡之势,"不振久矣",关中"留意理学,稍知敛华就实,心存经济,务为有用之学者,犹龟毛兔角,不但目未之见,耳亦绝不之闻"[27](P177)。李二曲以"悔过自新"与"体用全学"接续"张载横渠四句"之旨,提出"吾辈须为天地立心,为生民立命。穷则阐往圣之绝诣,以正人心;达则开万世之太平,以泽斯世"[27](P368),使关学在清初得以复盛。其后王心敬、李元春、贺瑞麟、柏景伟、刘古愚遵循冯从吾《关学编》的体例与关学学者选取标准,对《关学编》进行增补,使关学作为关中理学的地位逐渐巩固且为关外学者所认同与接受。黄宗羲所著《宋元学案》与《明儒学案》中,都视关学为一相对独立的、具有地域特色的理学学派[28](P11)。清代国史馆臣所撰的《清史列传》同样视关学为关中理学,清初关中学人马嗣煜、李二曲为冯从吾之后的关学后劲[29]。

张载开创理学与"北宋五子"其他人有别,形成自身的一些特质。张载在同二程的一次论学中谈到自身为学的旨趣,成为后世所公认的关学精神和致思路向:"子(二程)谓子厚曰:'关中之士语学而及政,论政而及礼乐兵刑之学,庶几善学者。'子厚曰:'如其诚然',则知大不为名,亦知学贵于有用也"[8](P1196)。这些特点被陈俊民先生大致归纳为学政不二的政治倾向;"知礼成性,变化气质"的道德实践;"躬行礼教"的社会实践;"学贵有用""精思力践"的"实学作风"[30](P29)。关学学派这一学风与传统在张载以后被关学后劲继承,塑造了关中士人的精神与风骨。

三、对关学学理"合法性"质疑的辩护

关学发展演化主要围绕关中学者对关学学统与道统的重视与继承、对程朱理学与陆王心学的融摄、对作为异端思想的批判、对新思想的接受与改造等问题展开。宋代的关学在学承和师承方面都比较简单,张载及其弟子学术传承脉络清晰;金元时期关中学术以朱子学为主,张载之学在关中的传播有限;明清关学的发展主要是关中学者在接续张载之学的基础上融会程朱理学与阳明心学,使明清关学在程朱理学与阳明心学的互相批评与融通中稳步前行。当代关学研究就此问题的梳理首先面临关学在张载去世之后是否存续的问题。

侯外庐先生在其《中国思想史》所言"北宋亡后,关学就渐归衰熄"[31]。在侯先生看来,关学既是张载及其关中弟子之学,也是同濂、洛并行的一个学派,随着北宋的灭亡而"衰熄",而濂、洛之学随着宋室南渡而得以流布。这一观点在侯外庐、邱汉生、张岂之先生所主编的《宋明理学史》中有着同样的表述,该书甚至认为《关学编》是由冯从吾等人强行拼凑的结果,与《金华丛书》《江西丛书》《岳麓丛书》之类相仿,是地志类的资料,是"好事者为之,殆无意义"[32]。这一观点很长一段时间成为"定论"。持这一观点的学者对关学演化与发展的轨迹缺乏历史与逻辑相统一的认识,未能对关学发展以辩证思维进行考察。

中国儒学的发展在不同的历史时期有不同的表现形态。先秦儒学的出现是以孔子为代表的士基于春秋以来"礼坏乐崩"的窘境所作的反应;汉代经学作

为儒学的新形态是汉武帝"罢黜百家,独尊儒术"的结果;魏晋玄学是经学道家化的新形态[33];北宋初期诸儒在扬弃经学、玄学、佛教及道教的基础上创立了道学,其后又谓之理学;清代出现的考据学又是儒学内部对宋明理学空疏学风所进行的一种自觉调试,尽管有汉学与宋学之争,但都未出儒学之规范。从历史与逻辑相统一的原则考察儒学发展演化轨迹,可以看出,儒学的发展不是以线性形态行进,而是不同的历史时期有不同的表现形态,致使儒家学说不断推陈出新。这些学说是人类逻辑思维能力在观念领域的表现,是历史与逻辑相统一的产物,体现出辩证思维在观念领域的应用。

《中国思想史》与《宋明理学》的编著者视关学仅为张载之学是基于学统与师承完全一致的基础,但在儒学发展过程中学统与师承存在割裂是常态,儒家学者对此有清醒的认识,并通过"以心传心"的范式证明儒家学统的连续性。孔子之世"礼坏乐崩",孔子对周礼的传承不是通过师承来完成,而是"遥接"文王、周公,通过对时有文献的整理来获取周礼,并以"夏礼吾能言之,杞不足征也;殷礼吾能言之,宋不足征也。文献不足故也,足则能征之矣"[34]来说明文献对思想传承的重要性。先秦孔孟创立儒学至隋唐经历两汉经学与魏晋玄学,隋唐的王通、柳宗元、韩愈以儒家固有伦理立场批判魏晋玄学对儒范的鄙薄,尤其是韩愈首次提出以儒家的"道统"抗衡佛教与道教的"法统",以卫道者的姿态构建了儒家尧、舜、禹、汤、文、武、周公、孔子、孟子的"道统"谱系,并认为孟子去世后,儒家学说"不得其传"[35],李翱更是提出其思想源泉遥接子思与孟子[36]。清代理学家费密对儒家这种接续范式进行总结:"后世去圣人日远,欲闻圣人之道,必以经文为准。不和于经,虚僻哓哗,自鸣有得,其谁信之,经传则道传也。"[37]因此以学统与师承的统一性作为某个学派是否成立的依据不具有学术的自洽性,就此而言,《中国思想史》与《宋明理学》以张载去世关学学无师承而"衰熄"的结论并不符合关学发展的史实。

派别性是儒学的一大特征,早在"子学时期"就有"儒分为八"之说[38]。宋儒标举关、洛、濂、闽诸派,一方面基于张载、二程、周敦颐、朱熹等道学(理学)开创者的地望,另一方面是哲学道学(理学)家提出了具有开创性的概念与范畴,使儒学的发展在两宋进入了新天地。在关、洛、濂、闽四派中,濂溪之学、洛学、闽学有着较为清晰的学统谱系与师承谱系,而关学相较而言是一独立学派,但我们决不能以此为据,将四个学派完全割裂而视为相互独立的学术派别。学术史的史实表明,二程与张载互相以欣赏的眼光汲取学术营养,张载思想是朱熹与吕祖谦撰写《近思录》的主要思想资源。两宋道学(理学)就是在这些道学家(理学家)所持有的学术宽容与汲取的过程相向而行,衍生出明清理学的规模。

另外还有一个往往被学术界所忽视的问题:张载去世后其门人吕氏兄弟南传关学的史实。吕氏兄弟的门人周浮沚、沈彬老等永嘉学派诸子在浙江传播张载之学,将永嘉学派的事功之学与张载关学学贵有用的学风相融合;南宋嘉定年间,有魏了翁私淑关学,这些学术信息散布在《宋元学案》中。明代王廷相、清代王夫之等人继承张载之学,延续了关学的学脉。这些在一定程度上可以作为"北宋亡后,关学就渐归衰熄"的反证,对这些问题的发掘对于了解关学在关中之外的传播具有一定的学术价值。限于篇幅,此处对此问题不再赘述。

明代关学是两宋道学(理学)在关中的延续,在王承裕、吕柟、冯从吾等关中学者融会程朱理学与阳明心学的过程中,遥接了张载的学术资源,对张载的《正蒙》皆有发挥或注解。冯从吾以关中理学思想继承者的身份撰写了《关学编》,并在《关学编自序》中简单钩沉了关学学者的谱系[10](P1-2),与冯从吾同时的关中学人张舜典在《关学编·后序》中给出《关学编》学人选取的标准:"不载独行、不载文词、不载气节、不载隐逸,而独载理学诸先生"[10](P62),这是后来关中学人补编《关学编》的圭臬。民国川籍学者张骥在编纂《关学宗传》时"爰仿周海门《圣学宗传》、孙夏峰《理学宗传》之例,辑横渠以来至沣西(贺瑞麟)、古愚(刘古愚),计如千人"[39]。据此看出理学史视域下的关学绝非关中学术,而是关中理学。学术与理学之概念的内涵与外延明显不同,学术的内涵与外延远较理学为大,包含了除哲学之外科技、文学、艺术、宗教等诸多领域,而这些领域被《关学编》诸多的编撰者排除在外,因此视关学为关中学术与冯从吾及关学后劲对关学的界定相悖,是对关学概念的误判与误读。

关学作为理学的一个地域性派别,自晚明至民国在理学界内部得到普遍认同。晚明和冯从吾大致同时期的余懋衡与李维桢在为冯从吾的《关学编》刻本所撰的序言里都认同冯从吾构建的关中理学谱系[10](P121-123)。清初黄宗羲与全祖望撰写的《宋元学案》与《明儒学案》中同样认同张载以来的道学(理学)在明代得以传承,在《师说》中为吕柟撰写的按语中明言"关学世有渊源,皆以躬行礼教为本,而泾野先生实集其大成"[28](P11)。民国对关学的认知延续了关学为"关中理学"的传统,在诸位大家的学术著作中可以看出这一点。兹以钱穆先生为例,以示民国学人对关学之理解。

钱穆先生所撰《中国近三百年学术史》是学案体清代学术史,撰写此书是从宋学的视角为清代学术把脉问诊,因病立方[40]。该著所述清代思想以江南学人为主,北方学人仅有颜元与李塨二人,对清代北方硕儒孙夏峰与李二曲在《引论》中一笔带过,这在一定程度上弱化了二人作为清初"海内三大儒"①在清初的学术地位,在一定程度上影响了后学对清代北方学术的关注。幸好钱穆先生在其所撰《清儒学案序目》②中对以李二曲为代表的关学着墨较多,让后世学人得以重新认识钱穆先生对关学学理之认知,惜乎这一文献未曾受到当代学人的广泛关注,鉴于这一文献可能有助于当代部分学人对关学的认知,兹录全文如下:

> 昔北宋横渠张子,崛起关中,开门授徒,与洛学分庭抗礼,冯少墟《关学编》遂以讬始。有明一代关中大儒,若王恕石渠、吕柟泾野、冯从吾少墟,皆恪守程朱;而渭南南大吉、瑞泉兄弟则纯主姚江;师说各不相同。二曲论学虽主陆王,然亦兼取程朱。遂为清初关学大师。门下执贽著籍号以千计。弟子最著者曰鄠县王心敬尔缉,号丰川。其它如李天生因笃、王山史宏撰,皆为交游,足征一时关学之盛。[41](P554)

在钱穆先生所著《清儒学案》中《二曲学案》列于卷九,并在同著中以乾隆年间关中学人张秉直为传主述为《萝谷学案》列于卷三十一。该学案附晚清贺瑞麟,并称贺瑞麟为"关学之中权"[41](P560-561),张秉直在冯从吾《关学编(附续编)》中有传。钱穆先生亦记述了编《清儒学案》之前托友人在西安搜购关学诸集,获二十余种的史实,这些关学书籍多为"关外人少见"。钱穆先生对《清儒学案》沉江导致学界不能窥关学堂奥甚为惋惜:"昔为关学诸集网罗抉剔之一番苦心,亦付之东流,不知何日仍有人再理此业,尤深自惋惜"[41](P569-570)。这里不惮烦扰引用钱穆先生为关学张目之史实,意欲说明在民国国故派人物中关学作为关中理学具有广泛的共识。惜乎学人在国难不已、颠沛流离之际,学术交流与思想的流布大为受阻,让学人扼腕叹息。梁启超认同关学为关中理学,视刘古愚为关学在晚清复苏的关键人物,称"清季乃有咸阳刘古愚以宋明理学自律,治经通大义,明天算,以当时所谓新学者倡于其乡,关学稍稍复苏矣"[42]。

鉴于晚清时局,学人苦苦探寻救国之道,在与西学的比较中,儒学(理学)往往成为激进的革命派批判与反思之对象,如梁启超的《中国近三百年学术史》《清代学术概论》,章太炎与刘师培所撰清代学术史皆对清代理学家没有留太多的空间,遑论李二曲、王心敬之后衰落的关学,这在一定程度上造成关学研究的沉寂。其间尽管有除了上面提到的四川双流籍人张骥于1921年完成的《关学宗传》,还有一部几乎为学人所忽视遗忘的、由安徽籍学人曹冷泉先生于1941年完成的《关学概论》。在《关学概论》中曹冷泉先生对学人质疑关学学派学理"合法性"进行了辩护,认为关学"注重伦常日用、躬行实践、与夫尊古尚礼""朴茂醇厚之色采""不同于程朱,不同于陆王""固可称为独立学派""惜乎关学未能蔚为全国学术主潮,不为学者之注视"[43]。曹冷泉先生的《关学概论》在一定程度上可以视为对理学形态关学研究的一个学术总结,他以理性的批判精神为关学的学理"合法性"进行了辩护,同时也说明了民国关学研究之窘境。

四、关学研究的新天地

新中国成立以后,中国人文与社会科学学术研究引进了苏联的研究范式。这种范式利弊参半:一方面使中国人文学科在范式上走出了子学与经学的时代,一方面中国化的苏联式学术范式出现了"南橘北枳"与"水土不服"。20世纪70年代末至80年初,中国的学术界对现行的学术研究范式进行反思,重新探索中国学术研究的出路,出现了学术争鸣与繁荣的新局面。在哲学研究领域,哲学研究逐渐走出唯物与唯心二元论模式,从中国哲学原生的概念和范畴出发构建中国哲学新的理论和框架,开启了中国哲学研究的新天地。

在关学研究方面,陈俊民先生在前贤研究的基础上重新梳理了关学研究已有成果,对关学进行了文献整理与开创性研究,于1986年出版了《张载哲学思想及关学学派》,该著沿袭了冯从吾《关学编》将关学作为关中理学的界定,提出了系列的新观点。杜维明先生承担了该著摘要的英文翻译工作,张岱年先生为该著撰写了"序言",在"序言"中将关学进行了狭义与广义的区分,尽管将广义的关学定义为"关中学术",但张先生非常清晰地表明广义的"关中学术"就是指张载之后的关中理学[30](P5)。该著中尽管存在一些争议性的观点,如"二曲之后的关学回归至传统儒学,回归张载,不再是宋明理学"[30](P48)、明代关学"形成了一条折衷朱王,反归张载,还原'儒学'的曲折路径"[30](P17)等问题,但该著毫无争议地成为研究关学的必备资料。在这前后,陈俊民先生在海内外出版了由其精心点校与辑校的关学文献:《李二曲集》《蓝田吕氏遗著辑校》《关学编》《关中三李年谱》。2019年由三秦出版社出版了《关学经典集成》,共计9卷12巨册,是国家古籍整理出版重点项目,是陈先生积数十年之功精心点校而成,为关学研究提供了真实可信的史料。在20世纪90年代,在陕西出现了诸如林乐昌、刘学智、丁为祥等一批在全国具有一定学术影响力的关学研究者,这些关学研究者都承担了国家社会科学基金项目和教育部人文社会科学重大项目,产生了一批有学术影响力的研究成果。2015 年西北大学出版社出版了由方光华、刘学智二位先生主编的"十二五"国家重点图书出版规划项目"关学文库"。张岂之先生作为"侯派"的嫡传,为"文库"撰写了"总序",在"总序"中张先生修正了侯外庐先生等在《中国思想史》及《宋明理学》中将关学定义为张载之学的观点,而将关学界定为"张载创立并于宋元明清时期,一直在关中地区传衍的地域性理学学派"[44]。"关学文库"共 40 种、47 册、2300 万字,2016 年获"中华优秀出版物奖·图书奖",有力推动了当代关学的研究。

由于学术研究范式转型及文献资料获取逐渐便捷,国内从事中国哲学与思想研究的学者以更加宏阔的学术视野与理性的学术态度重构中国哲学,出版的一些理学与明清学术史经典著作,为关学保留了"学术空间"。如 1985 年张立文先生所著《宋明理学研究》中有关学及张载的道学思想专题,在该著中张立文先生完全接受了冯从吾《关学编》中对关学的界定[45]。由教育部人文社会科学重点研究基地基金资助、龚书铎先生主编、史革新先生所著的《清代理学史》之"理学的流布"章有"陕西地区",该著同样引用了冯从吾《关学编》中"关学"的定义[46]。入选"国家哲学社会科学成果文库"、陈祖武先生所著的《清代学术源流》有"李二曲思想研究"章,该章有"李二曲与清初关学"的议题,在议题中陈祖武先生追溯了关学自张载开宗立派,至李二曲重振关学宗风的发展轨迹,视李二曲为关学在清代的代表[47]。陈来先生视关学为"宋明儒学在陕西关中地区的发展"[48]。杨国荣先生关注关学哲学意蕴,并基于对张载思想的考察认为关学发展思想脉络复杂,认同关学是"关中理学"的学理结论[49]。

最近几年关学研究在大陆之外的地区和国家逐渐兴起。2001 年中国台湾政治大学举办"宋明理学中的关学"学术研讨会,会议就张载至李二曲以来的关学进行了研讨。此后在台湾出版了由许鹤龄先生所撰的《李二曲"体用全学"之研究》,该著沿用了冯从吾《关学编》对关学的定义[50]。台湾吕妙芬教授作为著名明清思想史专家梳理了关学发展过程中思想变迁的内在逻辑,认为明清之际的关学是对张载开启关学的复兴[21](P25)。2017 年新加坡学者王昌伟先生出版了《中国历史上的关中士人:1907—1911》,这是海外学者所撰写的第一部具有关学通史性质的学术著作,该著基于关中地区自周秦至明清政治中心逐渐衰落的史实,考察了自北宋以来关中的学术变迁,其核心议题围绕张载开启的关学展开,考察了关学的发展与政治、经济、家族之间的内在联系。该著以"新的起点""黑暗时代""文艺复兴"三个标题分别指示五代至北宋时期、金元时期、明清时期的关学,钩沉了关学发展的脉络,这一划分明显具有西方文化与哲学断代的痕迹,但与关学发展脉络大致相合,颇有新意[51]。美国学者韩德林在探讨冯从吾讲学避开政治讨论问题[52],罗威廉讨论关学与实学关系问题[53]时都以明代关学为考察对象。

结合论文第三部分"对关学学理'合法性'质疑的辩护",再通过上述经典学术著作和文章可以看出,关学为"关中理学"在当代理学研究中是一个共识性概念,关学仅指张载之学作为一个争议性学术问题尚可,但断言关学仅指张载之学是学界共识则是一个伪命题。

小 结

关学是宋明理学在关中的存在形态,具有鲜明的地域性特色。张载既是北宋道学(理学)的开创者,也是关学学派的开创者,两宋关学是与濂、洛、闽诸学派并举的道学(理学)学派,此时张载及门人所重者为学术思想自身,并未有明显的地域意识。张载去世之后,其开创的关学相较其他道学(理学)学派影响逐渐式微,到金元之时"关洛陷于完颜,百年不闻学统"[6](P18)。明代关中士人着意张载之学,对张载的文献进行搜集与刊刻,追寻张载之学的原型。吕柟之学"非程朱不以传,非张(载)、吕(祖谦)不以授","雍之西士子彬彬然知学有源委","横渠、蓝田之学之有传也"[24]。冯从吾讲学"崇正辟邪",使关中学子"上知有横渠与二程之学"[54]。冯从吾通过《元儒考略》《关中四先生要语》,钩沉了儒家道统与关学学统在关中延续的脉络,以编撰《关学编》的形式完成了张载以来的关学谱系。晚清的贺瑞麟在其主持刻印的《张子全书》的序言中总结了明清关学对张载思想资源的继承,言曰"关中论先生而后,理学溢昌,笃信先生之书如吕泾野之《张子钞释》、韩苑洛之《正蒙解》、刘近山之《正蒙会稿》、李桐阁之《张子释要》,安在兴起无人"[55]。清初李二曲"自拔流俗,以昌明关学为自任"[56],承袭吕柟之《四书因问》、冯从吾之《疑思录》的治学思路。

关学为"关中理学"的界定在当代学界存在争议,关学研究者爬梳文献,对关学为"关中理学"的"合法性"进行辩护。曾经否认关学在明清存续的一些学者也修正了原有观点,作为"关中理学"的关学被学界普遍接受。大陆之外的关学研究逐渐兴起,在研究方法上为大陆关学研究提供了有益参考,同时关学研究亦与国际接轨,推动了关学研究的发展。

注: ① 关于明清之际海内三大儒所指何人历来有两种说法:其一是指孙夏峰、黄梨洲、李二曲,如全祖望之《二曲先生窆石文》曰:"当时是,北方当孙先生夏峰,南方则黄先生梨洲,西方则先生(二曲),时论以为三大儒。"其二为20世纪20年代章炳麟在《重刊船山遗书序》中提出:"明末三大儒,曰顾宁人、黄太冲、王而农,皆以遗献自树其学。"这是现在比较流行的说法。

② 钱穆先生曾撰《清儒学案》,惜乎在颠沛流离之际沉入长江,但先生为该著所撰的"序目"有幸被保存下来,这一珍贵资料可以视为《清儒学案》之提要,据此可以看出《清儒学案》之概貌。从"序目"可以看出钱穆先生完全接受关学为关中理学的学理事实。

参考文献

[1] 吴学昭.吴宓与陈寅恪[M].北京:清华大学出版社,1992:11.

[2] (元)脱脱等.宋史[M].北京:中华书局,1985.

[3] (清)章学诚.章学诚遗书[M].刘承干,编校.北京:文物出版社,1985:390.

[4] (宋)李焘.续资治通鉴长编[M].北京:中华书局,1980:758.

[5] 钱穆.中国近三百年学术史[M].北京:商务印书馆,1997:5.

[6] (清)黄宗羲.宋元学案[M].全祖望,补修.陈金生,梁运华,点校.北京:中华书局,1986.

[7] (宋)张载.张载集[M].章锡琛,点校.北京:中华书局,1978.

[8] (宋)程颐,程颢.二程集[M].王孝鱼,点校.北京:中华书局,1981.

[9] (宋)杨时.杨时集[M].林海权,点校整理.北京:中华书局,2018:541.

[10] (明)冯从吾.关学编[M].陈俊民,徐兴海,点校.北京:中华书局,1987.

[11] 陈俊民.三教融合与中西会通[M].西安:陕西师范大学出版社,2002:236-237.

[12] (清)张廷玉等.明史[M].北京:中华书局,1974:7222.

[13] (宋)刘荀.明本释[M].台北:台湾商务印书馆,1983:101.

[14] (清)王夫之.[M].张子正蒙注.北京:中华书局,1975:3.

[15] (清)全祖望.全祖望集汇校集注[M].朱铸禹,汇校集注.上海:古籍出版社,2000:2197.

[16] (清)翁方纲.石洲诗话[M].北京:中华书局,1985:82.

[17] (元)脱脱等.金史[M].北京:中华书局,1975.

[18] (明)刘昌.中州名贤文表[M].台北:台湾商务印书馆,1986:312.

[19] (清)皮锡瑞.经学历史[M].北京:中华书局,1959:281.

［20］（明）郑晓.今言［M］.北京：中华书局，1984.98.

［21］刘笑敢.中国哲学与文化：第7辑［M］.桂林：广西师范大学出版社，2010.

［22］（明）吕柟.泾野先生文集［M］.米文科，点校整理.西安：西北大学出版社，2015.

［23］（明）吕柟.泾野经学文集［M］.刘学智，点校整理.西安：西北大学出版社，2015：306.

［24］（明）吕柟.泾野先生别集［M］.嘉靖二十三年刻本.

［25］（明）韩邦奇.韩邦奇集［M］.魏冬，点校整理.西安：西北大学出版社，2015.

［26］（明）冯从吾.冯从吾集［M］.刘学智，孙学功，点校整理.西安：西北大学出版社，2015.

［27］（清）李颙.二曲集［M］.陈俊民，点校.北京：中华书局，1996.

［28］（清）黄宗羲.明儒学案［M］.沈芝盈，点校.北京：中华书局，2008.

［29］清史列传［M］.王钟瀚，点校.北京：中华书局，1987：5266.

［30］陈俊民.张载哲学思想及关学学派［M］.北京：人民出版社，1986.

［31］侯外庐.中国思想史［M］.北京：人民出版社，1957：545.

［32］侯外庐，邱汉生，张岂之.宋明理学史［M］.西安：西北大学出版社，2018：846.

［33］冯友兰.中国哲学史：下册［M］.上海：华东师范大学出版社，2000：75.

［34］（宋）朱熹.四书章句集注［M］.北京：中华书局，1983：63.

［35］李笠选注.韩愈文选［M］.北京：北新书局，1947：14.

［36］（唐）李翱.李文公集［M］.台北：台湾商务印书馆，1983：108.

［37］（明）费密.弘道书［M］.上海：上海古籍出版社，2002：12.

［38］韩非.韩非子［M］.王先慎，集释.姜俊俊，点校.上海：上海古籍出版社，2015：553.

［39］王美凤.关学史文献辑校［M］.西安：西北大学出版社，2015：145－146.

［40］吴海.学案体与作为理想境界的宋学：钱穆《中国近三百年学术史》之清学观再探［J］.中山大学学报（社会科学版），2018（2）：111－119.

［41］钱穆.中国学术思想史论丛［M］.北京：九州出版社，2011.

［42］梁启超.梁启超全集［M］.北京：北京出版社，1999：4262.

［43］曹冷泉.关学概论［J］.西北文化月刊，1941（3）：17.

［44］赵馥杰.关学精神论［M］.西安：西北大学出版社，2015：1.

［45］张立文.宋明理学研究［M］.北京：中国人民大学出版社，1985：174.

［46］史革新.清代理学史［M］.广州：广东教育出版社，2007：91－95.

［47］陈祖武.清代学术源流［M］.北京：北京师范大学出版社，2012：130.

［48］陈来."关学"的精神［J］.陕西师范大学学报（哲学社会科学版），2016，45（3）：7－9.

［49］杨国荣.关学的哲学意蕴［J］.华东师范大学学报（哲学社会科学版），2017（1）：21－25.

［50］许鹤龄.李二曲"体用全学"［M］.台北：文史哲出版社（台湾），2004：39.

[51] 王昌伟.中国历史上的关中士人:907—1911[M].杭州:浙江大学出版社,2017.

[52] HANDLIN, JOANNA F. Action in late ming thought: the reorientation of lü kun and other scholar officials[M]. Berkeley: University of California Press,1983:89-93.

[53] ROWE. Saving the word: chen hongmou and elite consciousness in eighteenth century china [M]. Stanford University Press,2001:136.

[54] (明)唐龙.渔石集·正学书院志序[M].明嘉靖刻本.

[55] (清)贺瑞麟.贺瑞麟集[M].王长坤,刘峰,点校整理.西安:西北大学出版社,2015:62.

[56] (清)赵尔巽.清史稿[M].北京:中华书局,1976:13099.

后 记

关中地区是周代礼乐文明的发源地,也是理学创立者张载开宗立派、创立关学学派之地,经过周秦汉唐、宋元明清,形成了"躬行礼教"的伦理传统,对关学伦理精神进行总结性的研究是一个非常有意义的学术课题。由于机缘,我和横渠书院的院长王政军先生对此问题的关注不谋而合,于是在2020年就开始酝酿这一研究。从酝酿到文献的阅读与整理,再到开始写作,直至完成,几近两年,除过教学任务、必要的休息与应酬之外,我几乎所有的时间都是在办公室度过。期间虽然经历了学术研究的清苦与寂寞,我仍是感到比较愉悦。

在初中时曾学过袁枚的《黄生借书说》,其中"书非借而不能读也""余幼好书,家贫难致。有张氏藏书甚富。往借不与,归而形诸梦。其切如是"两句记忆尤深,当时就感觉读书应是一件有意思的事情。再后来随着自己阅读范围的扩大,了解到许多古代文人读书治学的执着与艰辛,其中对我影响深刻的是明末清初撰写《国榷》的谈迁。谈迁作为明代遗民,不屑科举,但对读史著史有着很高的热情。谈迁家境极贫,但他是一个"书痴",高宏图在谈迁《枣林杂俎》一书的序中描写谈迁"有书癖。其在记室,见载籍相饷,辄色然喜。或书至猥诞,亦过目始释,故多所采撷。时于坐聆涂听,稍可涉笔者,无一轻置也"。由于无力购书,谈迁"购书则夺于擅馈粥,贷书则轻于韦布",只好"卑词仰恳"向人借书。谈迁自称"苦不堪言",有时候还要背着行李行至百里外,市阅户录。谈迁花了二十余年完成史学巨著《国榷》,但不幸的是该巨著被盗,他又以超人的毅力重新撰写了《国榷》。我总是把这件事作为从事学术研究的动力。相较谈迁,我们当前的研究环境和条件优于其不啻万里,因此对于自己所从事的研究工作至少不觉得苦,每天在办公室读书与写作似乎成为一种习惯,看到每天的工作进展总会有一丝成就感。

支持本研究课题的王政军先生是土生土长的眉县人,自幼就感受到张载开创的关学对乡人的精神塑造,在他的身上能够感觉到经受关学礼教传统熏陶后散发出的经世气场。作为一名成功的企业家,不能简单地用"儒商"来概括王政军先生，因为除过他的经营理念中渗透关学精神之外，更重要的是他对关学思想的传承意识。最近几年王政军先生打造的眉县横渠书院的文化品牌无论是在关学文化的民间普及还是关学的学术研究方面都获得了广泛的认可与好评，尤其是由其策划，陈俊民先生著的《张载关学的历史重构》、林乐昌先生主编的"张载文献整理与关学研究丛书"惠及学林，对关学研究大有裨益。本课题的研究是王政军先生传承关学思想的又一义举，在此对王政军先生表达心中的敬意。

横渠书院的副院长刘泉是我的同门，博士后时期共同受学于尤西林先生，由于研究领域相同，我们在学术方面相互砥砺，共同进步。项目的立项都是通过他完成的，在此向刘泉师弟表达谢意。横渠书院的工作人员王章建、张文凯好学上进，在工作中给我提供了不少的协助，在此对他们表达感谢之意。

在论文的写作中，我指导的研究生通过参与写作与校对，完成了学术训练的任务。其中博士生王乐撰写了五万余字的"关学伦理践行"部分，并对一些文献进行了核对。硕士生李修宇与蒋悦帮我核对了部分文献的出处，在此对我的几位学生表示感谢，由于他们的参与，加快了工作的进度，保证了书稿的质量。

常　新

2023 年 10 月